오늘날 우리는 컴퓨터라 부른다

The Universal Computer

오늘날 우리는 컴퓨터라 부른다:
라이프니츠부터 튜링까지, 생각하는 기계의 씨앗을 뿌린 사람들

초판 1쇄 발행 2023년 8월 25일 **2쇄 발행** 2024년 12월 13일 **지은이** 마틴 데이비스 **옮긴이** 박상민 **펴낸이** 한기성 **펴낸곳** ㈜도서출판인사이트 **편집** 백혜영 **영업마케팅** 김진불 **제작·관리** 이유현 **용지** 유피에스 **인쇄·제본** 천광인쇄사 **등록번호** 제2002-000049호 **등록일자** 2002년 2월 19일 **주소** 서울시 마포구 연남로5길 19-5 **전화** 02-322-5143 **팩스** 02-3143-5579 **이메일** insight@insightbook.co.kr **ISBN** 978-89-6626-414-8(93000) 책값은 뒤표지에 있습니다. 잘못 만들어진 책은 바꾸어 드립니다. 이 책의 정오표는 https://blog.insightbook.co.kr에서 확인하실 수 있습니다.

오늘날
우리는 컴퓨터라
부른다

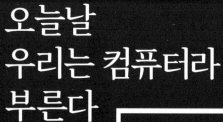

라이프니츠부터 튜링까지,
생각하는 기계의 씨앗을 뿌린 사람들

마틴 데이비스 지음
박상민 옮김

차례

내 인생의 동반자 버지니아에게

옮긴이의 말

뛰어난 프로그래머의 한 가지 특징은 추상화의 단계 사이를 너무나 쉽게 넘나드는 능력이다.

- 도널드 커누스(Donald Knuth)

이 책을 옮긴 이유는 공부하며 만난 가장 소중한 책이기 때문이다. 나는 2004년에 미국의 버지니아 주립 대학에서 컴퓨터 과학 박사 과정을 시작했다. 박사 과정의 첫 관문은 공부를 시작하고 약 1년 후에 치르는 박사 자격시험이다. 이 시험의 중요 과목 중 하나는 컴퓨터 이론인데 나는 첫 시험에서 단 한 문제도 풀지 못했다.

그전까지 나는 컴퓨터를 잘 안다고 생각했다. 프로그래밍도 오랫동안 했고 실제 컴퓨터를 활용하는 면에 있어서는 누구에게도 뒤지지 않는 자신감이 있었다. 그러나 눈에 보이는 컴퓨터가 아닌 순수하게 이론으로서 컴퓨터가 어떻게 동작하는지 아는 게 없었다. 튜링 기계와 알고리즘을 배우면서도 왜 알아야 하는지 이해할 수 없었다. '왜 알아야 하지?'라는 질문에 적절한 답을 몰랐기 때문에 공부를 해도 효과가 없었다. 그리고 우연히 서점에서 집어 들고 읽게 된 이 책이 내 절박한 궁금증에 답을 주었다.

많은 사람이 알듯이 컴퓨터 프로그래밍은 변수, 함수와 같은 기호에 의미를 부여하고 원하는 결과가 나오게끔 논리의 과정을 서술하는 것이다. 작성된 프로그램을 컴퓨터에서 돌리면 프로그래머가 원하는 대로 논리를 계산해 결과를 만들어 낸다. 기호에 의미를 부여하고 논리적 과정을 서술하면 마법의 기계가 논리를 계산해 결과를 만드는 세상은 약 4세기 전 라이프니츠가 꿈꾸었던 미래다. 그리고 이 책이 소개하는 인물들은 그 후 약 300년간 지금의 세상을 만드는 데 디딤돌 역할을 한 아이디어를 제공했다. 이 위대한 수학자, 논리학자 들의 아이디어, 그리고 그들이 처했던 삶의 배경을 이해한다면 지금의 세상이 왜 가능한지 이해할 수 있다.

이 책이 던지는 중요한 메시지는 '추상적abstract 사고의 힘'이다. 저자의 말처럼 나는 프로그래머에게 가장 중요한 덕목은 바로 추상적으로 사고하는 능력이라고 생각한다. 컴퓨터 분야는 아주 빠르게 변한다. 프로그래밍 언어가 바뀌고 더 빠른 컴퓨터가 나와도 추상적 사고는 아리스토텔레스 시대 이전까지 거슬러 올라가는 인간의 기본적인 능력이다. 간단한 문제는 하루 이틀 프로그래밍으로 해결할 수 있다. 그러나 정말 복잡한 문제는 때로 의자에 앉아 몇 날 며칠 생각만 해야 어렴풋이 해결책을 상상해 낼 수 있다. 그래서 회사에서 가장 경험 많고 가치 있는 프로그래머는 '집중해서 생각하는' 사람들이다.

그리고 '추상적 사고'는 단지 프로그래머에게만 해당하는 것이 아니다. 이 책에서 소개하듯 컴퓨터의 시작은 사람의 논리적 사고 과정을 기호로 표현한 것이다. 일상에서 굳이 인지하지 않더라도 우리는 어떤 상황이 왔을 때 논리를 계산해 최적의 결과를 예측하고 행동한다. 이 책의 아이디어들은 우리의 논리적 사고 과정에 정확하게 무엇이 필요한지 보여 준다. 예를 들어 프레게가 단지 몇 개의 기호만으로 사람의 사고 과정을 모두 포괄하는 문법을 만들어 낸 것처럼 말이다. 컴퓨터를 만들기 위해서는 사람의 논리적인 사고 규칙을 정확하게 찾아내야 했다. 이제는 거꾸로 사람들이 그 규칙을 이해해 일상에서 최선으로 문제를 해결하는 '컴퓨팅 사고computational thinking' 능력이 중요한 시대다.

이 책에서 소개한 논리학자, 수학자 7인은 추상적 사고의 능력을 가장 정점에서 보여 준 사람들이다. 컴퓨터 분야에서 일한다면 이들의 이야기에서 용기를 얻고 컴퓨터를 프로그래밍하는 즐거움을 다시 한번 확인했으면 좋겠다. 그리고 모든 분야의 독자들이 사람과 컴퓨터의 관계를 이해해 '추상적 사고'의 힘을 알았으면 좋겠다.

박상민
2023년 시애틀에서

제3판 서문

이번 개정판에서는 딥 러닝 알고리즘과 세계 최고의 바둑 기사들을 차례로 제친 알파고의 경이로운 승리에 대해 쓸 수 있었다. 게오르크 칸토어와 레오폴트 크로네커의 관계에 대해 세간에 알려진 루머의 실체를 풀어 내려 노력하기도 했다. 덧붙여 1930년대 앨런 튜링이 유학하기 이전에 프린스턴 대학교에서 알론조 처치 교수와 그의 학생 스티븐 클레이니, 그리고 학자 쿠르트 괴델이 새로운 아이디어를 극적으로 만든 배경에 대해 상세한 설명을 더하기도 했다.

이번 개정판에 여러 가지로 도움을 준 수잔 디키, 해럴드 에드워즈, 데이나 스캇과 프랑수아 트레베스에게 고마움을 표하고 싶다. 특별히 알파고에 대해 자세히 설명해 준 딥 마인드의 토르 그래펠에게 감사한다. 마지막으로 내 집필을 이해하고 열정을 공유해 준 편집자 사프라즈 칸에게 감사함을 전한다.

마틴 데이비스
2017년 버클리에서

제2판 서문

앨런 튜링은 1912년 6월 23일에 태어났다. 그의 탄생 100주년이 되는 2012년은 여러 가지 이벤트와 저서들을 통해 그의 업적에 대해 돌아보고 축하하는 뜻깊은 한 해가 될 예정이다. 나는 이 책의 새로운 개정판이 기대감을 높이는 것 같아 기쁘고 개정판을 내는 데 도움을 준 클라우스 피터스와 앨리스 피터스에게 감사한다. 이번 개정판에서는 초판에서 잘 설명하지 못했던 부분들을 좀 더 다듬었고 책의 내용과 관련된 최근의 이야기를 몇 가지 추가했다. IBM의 왓슨 컴퓨터가 유명 텔레비전 퀴즈 쇼 '제퍼디!Jeopardy!'에 출현해 승리한 이야기도 담겨 있다.

오늘날 우리는 책상이나 무릎에 올려 놓고 사용하는 컴퓨터뿐 아니라 무수한 종류의 기기 안에서 보이지 않는 컴퓨터가 다양한 작업을 하는 모습을 볼 수 있다. 여기서 컴퓨터의 '범용성'을 분명하게 알 수 있다. 카메라는 렌즈 달린 컴퓨터라고 하고 전화기는 마이크와 스피커가 달린 컴퓨터라고 말하는 지금 시대엔 자동차마저 네 바퀴 달린 컴퓨터라 불러도 무리가 없다.

컴퓨터의 이러한 범용성이 1936년 튜링이 출간한 논문의 아이디어에서 비롯된 것임을 지금은 많은 사람이 잘 알고 있다. 1980년대에 내가 처음 이러한 주제로 연구를 시작했을 때는 현대식 컴퓨터의 첫 개발에 누구의 역할이 컸는지를 두고 말이 많았지만 그때만 해도 튜링의 이름은 언급되지 않았다. 당시 논쟁은 가장 큰 공헌자가 수학자 존 폰 노이만인가 아니면 공학자 존 프레스퍼 에커트와 존 모클리인가를 놓고 벌어지고 있었다. 데이비드 리빗은 고맙게도 튜링의 공헌이 인정받는 데 내가 기여했다고 했다. 내가 썼던 글이 튜링의 공헌을 알리는 데 어느 정도는 도움이 되었겠지만 아마도 더 중요했던 요소는 그동안 알려지지 않았던 2차 세계 대전 당시 독일군 암호 해독과 같은 비밀 임무와 새롭게 발견된 튜링의 1940년대 연구가 아니었을까 생각한다.[1]

이 책은 일곱 명의 비범한 사람들, 그들의 아이디어와 발견 그리고 매력적인 삶에 대한 이야기다. 그들은 논리적 사고가 왜, 그리고 어떻게 이루어지는지 연구했다. 그들은 무한한 수를 소개하며 흥분하기도 하고 때론 좌절하기도 했다. 논리가 합리적이라는 것을 증명하기 위한 그들의 대담한 노력은 때론 예상치 못했던 장애물을 만나기도 했다. 이들의 놀라운 발견은 결국 앨런 튜링이 알고리즘의 본질에 대해 완전히 새롭게 접근하도록 이끌었고, 튜링의 발견은 거의 모든 종류의 생각을 프로그래밍하는 '범용' 컴퓨터의 탄생으로 이어졌다. 나는 이 책을 쓰는 내내 정말로 즐거웠다. 독자 분들도 그런 즐거움을 얻었으면 좋겠다.

마틴 데이비스
2011년 6월 30일, 버클리에서

서문

이 책은 현대 컴퓨터의 근간을 이루는 아이디어와 그 아이디어를 발견한 사람들의 이야기다. 1951년 봄, 나는 일리노이 대학에서 튜링의 아이디어를 바탕으로 강의하고 있었다. 튜링이 10년 전 몸담았던 프린스턴 대학교에서 내가 박사 과정을 마친 지 얼마 지나지 않았을 때였다. 당시 강의에 들어왔던 젊은 수학자 한 명이 강의실 건물 맞은편에서 만들고 있는 한 쌍의 전자 기계가 튜링의 아이디어를 실제로 구현한 것이라고 이야기했다. 그리고 얼마 지나지 않아 나는 바로 그 초창기 컴퓨터의 소프트웨어를 프로그래밍하고 있었다. 거의 50년 가까이 이어진 내 커리어는 현대 컴퓨터의 근간을 이루는 논리적 개념과 그것을 실제로 구현한 물리적 컴퓨터와의 관계가 중심이었다.

컴퓨터는 1950년대 큰 방을 가득 채우는 거대한 기계 장치에서 오늘날 다양한 작업을 수행하는 작고 강력한 기기로 발전했지만 기본적인 논리는 여전히 변하지 않았다. 이러한 논리적 개념은 수세기에 걸쳐 천재적인 생각을 한 몇 명에 의해 만들어졌다. 이 책에서는 그들의 삶과 사고에 대해서 이야기하려고 한다. 이야기는 아주 매력적이다. 독자들이 단순히 즐겁게 읽는 데서 그치지 않고, 컴퓨터 내부에서 무슨 일이 일어나는지 더 잘 이해할 뿐 아니라, 추상적 사고의 가치를 존중하게 되길 바란다.

이 책을 쓰면서 여러 사람에게 도움을 받았다. 존 시몬 구겐하임 재단에서는 이 책을 쓰기 위해 초기 연구를 하는 동안 재정적인 도움을 주었다. 패트리샤 블란체트, 마이클 프리드먼, 앤드루 하지스, 로타 크레저, 벤슨 메이츠는 전문적인 지식을 나누어 주었다. 토니 세일은 튜링이 2차 세계 대전 당시 독일군의 암호를 해독하는 결정적인 임무를 수행했던 블레츨리 파크에서 나를 안내해 주었다. 안타깝게도 이 책의 출간을 보기 전 세상을 떠난 엘로이즈 시걸은 원고를 열심히 읽고 글에 실수가 없도록 도움을 주었다. 아내 버지니아는 내용이 모호하지 않도록 끈질기게 문제점을 지적해 주었다. 서먼 스타인은 초본을 주의 깊게 읽고 내가 여러 문제점을 고치거나 글을 개선할 수 있게 도움을 주었다. 이곤 비오거, 윌리엄 크레익, 마이클 리스터, 알렉시스 매너스터 레이머, 윌프리드 시그, 프랑수아 트레베스는 번역 작업에 도움을 주었다. 유용한 의견을 준 독자로는 해럴드 데이비스, 네이썬 데이비스, 잭 펠드만, 메이어 가베, 딕 쿤, 페기 쿤, 그리고 알베르토 폴리크리티가 있다. WW 노튼 출판사의 편집자 에드 바버는 영어 산문체를 가르쳐 주었고 여러 가지 면에서 글을 개선하는 데 도움을 주었다. 해럴드 라비노이츠는 한결같이 도움이 되었던 출판 대리인 알렉스 호잇을 소개해 주었다. 고마움을 표현하려고 많은 사람을 소개했을 뿐, 책에 결점이 있을 경우 책임을 돌리려는 것이 아님을 알아 주었으면 한다. 독자 의견이나 교정 요청은 다음 이메일로 보내주기를 바란다. *davis@eipye.com*[1]

마틴 데이비스

2000년 1월 2일, 버클리에서

---

1 (옮긴이) 저자 마틴 데이비스 교수는 2023년 1월 1일에 94세를 일기로 세상을 떠났다.

서론

미분 방정식을 푸는 계산기와 백화점 영수증을 발행하는 데 쓰이는 기계의 기본적인 원리가 같다면, 나는 내가 만난 가장 놀라운 우연의 일치라 여기겠다.

– 하워드 에이컨, 1956년[1]

이제 이론적인 계산 기계에 대한 논의로 돌아가 보자. ··· 특별하게 고안된 이론적인 계산 기계는 모든 종류의 일을 할 수 있다고 증명할 수 있다. 사실상 이 기계가 어떤 기계라도 흉내 낼 수 있다. 이 특별한 기계를 '범용 기계¹'라 부를 수 있겠다.

– 앨런 튜링, 1947년[2]

1945년 가을, 수천 개의 진공관으로 이루어진 거대한 계산 엔진인 에니악ENIAC이 필라델피아의 펜실베이니아 대학교에서 완공을 앞두고

---

1 (옮긴이) 범용(universal)이란 존재하는 모든 알고리즘을 돌릴 수 있는 만능의 기계라는 뜻이다.

있었다. 이 무렵 몇 명의 전문가들은 정기적으로 만나 다음 세대 계산 엔진 에드박EDVAC 설계에 대해 논의하고 있었다. 몇 주가 지난 후에 그 모임은 분위기가 너무 격렬해져 전문가들은 '공학자' 그룹과 '논리학자' 두 그룹으로 나뉘고 말았다. 공학자 그룹의 리더 존 프레스퍼 에커트는 그의 작품 에니악의 성공으로 한층 자신감에 부풀어 있었다. 이전까지는 만 오천 개의 진공관을 연결해 긴 시간 동안 문제없이 유용한 계산을 해낸다는 것은 불가능하다고 여겨졌었다. 그런데 진공관을 안정적으로 관리하는 방법을 고안해 낸 에커트가 불가능을 현실로 만들었다. 하지만 그룹의 대표적인 논리학자인 존 폰 노이만이 다음 세대 EDVAC 논리 구조에 대한 리포트를 자신의 이름만 넣은 채 사람들에게 돌렸을 때 에커트는 기분이 몹시 상했다. 현대에 와서 폰 노이만 구조라고 알려진 논리적 컴퓨터 설계가 담긴 이 리포트에는 공학적인 세부 사항들은 거의 언급되지 않았다.

에니악은 공학적인 측면에서는 역작이었지만 논리적인 면에서는 엉망이었다. 폰 노이만은 논리학자로서의 뛰어난 능력과 영국의 학자 앨런 튜링에게서 얻은 아이디어를 바탕으로 컴퓨터는 논리적인 기계라는 사실을 인지하고 있었다. 컴퓨터 안의 회로에는 수백 년간 이어진 논리학자들의 정제된 통찰이 담겨 있다. 오늘날 컴퓨터 기술이 눈부신 속도로 발전하고 사람들은 공학 기술의 놀라운 성취에 감탄하지만, 이 모든 걸 가능케 한 논리학자들은 쉽게 간과하곤 한다. 이 책은 그들에 대한 이야기다.

1

놀라운 꿈을 꾼
라이프니츠

Leibniz's Dream

고트프리트
빌헬름
라이프니츠

독일의 동남부 도시 하노버를 둘러싸고 있는 하르츠 산은 광물 자원이 풍부해 10세기 중반 무렵부터 채광이 이루어져 왔다. 산의 깊은 지역은 물이 차 있을 때가 많아 펌프로 물을 빼 낸 후에야 채광이 가능했다. 17세기에는 수차(물레바퀴)가 이런 펌프의 동력으로 쓰였다. 이것은 그 당시의 고부가 가치 산업인 광물 채광이 물이 얼어붙는 겨울 동안에는 멈춰 있었다는 뜻이다.

1680~1685년에 하르츠 산의 채광 관리자는 채광과 전혀 어울리지 않아 보이는 30대 중반의 신참과 잦은 의견 충돌을 빚곤 했다. 그 신참이 바로 고트프리트 빌헬름 라이프니츠다. 그는 물이 얼어붙는 겨울 동안 수차 대신 풍력을 사용해 펌프의 동력을 만드는 방법을 찾고 있었다. 라이프니츠는 이미 이때 그의 인생에서 많은 업적을 이룬 상태였다. 수학 분야에서 의미 있는 발견을 했을 뿐 아니라 법학자로서도 평판이 나 있었고 철학과 신학 주제로도 글을 많이 써냈다. 심지어는 프랑스의 '태양왕' 루이 14세의 궁정을 설득해 (네델란드와 독일 지역 대신) 이집트로 군사 원정을 떠나게 하려는 외교적인 임무도 수행했다.[1]

그 당시로부터 약 70년 전 소설가 세르반테스는 한 음울한 스페인 사람이 풍차로 겪는 불운한 모험담을 썼다. 소설 속 돈키호테와는 달리 라이프니츠는 구제 불능의 낙관주의자였다. 절망스러운 세상에 비관적으로 대응하던 사람들과는 다르게 라이프니츠는 신이 가능한 모든 세계를 전지전능하게 바라보는 분으로서 최선의 상태로 세상을 창조했으며, 선이 세상의 모든 악한 것들에 반해 최적의 균형을 유지한다고 믿었다.

그러나 라이프니츠의 하르츠 산 채굴 프로젝트는 뒷날 완전히 실패로 끝나고 말았다. 뜨내기가 나타나 채굴에 대해 가르치려 들면 직업이 광부인 사람들은 당연히 적대적으로 반응할 터인데 라이프니츠는 그것까지 예상하기엔 지나친 낙관주의자였다. 거기에 더해 새롭게 개발된 기계들은 잦은 고장을 피할 수 없었고 바람을 예측하는 것 역시 힘들었다. 하지만 그가 광산 프로젝트에서 기대한 수익으로 하려고 한 진짜 프로젝트는 달랐다. 바로 여기에서 라이프니츠의 놀랄 만큼 대단한 낙관주의가 드러난다.

라이프니츠에게는 놀랍도록 큰 비전이 있었다. 라이프니츠가 미분과 적분 방정식을 풀기 위해 만든 표기법은 현재까지도 쓰이고 있다. 그 표기법을 쓰면 머리를 거의 쓰지 않고도 복잡한 계산을 쉽게 해낼 수 있다. 마치 표기법 자체가 문제를 풀어내는 것처럼 말이다.

라이프니츠의 비전은 인간의 모든 지식 또한 같은 방식으로 풀어내는 것이었다. 그는 범용의 수학 언어로 온 세상 지식을 표현하고 계산법이 지식과 지식 사이의 논리적 관계를 설명할 수 있는 완전한 지식의 백과사전을 꿈꾸었다. 그는 모든 지식과 지식 사이의 관계를 설명할 수 있는 계산법이 존재한다고 믿었다. 그리고 기계가 계산 법칙대로 작동해 자동으로 모든 지식을 계산해 내고, 이를 통해 사람들은 좀 더 창조적인 일에만 전념할 수 있을 거라 믿었다. 낙관적인 라이프니츠조차도 이 원대한 꿈을 혼자서 실현해 낼 수 없다는 사실을 잘 알았다. 대신 능력 있는 소수의 학자들이 모여 몇 년간 함께 일한다면 비전의 큰 부분을 설계할 수 있다고 믿었다. 그가 하르츠 산 프로젝트를 시작한 이유는 바로 이 학술 모임의 기금을 만들기 위한 것이었다.

라이프니츠의 놀라운 생각

라이프니츠는 독일의 도시 라이프치히에서 태어났는데, 그가 태어난 1646년 독일은 30년 가까이 지속된 전쟁으로 황폐화 된 채 천 개가 넘는 작은 자치 지역으로 나뉘어져 있었다. 거의 모든 유럽의 강대국들이 참여해 1648년까지 이어졌던 30년 전쟁Thirty Years' War은 대부분 독일 땅에서 벌어졌다. 라이프치히 대학교의 철학과 교수였던 라이프니츠의 아버지는 아들이 겨우 여섯 살이었을 때 세상을 떠났다. 학교 선생님들의 반대에도 불구하고 라이프니츠는 여덟 살 때부터 아버지의 서재에 들어가 책을 읽기 시작했고, 곧 라틴어 책을 능숙하게 읽을 수 있었다.

훗날 역사상 가장 위대한 수학자 중 한 명으로 일컬어지게 될 라이프니츠는 평범한 선생님들에게 처음으로 수학을 배웠다. 그 선생님들은 당시 유럽 곳곳에서 일어났던 혁명적인 수학 이론에는 그다지 관심이 없었다. 당시 독일에서는 유클리드의 기초적인 기하학조차도 고급 주제였고 대학에서나 다루어지고 있었다. 하지만 라이프니츠가 10대 초반 무렵 선생님들은 그에게 이천 년 전 아리스토텔레스의 논리학을 가르쳤고, 이런 주제는 그의 수학적인 재능과 열정을 불러일으키기에 충분했다.

아리스토텔레스가 개념을 몇 가지 구분된 '범주'로 나누는 것에 매료된 라이프니츠는 스스로 '놀라운 생각'이라고 부른 상상을 했다. 몇 가지 특별한 문자 기호alphabet를 만들어 내고 거기에 소리가 아닌 의미를 부여하는 상상이었다. 그 문자 기호로 만들어진 언어는 기호를 계산symbolic calculation하기만 하면 문장이 참인지 여부를 알 수 있을 것이다.

그리고 그 문장들 사이의 논리적 관계를 발견할 수 있을 것이다.[1] 라이프니츠는 아리스토텔레스의 마법에 빠져 평생 이 꿈을 꾸면서 살았다.

실제로 그는 라이프치히 대학교에서 학사 학위 논문으로 아리스토텔레스의 형이상학에 대해 썼다. 같은 학교의 석사 학위 논문으로는 철학과 법학 사이의 관계에 대해 다루었다. 법학에도 매료되었던 라이프니츠는 두 번째 학사 학위를 법학으로 받았는데, 학위 논문에서는 법률에서 사용하는 체계적인 논리학을 다루었다. 라이프니츠는 같은 라이프치히 대학교의 하빌리타치온(독일에서 시행되는 박사 후 과정으로 더 높은 지식을 요구) 과정에서 철학을 전공하며 수학에 첫 기여를 했다. 그것은 개념을 조합할 수 있는 방법의 수를 찾아내는 것으로서 그가 발견한 '놀라운 생각'의 첫 단계에 필요한 연구였다. 그는 하빌리타치온 과정에서 조합론에 대한 연구를 시작해서 결과를 좀 더 깊이 있게 풀어낸 〈조합론에 관한 논문〉을 출간했다.[2]

그는 법학 연구도 계속하여 라이프치히 대학교에 법학 박사 학위 논문을 제출했다. 당시의 일반적인 기준으로는 해결이 어려운 법률 사례를 논리학을 적용해 해결하고자 했던 이 논문은 라이프니츠의 관심사를 보면 너무나 당연한 주제였다. 그러나 라이프치히 대학교의 교수들은 어떤 이유에서였는지 이 논문을 받아들이지 않았다. 그래서 라이프니츠는 그 대신 뉘른베르크에서 가까운 알트도르프 대학교에 논문을 제출했고 그곳에서는 찬사를 받으며 논문을 인정받았다. 그렇게 갓 21세의 나이에 그는 정규 교육 과정을 끝내게 되었고 졸업생들이 공통적으로 겪는 문제에 직면했다. 바로 커리어를 만드는 것이었다.

---

1 (옮긴이) 라이프니츠의 상상 속 언어는 현대의 프로그래밍 언어이고 계산이란 컴퓨터에서 프로그램이 실행되는 것이다.

파리에서

독일에서의 교수 생활에는 관심이 없었던 라이프니츠는 유일한 대안을 찾아 나섰다. 그것은 바로 부유한 귀족 후원자를 찾는 일이었다. 마인츠 선제후(신성 로마 제국의 성직자이자 영주)의 조카였던 바론 요한 폰 보이네부르크는 기꺼이 라이프니츠를 후원했다. 마인츠에서 라이프니츠는 로마 시대로부터 이어져 온 법률 시스템을 정비하는 프로젝트를 시작했고 대법원에서 판사로 일했으며 외교적인 일에도 관여하기 시작했다. 여기엔 폴란드의 새로운 왕 선출에 영향을 미치려 한 실패한 시도가 포함되어 있고, 루이 14세의 궁정 방문 역시 그의 외교 임무 중 하나였다.

30년 전쟁의 결과로 프랑스는 유럽 대륙에서 유일무이하게 강력한 힘을 갖게 되었다. 라인강 자락에 자리한 마인츠에는 전쟁 기간 동안 군대가 주둔해 있었다. 마인츠 상류층 사람들은 프랑스와 좋은 관계를 유지해서 적대적인 군사 작전을 미연에 방지하는 것이 얼마나 중요한지 충분히 깨닫고 있었고, 이러한 상황에서 보이네부르크와 라이프니츠는 계략을 하나 꾸며 내는데, 이미 언급했듯이 루이 14세와 그 주변인들을 설득해 이집트로 군사 원정을 떠나게 만드는 것이었다. 이 제안은 결국 무산되었지만 역사적으로 중요한 결과를 가져왔다. 바로 라이프니츠가 파리에 거주하게 되는 일이다. (그리고 100년 후 나폴레옹은 같은 제안을 결국 감행해 군사적 재앙을 일으키고 만다.)

라이프니츠는 1672년 파리에 도착했다. 이집트 원정 책략을 역설하고 보이네부르크 가문의 재정 문제 일부를 해결하기 위해서였다. 그런

데 해가 다 가기 전 절망적인 소식이 들려왔다. 보이네부르크가 심장마비로 사망한 것이다. 계속해서 보이네부르크 가문의 몇 가지 일을 더 살폈지만 라이프니츠에겐 이제 안정적인 수입원이 사라진 채였다. 그럼에도 그는 파리에 남아 4년간 매우 생산적인 시간을 보냈고 런던을 짧게 두 번 방문하기도 했다.[3] 1673년 런던 첫 방문에서 그는 사칙연산 기계 모델의 업적을 인정받아 만장일치로 런던 왕립학회 회원에 선출되었다. 파스칼[2]이 이미 덧셈과 뺄셈을 할 수 있는 기계를 설계했지만 곱셈과 나눗셈이 가능한 기계 모델은 라이프니츠가 처음이었다. 라이프니츠의 기계식 계산기는 훗날 '라이프니츠의 휠Leibniz wheel'이라고 알려진 기발한 장치를 사용했다.[3] 이 장치를 사용한 계산기는 20세기까지 사용되었다. 이 기계에 대해 라이프니츠는 이렇게 썼다.

> 그리고 이제 재무를 담당하거나, 재산을 관리하고 상점이나 측량, 지리, 항해, 천문 관측을 하는 사람들에게 실제적으로 유용한 이 기계에 찬사를 보내려 합니다. … 과학에 이 기계를 접목해 보면 과거에 쓰인 기하학, 천문학 표를 고칠 수 있고 모든 종류의 곡선과 모양을 계산해서 새로운 표도 만들어 낼 수 있습니다. … 주요한 피타고라스 표, 제곱근의 표, 세제곱근, 그리고 거듭제곱 표들. 조합의 표, 변분, 등차수열 등을 말입니다. … 그리고 천문학자들은 더 이상 계산

---

2 블레즈 파스칼은 1623년 6월 19일, 프랑스 클레르몽페랑에서 태어났다. 확률 이론을 처음 만들어 낸 수학자 중 한 명으로 수학, 물리학, 종교 철학에 걸쳐 많은 업적을 남겼다. 1643년쯤에 만든 계산 기계로 인해 큰 명성을 얻었던 파스칼은 1662년에 사망했다.
3 (옮긴이) 라이프니츠가 발명한 기계식 계산기(Leibniz calculator)는 길이가 다른 이빨이 달린 원통(라이프니츠의 휠)을 사용해 사칙 연산이 가능했다. 계산기의 핵심 부품인 라이프니츠의 휠은 20세기 초까지 기계식 계산기에 널리 사용되었다. *https://en.wikipedia.org/wiki/Leibniz_wheel*

하는 수고를 하지 않아도 됩니다. … 복잡한 숫자를 계산하는 것은 이제 기계에게 맡기고 사람은 그 수고와 시간을 허비하는 대신 더 가치 있는 일에 집중할 수 있습니다.[4]

라이프니츠가 '칭송한' 이 기계는 일반적인 숫자 계산만 하는 것이었다. 하지만 라이프니츠는 계산을 기계가 대신하는 것의 중요성을 더 깊이 인지하고 있었다. 1674년에 그는 연립 방정식의 해를 구하는 기계에 대해 설명했다. 그리고 그다음 해에 논리적 추론을 기계의 작동과 비교하는 글을 쓰면서, 그의 목표가 논리적 추론을 일종의 계산으로 대체하고 그런 계산을 수행하는 기계를 만드는 것임을 드러냈다.[5]

당시 26세였던 라이프니츠에게 중요한 사건 하나는 그 시기 파리에 머물고 있던 네덜란드의 위대한 학자 크리스티안 하위헌스를 만난 것이다. 43세였던 하위헌스는 이미 진자시계를 발명했고 토성의 고리를 발견한 뒤였다. 그의 가장 큰 업적으로 부를 수 있는 빛의 파동 이론이 아직 알려지기 전이었다. 물에 돌멩이를 던졌을 때 생기는 파동처럼 빛도 파동으로 이루어진다는 이론은 빛은 작은 입자들로 구성되어 있다는 뉴턴의 입자론과 정면으로 충돌하는 개념이다.[4] 하위헌스는 라이프니츠에게 도서 목록을 건네주어 젊은 라이프니츠가 부족한 최신 수학 지식을 발 빠르게 채울 수 있도록 도움을 주었고, 머지않아 라이프니츠는 중요한 수학적 결과를 만들어 냈다.

17세기에 들어와 수학에서 폭발적으로 새로운 발견들이 이루어진 배경에는 두 가지 중요한 전기가 있었다.

---

4   하위헌스의 이론이 일반적으로 받아들여지곤 했지만 20세기의 양자 물리학은 빛의 핵심적인 특징을 파악한 뉴턴과 하위헌스의 이론 모두 옳았다는 것을 확인해 주었다.

1. 대수학을 표현하고 풀어내는 방법(지금 고등학교 수준의 대수학)
   이 체계화되었고 오늘날까지 사용하는 강력한 기술이 되었다.
2. 데카르트와 페르마가 공간상의 점을 숫자의 쌍으로 표현하면서
   기하학을 대수학으로 환원했다.

많은 수학자가 이 강력한 방법들을 사용해서 그 전까지는 해결하지 못
했던 문제들을 풀어내기 시작했다. 이러한 결과 중 다수는 오늘날 우
리가 극한limit process이라고 부르는 방법이다. 문제를 해결할 때 극한
을 사용한다는 것은 근사치를 적용해서 체계적으로 조금씩 더 정답에
가까운 값을 얻어 낸다는 의미다. 어떤 특정한 근사치로 만족하는 것
이 아니라 '무한에 수렴함으로' 정확한 결괏값을 얻어 내는 방법이다.

　다음 예제는 이 개념을 명확히 하는 데 도움이 될 것이다. 이 예제는
라이프니츠가 초기에 발견한 규칙으로, 그는 이 무한급수를 발견한 것
에 대해 몹시 자랑스러워했다.

$$\frac{\pi}{4} = 1 - \frac{1}{3} + \frac{1}{5} - \frac{1}{7} + \frac{1}{9} - \frac{1}{11} + \dots$$

등호의 왼쪽에 나오는 공식은 많은 사람에게 익숙한 상수 원주율 π로
원의 둘레나 넓이를 구할 때 사용된다.[5] 오른쪽은 무한급수다. 덧셈과
뺄셈 부호를 바꾸어가며 이어지는 숫자는 급수의 항이라 부른다. 그리
고 세 개의 점 '…'은 항의 숫자가 무한하게 연속한다는 뜻이다. 무한하
게 반복되는 이 숫자의 패턴은 고정된 분자 1에 분모로는 2씩 증가하
는 홀수가 쓰이고 계속해서 덧셈과 뺄셈이 반복된다. $\frac{1}{11}$을 뺀 후에는

5　실제로 숫자 $\frac{\pi}{4}$는 둘레가 $\frac{1}{2}$인 원의 면적과 같다.

$\frac{1}{13}$을 더하게 되고 $\frac{1}{15}$은 빼는 식으로 반복하는 것이다. 하지만 실제로 덧셈과 뺄셈을 '무한'하게 할 수 있을까? 물론 그렇지 않다. 그러나 시작점으로부터 어느 지점까지 계산을 하는 경우 '진짜' 결과에 어느 정도 가까워지는 근삿값을 얻게 되고 그 근삿값은 항을 더해갈수록 점점 더 정확해진다. 실제로 항을 더하면 더할수록 근삿값은 더 정확해져 가는 것이다. 다음의 표를 살펴보면 라이프니츠 급수의 근삿값을 확인할 수 있다. 항을 천만 개까지 포함할 경우 근삿값은 π를 4로 나눈 (등식의 좌변) 값인 0.7853981634에 소수점 여덟 번째 자리까지 일치한다.[6]

항의 개수	여덟째 자리까지 계산 값
10	0.76045990
100	0.78289823
1,000	0.78514816
10,000	0.78537316
100,000	0.78539566
1,000,000	0.78539792
10,000,000	0.78539816

라이프니츠 무한급수의 근삿값

라이프니츠 무한급수의 놀라운 점은 원주율(즉, 원의 넓이)을 연속되는 홀수의 간단한 패턴으로 나타냈다는 사실이다. 곡면이 있는 모양의

6 나는 라이프니츠 급수의 $\frac{\pi}{4}$를 구하는 데 내 개인 컴퓨터를 사용했다. 계산을 위해 만든 짧은 파스칼 프로그램은 내 컴퓨터에서 1초도 걸리지 않았다.

넓이를 구하는 데 사용하는 이 무한급수는 수학의 극한을 사용해 해결할 수 있는 예제 중 하나다.

극한을 사용해 해결이 가능해진 또 다른 예제는 움직이는 물체의 달라지는 속도처럼 변화의 비율을 구하는 것이다. 1675년 말 파리에서 머물던 시기 마지막 즈음에 라이프니츠는 속도를 구하는 개념과 계산법 면에서 놀라운 발견을 해내는데 이것은 오늘날 '미적분학의 발명'이라고 불린다.

1. 라이프니츠는 물체의 면적과 속도의 변화를 구하는 것이 전형적인paradigmatic 문제임을 발견했다. 즉, 여러 가지 다른 종류의 수학 문제들이 면적이나 속도의 변화에 관한 문제로 치환될 수 있다는 사실이다.[7]

2. 덧셈과 뺄셈(아니면 곱셈과 나눗셈)의 관계가 서로 반대인 것처럼 이 두 가지 종류(넓이와 속도)의 문제가 사실은 서로 역관계inverse라는 사실을 알아냈다. 현대에 와서는 이것을 미분과 적분이라고 부르고 수학 교과서에 쓰여있듯이 이들이 서로 역관계라는 것이 '미적분학의 기본 정리'가 된다.

3. 라이프니츠는 미적분학에서 쓰이는 기호들, 즉 적분을 나타내는 $\int$[8]과 미분을 나타내는 d[9]를 만들어 냈다. 그리고 이어서 실생활에서 접하는 미분과 적분 문제를 구하는 규칙을 찾았다.

---

7 그래서 면적이나 중력의 중심을 구하는 것은 첫 번째 유형의 문제이고 가속도나 (경제학의) 한계 탄력성을 계산하는 것은 두 번째 유형의 문제로 나뉜다.

8 (옮긴이) $\int$은 대문자 S를 길게 늘어뜨린 기호로 '합(summa)'이라는 뜻의 라틴어에서 가져왔다.

9 (옮긴이) d는 미분을 뜻하는 기호로 라틴어 '차이(differentia)'에서 가져왔다.

이런 발견을 통해서 소수의 수학자들만 쓰던 독특한 방식인 극한을 수천 명이 교과서를 통해 배울 수 있는 간단한 기술로 바꿔버렸다.[6] 이 책의 주제와 연결해, 라이프니츠는 이와 같은 성공을 통해 적합한 기호를 선택하고 기호를 조작하는 법칙을 찾아내는 것이 얼마나 중요한지를 깨닫게 됐다. 알파벳 발음 기호는 아무 의미를 담지 않고 소리만 나타내지만 기호 $\int$과 d는 다르다. 이 기호들은 각각 특별한 수학적 개념을 상징한다. 즉, 라이프니츠가 어릴 적 '놀라운 생각'이라 불렀던 세상의 모든 지식(개념)을 나타 낼 수 있는 알파벳의 구체적인 예가 되는 것이다.

각각 독자적으로 미적분학을 만들어 낸 뉴턴과 라이프니츠의 업적과 관련해 역사책을 뒤져 보면 편지로 영국 해협을 왕래하며 서로 표절이라고 신랄하게 비난하던 당시 사람들의 어리석음에 대해 읽을 수 있다. 둘을 비교할 때 우리 이야기에 관련된 한 가지 중요한 사실은 라이프니츠가 만들어 낸 기호가 더 우수했다는 점이다.[7] 적분을 위해 사용하는 핵심 기법(교과서에서는 '치환 적분법'이라고 부르는)은 라이프니츠의 기호를 사용할 때 거의 자동으로 이루어지는 반면, 뉴턴의 방식에서는 더 복잡하다. 혹자는 미적분으로 인해 빠르게 발전하던 다른 유럽 지역의 수학에 비해 영국이 뒤처졌던 이유를 맹목적으로 자국의 영웅인 뉴턴을 떠받들던 그 시대 영국의 분위기 때문이었다고 말한다.

높은 수준의 도시 파리에서의 삶을 한껏 즐기던 당시 사람들처럼 라이프니츠는 가능한 한 오랫동안 파리에 남고 싶어했다. 그는 마인츠 후원자들과 관계를 유지하면서 파리에 남아 일할 수 있는 방법이 있을지 알아보았다. 그러나 파리에 계속 남아 있는 경우 마인츠의 후원은

끊길 것이라는 사실이 곧 분명해졌다.

그러던 와중에 17세기 신성 로마 제국의 공국 중 하나였던 독일의 하노버 공작 가문에게서 제안을 받았다. 학문에 어느 정도 관심이 있던 요한 프리드리히 공작이 그를 재정적으로 지원해 준다는 내용이었지만 라이프니츠는 하노버에 살고 싶어 하지 않았다. 그래서 최대한 답을 미루다가 결국 1675년 초에 제안을 받아들이기로 결정했다.

그는 제안을 받아들이는 편지에 '인류를 위해 학문과 과학 연구를 할 수 있는 자유'를 요청했다.[8] 최대한 귀국을 지연시켜 보다가 공작이 더 이상은 기다리지 않을 것이 확실해진 1676년 가을에서야 결국 파리를 떠났다. 라이프니츠는 남은 인생을 하노버 공작 가문을 위해 살게 된다.

하노버

라이프니츠는 '인류를 위해 학문과 과학 연구를 할 수 있는 자유'를 요청했지만 현실적으로 그의 후원자가 필요로 하는 일을 해야만 하는 자신의 위치를 잘 알고 있었다. 그는 공국의 도서관을 개선하고 공적 사업이나 농업에 활용할 수 있는 여러 가지 아이디어를 제안했다. 그리고 앞서 소개했듯이 실패로 돌아갔던 하르츠 산 채광을 위한 풍차 프로젝트도 제안했다. 1680년 하르츠 산 프로젝트가 승인된 지 1년이 지난 후에 공작이 갑작스럽게 사망하며 그의 위치는 다시 불안정해졌다.

이제 새롭게 공작의 위치에 오른 에른스트 아우구스투스를 설득해 그의 후원을 유지하고 하르츠 산 프로젝트를 계속해야 하는 상황이 됐다. 새로운 공작은 실용적인 사람이었다. 하노버 공작과 달리 그는 도서관 프로젝트에는 돈을 쓰고 싶어 하지 않았다. 라이프니츠는 곧 아우구스투스와 학문적인 이야기는 하지 않는 게 좋겠다는 결론을 얻었다.

그는 재정적 후원을 계속 받기 위해 공작 가문의 일대기를 써내는 새 프로젝트를 제안했다. 5년 후에 공작이 결국 하르츠 프로젝트를 끝낼 때쯤엔 그는 이 제안을 좀 더 구체적으로 발전시켰다. 몇몇 세대의 역사만 알아낼 수 있다면 공작 가문의 자취를 서기 600년대까지 찾아낼 수 있다는 제안이었다. 공작은 이 제안이 훗날 역사상 최고의 학자 중 하나로 남을 라이프니츠를 고용하기에 가장 적절한 이유라고 생각했다. 라이프니츠는 정기적으로 급여를 받고 개인 비서를 둘 수 있었으며 가문의 연대기를 찾는 여행 비용을 제공받았다. 아마도 낙관적인 라이프니츠는 남은 30년 인생을 이 프로젝트에 매여 살게 될 거라고는 상상하지 못했을 것이다. 1698년 에른스트 아우구스트가 죽은 다음 공작에 오르는 게오르크 루트비히는 더 완강하게 라이프니츠에게 가문의 역사서를 완성하도록 재촉했다.

하노버에서 라이프니츠에게 제자가 있었다면 그들은 여성들이었을 것이다. 라이프니츠는 그 시대에 팽배했던 여성의 지적 능력에 대한 편견을 갖고 있지 않았다. 재능이 있던 에른스트 아우구스트의 아내 조피 공작 부인은 라이프니츠와 철학을 주제로 대화를 자주 나누었고 라이프니츠가 하노버에서 멀리 떠나 있을 때는 편지로 빈번하게 대화를 이어갔다. 공작 부인은 훗날 프로이센의 왕비로 등극하는 딸 조피 샤를로테 역시 라이프니츠한테 배우기를 원했다. 샤를로테는 라이프니츠에게 배우는 데 만족하지 않고 열정적으로 여러 가지 질문을 던져 라이프니츠가 자신의 아이디어를 명확하게 만들어가는 데 도움을 주었다. 현대에 와서 라이프니츠를 연구한 벤슨 메이츠는 이렇게 설명했다.

> 라이프니츠 인생 전반에서, 하노버와 베를린 궁전에 이르기까지 이 여성들이 라이프니츠를 지원해 주었다. 1705년 샤를로테가 갑자기 죽었을 때 라이프니츠는 몹시 슬퍼했다. 심지어 라이프니츠는 타국의 외교부로부터 공식적인 위로 편지를 받기도 했다. 그리고 1714년 샤를로테의 어머니인 공작 부인이 사망한 후에는 브라운슈바이크 가문의 역사를 찾아가는 프로젝트 외에는 어떤 지원도 받지 못했다.[9]

가문의 일대기를 기록하는 역사 프로젝트는 라이프니츠에게 여행할 수 있는 자유를 주었고, 그의 귀족 후원자를 언짢게 만들 정도로 자유를 충분히 만끽했다. 여행을 활용해 당대의 지식인들과의 관계를 만들고 유지했다. 베를린에서는 심지어 과학 학회를 창립하기도 했는데, 이는 뒷날 왕립 학술원이 되었다. 또한 이들과 다양한 분야의 관심사를 다루는 수많은 서신을 교환하기도 했다.

　라이프니츠는 신이 계획한 대로 세상을 창조했기 때문에 창조 전 가능했던 모든 것과 실제로 세상에 존재하게 된 것들 사이에는 서로 연결되는 조화로움pre-established harmony이 있고, 이를 통해 세상에 존재하는 모든 것에는(우리가 그것을 모른다고 하더라도) 이유가 있다고 믿었다.

그는 외교 영역에서의 프로젝트도 두 개 진행하고 있었다. 하나는 다양하게 나뉘어진 기독교 종파들을 연합하는 것이었고, 실제로 성공했던 다른 하나는 하노버의 공작 가문이 영국의 왕위를 이어받도록 하는 것이었다. 그러나 1716년 라이프니츠가 사망하기 불과 2년 전, 게오르크 루트비히가 실제로 영국의 조지 1세로 등극할 때 루트비히는 하노버를 떠나 런던 변두리로 가고 싶어했던 라이프니츠의 부탁을 퉁명스럽게 거절했다. 빨리 연대기를 완성하라는 지시만 남겼을 뿐이다.

범용의 문자 체계

라이프니츠가 어린 시절 꿈꾸었던 '놀라운 생각', 즉 사람의 생각을 나타내는 기호와 그 기호를 처리해 생각을 계산하는 기계는 어떻게 되었을까? 자기 혼자서는 이 원대한 꿈을 이룰 수 없다는 사실을 잘 알고 있었지만 그는 절대로 꿈을 포기하지 않았고 그 꿈에 대해 계속해서 글을 써냈다. 기초 연산과 대수학에서 사용하는 특별한 문자들, 화학이나 천문학에서 사용하는 기호들, 그리고 그가 미분과 적분 방정식에서 사용했던 기호들은 적절한 기호가 문제의 해결에서 얼마나 중요한지 새로운 패러다임을 보여 줬다.

라이프니츠는 이처럼 특별한 문자 기호들이 가능케 하는 새로운 언어 체계를 '문자 체계characteristic'라고 불렀다. 기호 자체에 의미가 없는 알파벳과 달리 앞에서 소개한 기호들은 실제적인 문자 체계로 각각의 문자 기호가 분명히 존재하는 개념을 자연스럽게 나타낸다. 라이프니츠는 범용의 문자 체계가 필요하다고 믿었다. 이러한 범용 체계는 실제로 존재하고 모든 인간의 생각을 다 표현할 수 있다는 믿음이었다.

프랑스의 수학자 기욤 드 로피탈에게 쓴 편지에서 라이프니츠는 이렇게 썼다. "대수학을 푸는 비밀은 부호를 어떻게 사용해 내는지 그 기술 여부에 달려있습니다. 적절하게 부호를 사용하면, 이 부호가 '아리아드네의 실타래[10]'가 되어 학자들이 자신의 체계를 만들도록 인도할 것입니다."

20세기 초반 논리학자이자 라이프니츠를 연구한 학자 루이 쿠투라는 이렇게 설명했다.

> 대수학에서 기호는 수학의 시스템 자체를 상징한다고 볼 수 있고 모델로도 쓰인다. 이는 또한 라이프니츠가 꾸준히 인용했던 것처럼, 적절한 기호의 선택이야말로 논리를 추론해 가는 데 유용할 뿐 아니라 꼭 필요하다는 걸 보여 준다.[10]

아마도 라이프니츠와 많은 서신을 교환했던 프랑스의 학자 장 갈로이스에게 보낸 이 편지의 글만큼 그의 문자 체계 제안을 잘 설명하는 것이 없을 듯하다.

> 나는 이 새로운 과학 체계의 실제 가치를 점점 더 확신하고 있습니다. 하지만 이 과학 체계의 의미를 이해하는 사람은 거의 없다고 봐

---

10 (옮긴이) 아리아드네는 그리스 신화에 나오는 공주로 연인에게 실타래를 주어 미궁에서 빠져나올 수 있도록 도왔다. 흔히 아주 어려운 일을 해결하는 방법이나 물건을 의미하는 관용구로 쓰인다.

도 좋습니다. … 이 체계는 어떤 특정한 언어로 구성되어 있습니다. … 이것이 우리 생각의 관계들을 완벽하게 표현합니다. 이 체계의 문자들은 지금까지의 상상과는 완전히 다를 것입니다. 사람들이 대수학이나 기초 연산에서 하는 것처럼 이 문자들은 의미를 만들고 판단하는 데 사용되기 때문입니다. 이 체계는 대단히 강력한데, 그중이 문자 체계를 사용하면 말이 안 되는 것(거짓된 사실)들은 표현할 수 없다는 점이 특히 중요합니다. 무지한 사람은 그 체계를 사용할 수 없습니다. 아니면 그 체계를 사용하면서 똑똑해질 것입니다.[11]

갈로이스에게 보낸 편지에서 라이프니츠는 연산과 대수에서 기호가 하는 역할이 얼마나 중요한지를 지적하고 있다. 그는 0에서 9로 나타내는 아라비아 숫자가 그전에 사용했던 로마 숫자 체계에 비해 계산할 때 얼마나 더 유리한지 파악하고 있었다. 라이프니츠는 숫자를 0과 1의 연속으로 표현하는 이진법을 발견했을 때 그 기호 체계의 간결함에 감탄했다. 그 간결한 체계가 고유한 성질을 드러내는 데 유용할 거라 믿었다. 비록 그의 믿음은 증명되지 않았지만 라이프니츠가 이진법에 특별한 관심을 보였다는 부분은 현대 컴퓨터 체계에 있어 이진법이 얼마나 중요한지를 살펴볼 때 놀랍다고 할 수 있다.

라이프니츠가 상상한 자신의 계획은 세 가지 주요 부분으로 구성되어 있었다. 첫째, 기호를 선택하기 전 인류의 모든 지식을 총 망라할 수 있는 지식 요약집 혹은 백과사전을 만든다. 이것을 이룰 수 있다면 그다음 단계로 지식의 기초를 구성하는 몇 개의 의미를 뽑아 적절한 기호를 부여하는 것이 가능하리라 믿었다. 끝으로 지식을 추론하는 법칙을 단순히 이 기호를 조작하는 것으로 대체할 수 있으리라 생각했는데 라이프니츠는 이것을 추론 계산기calculus ratiocinator라 불렀고 현대에 와서는 이것을 기호 논리라 부른다.

오늘날 우리는 라이프니츠가 이 원대한 목표를 스스로 이루기는 힘들다고 생각한 것을 이해할 수 있다. 특히 후원자 가문의 연대기를 만드는 업무의 압박 속에서 말이다. 그러나 그 시대에 우리가 살아가는 이 복잡한 세상을 단순히 기호의 조작으로 대체할 수 있다고 진지하게 믿었다는 사실에 놀랄 수밖에 없다.

이를 이해하기 위해서는 라이프니츠가 세상을 어떤 관점에서 바라봤는지 살펴야 한다. 그에겐 이 세상의 어떤 것도 우연하게 혹은 결정되지 않은 상태로 존재하는 것이 없었다. 최선의 의도를 가지고 세상을 창조한 신의 분명한 의지 가운데 세상의 모든 게 완벽하게 결정되어 있다는 것이다. 그래서 라이프니츠는 자연적 그리고 초자연적인 세상의 모든 것에 서로 연결 고리가 있고 추론을 통해 그것을 발견하는 게 가능하다고 믿었다.[11] 이런 관점으로 바라볼 때 비로소 '선한 사람들이' 테이블에 둘러앉아 어떤 중요한 문제를 해결하는 라이프니츠 글의 유명한 구절을 이해할 수 있다. 문제를 라이프니츠가 구상하는 언어 '보편적인 문자 체계'로 적어 낸 후에 사람들은 "이제 풀어보자!"라고 외칠 것이다. 그리고 모든 사람은 여기에서 나오게 되는 해결법이 맞았음을 자연스럽게 받아들일 것이다. [12]

라이프니츠는 이런 계산을 수행할 수 있는 그의 추론 계산기, 즉 논리의 계산식에 대해 열정을 담아 이렇게 썼다.

---

11 (옮긴이) 이와 같은 라이프니츠의 철학은 예정 조화(pre-established harmony)라고 부른다.

우리는 실생활에는 쓸모없지만 지적으론 흥미로운 문제, 예를 들면 정다면체의 개수를 세는 방법 등을 만든 사람들을 흔히 칭찬합니다. 혹은 수학 천재가 복잡한 평면 4차 곡선conchoid이나 질주선cissoid, 아니면 거의 의미 없는 다른 모양에 대해 명쾌한 정리를 하는 것도 의미가 있는 일이라고 생각합니다. 그렇다면 우리가 갖고 있는 가장 대단한 능력, 즉 인간의 사고를 수학적인 법칙으로 끌어내는 것은 얼마나 더 가치 있는 일이겠습니까?[13]

라이프니츠는 보편적인 문자 체계에 관해 열정과 확신을 갖고 있었지만 실제적인 결과물은 얼마 없었다. 하지만 추론 계산기에 관해서는 실제적인 것을 만들어 보려 여러 가지 시도를 했다. 그가 가장 정교하게 시도했던 것이 다음 쪽 그림에 나타난다.[14] 이는 영국의 조지 불보다 약 1.5세기 앞선 내용으로, 대수학에서 숫자를 규칙대로 계산하는 것처럼 논리적 개념을 조작하는 논리의 대수학 규칙을 제안한다. 그는 새로운 기호(⊕)를 고안해 '여러 개 항'의 결합을 표현했다. 이 기호는 예를 들어 두 개의 집합이 있을 때 그 안에 들어 있는 것들을 한 개의 집합으로 모으는 아이디어를 나타낸다. 기호 속 더하기는 우리가 이 규칙이 숫자를 더하는 것과 비슷하게끔 생각하도록 하고 더하기를 둘러싼 원은 이것이 일반적인 덧셈과 정확히 같지 않음을 알려준다. 그가 고안했던 대수학의 규칙들은 현재 고등학교 교과서에서 쓰인다. 대수학의 수에 적용한 것과 같은 규칙이 논리적 개념에도 어느 정도 적용될 수 있다.

정의 3. 'A가 L에 속한다' 또는 'L이 A를 포함한다'는 말은 것은 L이 여러 개의 항을 가지고 있고 A가 그중 하나임을 뜻한다. $B \oplus N = L$은 B와 N이 L 안에 속해있고 L을 구성하는 것을 의미한다. 항이 많아질 때도 결과는 같다.

공리 1. $B \oplus N = N \oplus B$

공준: A와 B처럼 임의의 숫자 복수 항을 더해서 하나의 항을 만들 수 있다.

공리 2. $A \oplus A = A$

명제 5. A가 B에 속해 있고 $A = C$일 경우, C는 B 안에 속한다. 명제 안에서 A와 B의 관계는 C가 A를 대체할 때도 성립한다.

명제 6. C가 B에 속해 있고 $A = B$일 경우, C는 A 안에 속한다. 명제 안에서 C와 B의 관계는 A가 B를 대체할 때도 성립한다.

명제 7. A는 A 안에 속한다(정의 3에 따르면). A는 $A \oplus A$ 안에 속하므로(명제 6에 따르면) A는 A 안에 속한다.

....

명제 20. A가 M 안에 속하고 B가 N 안에 속할 경우 $A \oplus B$는 $M \oplus N$에 속하게 된다.

라이프니츠의 추론 계산식 일부

하지만 이게 다가 아니다. 수를 다루는 것과는 아주 다른 형태의 규칙들도 있다. 그중 가장 놀라운 규칙은 공리 2번에 나오는 $A \oplus A = A$로 훗날 조지 불이 그의 논리 대수 규칙에서 핵심으로 사용했던 것과 비슷한 규칙이다. 이 규칙에 의하면 논리적 항목을 그 자신과 결합할 경우 새로운 결과를 낳지 않는다는 것이다. 다시 말해 한 바구니 안에 있는 모든 것을 같은 바구니에 더할 경우 그 결과는 똑같은 것들이 들어 있는 바구니라는 뜻이다. 그러나 수학에서는 다르다. 2＋2는 4이지 2가 아니다.

다음 장에서는 라이프니츠의 이런 앞선 결과물을 몰랐던 조지 불이 좀 더 사용이 편리한 기호 논리를 어떻게 만들어 냈는지 알아보겠다. 불의 논리는 아리스토텔레스가 이천 년 전 소개했던 논리를 모두 포괄했지만 그래도 여전히 아리스토텔레스와 불의 논리는 심각한 한계점을 갖고 있었다. 19세기에 와서야 고틀로프 프레게는 그 한계점을 모두 해결하는 기호 논리를 만들어 냈다.[15]

라이프니츠는 당대의 사람들과 교환한 수많은 편지를 남겼지만 여전히 우리는 그가 어떤 사람이었는지 잘 알지 못한다. 그의 긍정적인 철학에도 불구하고 한 전기 작가는 몇 개 남아 있는 라이프니츠의 초상화를 통해 지치고 불행하며 부정적인 사람의 이미지를 볼 수 있다고 주장한다.[16] 다른 사람들은 그가 동네 어린이들에게 케이크 나눠 주는 걸 좋아했다고 적었다. 그는 50세가 되던 해에 청혼했지만 상대 여성이 주저하자 생각을 돌렸다.[17] 오늘날 우리가 그려볼 수 있는 그의 이미지는 여관에 머물며 하인이 가지고 온 음식을 뒤로한 채, 낮 시간 대부분 그리고 대개는 밤늦게까지 엄청난 양의 편지를 놀랄 만큼 꼼꼼하게 적어 내려가는 한 사람이다. 하나 라이프니츠가 쉼 없이 연구했다는 점만큼은 분명하다.[12]

---

12 라이프니츠에 대한 이런 이미지는 어느 정도 쿠르트 후버 교수가 나치의 사형을 기다리며 1951년에 쓴 전기에서 비롯되었다. 그는 뮌헨 대학교에서 '하얀 장미' 지하 조직을 만든 자신의 학생들을 지지했고 반 나치 전단을 뿌렸다는 이유로 단두대에서 생을 마쳤다. 오늘날 독일에는 뮌헨 대학교의 후버 교수 광장처럼 그의 이름을 기려 만든 거리들이 있다. (후버 교수의 영웅적인 업적을 내게 알려 준 벤슨 메이츠에게 감사한다.)

쉽게 '만약에'라는 질문을 던질 수도 있다. 만약에 라이프니츠가 후원자 가족의 연대기 프로젝트에 매이지 않았다면, 그리고 더 많은 시간을 추론 계산기에 쓸 수 있었다면 어땠을까? 먼 훗날 영국의 불이 만들어 낸 그 결과를 더 일찍 만들 수 있지 않았을까? 물론 이런 추측은 아무 소용이 없다. 라이프니츠가 우리에게 남긴 것은 그의 꿈이다. 그의 꿈은 무한한 인간의 상상력을 돌아보게 하고 이후 시대에서 펼쳐지는 발전을 평가하는 기준을 제시한다.

2

논리를 수학으로 바꾼 천재 불

Boole Turns Logic into Algebra

조지 불

힘들었던 불의 삶

훗날 영국의 왕비가 되는 조지 2세의 부인 카롤리네 폰 안스바흐는 아름답고 똑똑했다. 그녀는 21세가 되던 1704년 베를린에서 라이프니츠를 처음 만났다. 왕 가문과 함께 영국으로 건너간 이후에도 라이프니츠와의 친분은 편지로 이어졌다. 그녀는 시아버지인 영국의 왕 조지 1세에게 라이프니츠를 영국으로 데려오자고 설득했지만 앞서 이야기했듯이 왕은 라이프니츠가 독일에 남아 하노버 가문의 일대기를 완성해야 한다며 고집을 꺾지 않았다.

미적분학을 누가 처음 만들었는지를 둘러싸고 라이프니츠와 뉴턴의 추종자들이 서로를 표절이라고 비난할 때 카롤리네는 그 논쟁의 중심에 얽혀 있었다. 그녀는 논쟁이 큰 의미 없다고 라이프니츠를 설득했지만 그는 귀담아듣지 않았다. 오히려 라이프니츠는 카롤리네의 지지에 힘입어 뉴턴의 '왕립 조폐국장' 직위에 버금가는 '영국의 역사가'라는 직위를 왕에게 받고 싶어했다. 이렇게 해야만 영국과의 관계에서 독일의 명예를 유지할 수 있다고 주장했다.

라이프니츠는 카롤리네에게 쓴 편지에서 뉴턴이 모래 한 줌의 중력이 멀리 떨어진 태양에 영향을 미친다고 주장하면서도 힘의 실제 전달 방법은 증명하지 않았다고 지적했다. 이처럼 자연 현상을 기적으로 설명하는 이론은 받아들일 수 없다고 확고하게 말했다. 카롤리네는 라이프니츠의 몇몇 저술을 영어로 번역하고 싶어했다. 이를 위해 사람들이 추천한 번역가 새뮤얼 클러크와 연락했다.

클러크는 철학자이며 신학자였고 뉴턴의 추종자이기도 했다. 1704

년에 그는 《Being and Attributes of God(신의 존재와 속성)》에서 신의 존재를 증명하는 공식을 만들었다. 카롤리네는 뉴턴의 아이디어들을 공격하는 라이프니츠의 편지를 보여 주며 답장을 부탁했다. 이렇게 시작된 라이프니츠와 클러크의 편지 교환은 라이프니츠가 죽기 바로 며칠 전까지 계속되었다. 그 시대엔 당연하게도 두 인물이 실제 서로 만나지는 못했다.

이 이야기에서 새뮤얼 클러크와 관련해 가장 중요한 사실은 라이프니츠가 사망하고 거의 1.5세기가 지나서 불이 자신의 이론을 증명하려고 신의 존재에 대한 클러크의 증명을 예로 들었다는 점이다. 실제 이 방법들을 통해 불은 성공적으로 라이프니츠의 꿈 일부분을 현실로 만들어 냈다. 불은 클러크의 복잡한 추론법을 몇 가지 간단한 방정식으로 치환했던 것이다.[1]

이야기의 주인공이 라이프니츠와 17세기 유럽 귀족들의 세계에서 조지 불로 바뀌기까지는 두 세기라는 시간이 흘러야 했다. 그리고 불이 속한 사회적 계층은 라이프니츠보다 몇 단계 아래였다. 불은 1815년 11월 2일 영국의 동쪽 지역 도시인 링컨에서 태어났다. 결혼 후 9년간 아이가 없었던 존과 마리 불 부부 사이에서 조지 불은 첫째로 태어났고 뒷날 세 명의 형제 자매가 더 생겼다. 구두 수선공으로 근근이 생계를 꾸려간 아버지 존 불은 배우는 걸 좋아했고, 특히 과학 기구를 몹시 좋아했다. 그는 가게 창가에 자신이 만든 망원경을 자랑스럽게 전시해 놓기도 했다. 그러나 불행히도 유능한 사업가는 아니었기에 재능 많고 성실했던 아들 조지 불이 곧 온 가족을 부양하는 무거운 짐을 떠맡아야 했다.[2]

1830년 6월 링컨 시민들은 고대 그리스의 시인 멜리에이거의 시를 영어로 처음 번역한 인물을 둘러싸고 지역 신문에 실린 유치한 논쟁을 읽어야 했다. 〈링컨 헤럴드〉에 실린 번역본에는 '링컨시의 G. B(조지 불), 14세'라고 적혀 있었는데, 그 지역의 인물 P. W. B는 G. B.가 표절했다는 주장을 뒷받침할 증거는 없다고 인정했으나, 14세의 아이가 그런 번역을 했다는 걸 도저히 믿을 수 없다며 고집을 꺾지 않았다. 둘 사이에 여러 차례 편지로 주고 받은 논쟁은 〈링컨 헤럴드〉에 고스란히 실렸다.

불의 가족은 일찌감치 그의 재능을 알아챘지만 집이 가난해 적절한 정규 교육을 시켜줄 수 없었고 결국 그는 아버지의 도움을 받아 독학해야 했다. 불은 라틴어와 그리스어는 물론 프랑스어와 독어 역시 독학했고 각 언어로 수학 논문까지 작성할 수 있었다(물론 훗날에). 기독교의 특정한 교파에 소속되지도 않았는데, 그리스도의 신성은 믿지 않았지만 평생 종교적인 신념을 깊이 갖고 있었다. 머지않아 영국 성공회 성직자가 되는 원래 목표를 포기하기도 했는데, 한편으로는 그의 신앙의 방향 때문이기도 했고, 또 다른 이유는 아버지 사업이 몰락하면서 가족을 경제적으로 돌봐야 했기 때문이었다. 불이 교사로 처음 일을 시작한 것은 채 16세가 되기도 전이었다.

불은 집에서 약 40마일 떨어진 한 감리교회의 작은 학교에서 일한 지 2년만에 해고당했는데 대체로 그의 비종교적인 행동들 때문인 것으로 보인다. 그는 일요일에도 수학을 연구했고 심지어 예배당 안에서도 공부했다! 실제로 이때쯤부터 불은 점점 더 수학에 많은 관심을 기울이기 시작했다. 훗날 불은 당시를 회고하며 책을 살 돈은 너무나 부족한데 수학 책은 푸는 데 오랜 시간이 걸리므로 다른 분야의 책에 비해 가격 대비 가장 좋은 투자였다고 말했다. 그는 또한 학교에서 일하며 문득 떠오른 영감에 대해 말하는 걸 좋아했다. 들판을 걷고 있는데, 머릿속에 논리적인 관계를 수학의 공식으로 표현하는 게 가능하리라는 생각이 섬광처럼 스쳤다고 했다. 한 전기 작가의 표현을 빌리자면 바울이 다메섹으로 가는 길에서 만난 기적과 견줄 만한 경험이었고, 몇 년 후 결실을 맺게 된다.

감리교회 학교를 그만둔 후 불은 리버풀에서 교사 직을 얻었다. 그러나 그곳에서 숙식하며 가르친 지 6개월만에 떠나기로 마음 먹었다. (여동생 말에 따르면) '역겨운 식욕과 끝없이 탐닉하는 욕망'을 가진 사람 때문이었는데, 아마도 교장 선생을 지칭했을 것이다.[4] 다음으로는 집에서 겨우 4마일밖에 떨어져 있지 않은 마을에서 교사로 일했지만 그곳에서도 짧게 일했다. 이제 막 19살이 된 불은 가족의 경제적인 문제를 해결하는 데 마음이 쓰였고, 고향 링컨에서 직접 학교를 열기로 마음먹었기 때문이다. 훗날 새로 개교한 아일랜드 코크 대학교에 교수로 부임하기 전까지 15년 동안 불은 성공적으로 자신의 학교를 운영하며 교장으로 일했다. 그의 부모와 형제 자매들에겐 그 학교들이 (연달아 3개 학교를 열었다) 유일한 수입원이었고 훗날 여동생 매리 앤과 남동생 윌리엄도 일을 도왔다.

불은 기숙 학교를 운영하며 수많은 학급을 가르쳤다. 온종일 가르치는 고된 일상을 보내면서도 불은 이 기간 동안 수학을 공부하던 학생에서 창의적인 수학자로 거듭났다. 게다가 여력이 남아 사회 운동가로서 활동도 했다. '링컨시 여성 교화소'를 설립하고 운영 이사로 활동했는데 이 기관의 목적은 '사회적으로 잘못된 길에 들어선 여성들에게 임시 거처를 제공하며 도덕과 종교로 가르치고 근면한 습관을 기르는 데 도움을 주는 것'이었다. 불의 자서전 작가는 이 기관이 도운 '교화가 필요한' 여성은 바로 (빅토리아 시대의 링컨에 아주 많았던) 매춘 여성이라고 기록했다.[5] 일반적인 대상은 하층 계급의 젊은 여성들로, 임신한 상태에서 결혼을 약속한 같은 계층의 연인한테 버림받은 사람들이었다.[1] 성적인 문제에 대한 불의 개인적인 생각은 수학과 관련 없는 주제로 열었던 두 번의 강의에서 추측해 볼 수 있다. 한 교육 관련 강의에서 그는 이렇게 경고했다.

> 그리스와 로마 시대의 문학 유산이 매우 큰 비중을 차지하고 … 이교도의 타락한 행위에 대한 암시, 많은 경우엔 암시를 넘어선 것들로 심각하게 오염돼 있습니다. … 젊은이들이 그런 것을 접하고도 악한 생각에 오염되지 않고 순결을 지킬 수 있다는 것에 나는 동의하지 않습니다.[6]

(노동 시간을 하루 10시간으로 제한하는 '링컨시 일찍 문 닫기 운동'을 성공적으로 이끌어 낸 시점에 열린) 여가 시간 잘 보내기 관련 강의에는 이런 불의 근엄한 가르침이 담겨 있다.

> 비도덕적인 취미로부터 즐거움을 찾으려거든 이해를 구할 생각조차 하지 마십시오.[7]

---

1 런던에 있던 비슷한 사회 기관에 대한 연구(Barret-Ducrocq, 1989)에서도 이런 비참한 이야기들을 열거하고 있다.

불은 아버지의 뒤를 이어 링컨시 기계 정비 교육원에도 깊이 관여하고 있었다. 빅토리아 시대의 영국에서 전국적으로 생겨난 이런 교육원은 기능직 직업인을 대상으로 정규 일과 후의 교육을 담당했다. 불은 링컨시 한 교육원에서 위원으로 일하며 도서관 활용 방법을 권고하거나 강의를 하고, 다양한 주제를 무보수로 가르쳤다.

불은 다양한 활동을 하면서도 영국과 유럽 대륙에서 출간된 중요한 수학 논문들을 공부하는 데 시간을 할애했고 곧 자신의 연구 결과물을 만들어 내기 시작했다. 초창기 연구 대부분은 라이프니츠의 믿음과 같은 맥락인 적절한 수학 기호를 선택하는 것이었다. 즉, 기호들이 복잡한 노력 없이도 마치 마술처럼 주어진 문제에 정확한 답을 찾아내는 방식이다. 라이프니츠는 대수학의 예제들을 제시했었다. 그리고 영국에서 불이 연구를 시작할 무렵엔 수를 다루는 기호와 연산 들이 몇 가지 기본적인 법칙을 따른다는 대수학의 힘이 잘 알려져 있었다. 다른 무수한 종류의 개체와 연산 들도 같은 법칙을 따른다면 이러한 대수학의 능력을 적용할 수 있다고 추측할 수 있었다.[8]

불의 초창기 연구에서는 대수학의 방법들을 수학자들이 연산자라고 부르는 개체에 적용했다. 이것들은 일반적인 대수학의 공식을 '연산'해서 새로운 공식을 만들어 낸다. 불은 미분 연산자에 특히 관심이 많았는데 1장에서 이야기한 미적분학에서 사용하는 미분 연산을 다루고 있었다.[9] 물리적인 우주의 중요한 법칙들이 미분 연산자를 포함한 미분 방정식의 형태를 갖는 게 알려지면서 사람들은 이러한 연산자들을 특히 중요하게 인식했다. 불은 미분 방정식의 일부를 일반적인 대수학 법칙을 사용해서 풀 수 있음을 증명했다. 공학과 순수 과학을 전공한 대학생들은 일반적으로 그의 이런 법칙을 2학년이나 3학년 때 미분 방정식 과목에서 배운다.

불은 교장으로 있는 동안 케임브리지 수학 논문집에 10여 개의 연구 논문을 게재했다. 그리고 왕립학회 철학분과에 아주 긴 논문을 보냈다. 처음에 왕립학회는 그와 같은 외부인이 보내는 논문을 몹시 싫어했지만 결국 이 논문을 수락했고 나중에는 금메달을 수여했다.[10] 불의 방법은 기술 하나를 소개하고 이를 여러 개의 예제에 적용하는 것이었다. 그는 제시한 방법이 옳음을 굳이 증명하지 않았다. 왜냐하면 그의 방법들이 예제에 정확하게 맞아떨어졌기 때문이다.[11]

불은 이 시기에 영국의 유명한 젊은 수학자들과 학문적인 편지를 교환하고 친분을 쌓았다. 그의 친구 오거스터스 드모르간이 스코틀랜드의 철학자 윌리엄 해밀턴 경과 벌인 논쟁은 오래전 불에게 번개처럼 떠올랐던 영감, 즉 논리적 관계를 대수학 법칙으로 표현할 수 있다는 생각을 되살려주었다. 해밀턴은 형이상학의 다양한 분야에 박식한 학자였지만 걸핏하면 논쟁을 일으키는 어리석은 싸움꾼이기도 했다. 그는 수학을 공격하는 심한 글들을 게재했는데 수학에 대한 엄청난 무지를 보여 준다고밖엔 할 수 없었다. 드모르간이 쓴 논리에 대한 논문이 그를 화나게 했는데, 해밀턴은 그 논문이 논리학에서 위대한 발견이라고 자랑스러워하던 자신의 논문 〈술어 논리의 수량화〉를 표절했다고 주장했다. 우리가 그 논문의 아이디어나 그것에서 비롯된 심한 논쟁에 대해 이해하려고 시간을 낭비할 필요는 없다. 다만 논쟁이 불의 생각을 촉진시켰다는 점이 중요하다.[12]

젊은 라이프니츠를 깊이 매료시킨 아리스토텔레스의 고전 논리에는 다음과 같은 문장이 포함되어 있다.

1. 모든 식물은 살아있다.
2. 지능이 있는 하마는 없다.
3. 어떤 사람들은 영어를 사용한다.

불은 예제의 '살아있다', '하마', 혹은 '사람'과 같은 단어가 개별적인 것의 종류나 집단을 나타낸다는 사실이 논리에서 아주 중요하다는 점을 깨달았다. 즉, 이 단어가 '살아 있는 것들의 집단', '하마라는 동물의 종류', '사람이라는 집단'을 가리킨다는 뜻이다. 게다가 이러한 집단을 어떻게 대수학 표현으로 나타낼 수 있는지 생각해 냈다. 불은 대수학에서 숫자나 연산자를 기호로 나타내는 것처럼 영문 기호를 사용해 집단을 표현했다. 만일 x와 y가 각각 다른 두 가지 집단을 가리키는 기호라면 불은 xy를 써서 두 가지 종류에 모두 포함되는 것들을 나타냈다. 불은 아래와 같이 표현했다.

> 무언가를 설명할 때 '좋은'이라는 형용사를 사용한다면 기호 y를 사용해서 '좋은'이라는 단어를 붙일 수 있는 모든 것을 나타내 봅시다. 다시 말해 '모든 좋은 것' 아니면 '좋은 것들'이라는 집단에 이 기호를 사용합니다. 그리고 xy라는 기호는 x와 y라는 기호로 나타내는 특징을 동시에 모두 갖고 있는 것들을 표현한다고 가정해 봅시다. 예를 들어 x를 '하얀 것들' 그리고 y는 '양들'이라고 가정하면, xy는 '하얀

색의 양들'을 나타냅니다. 마찬가지 방식으로 z가 '뿔이 있는 것들'을 나타낸다면 xyz는 '뿔이 있는 하얀색의 양들'을 표현합니다.[13]

불은 집단에 사용하는 연산을 숫자에 사용하는 곱셈과 같은 방식으로 생각했다. 하지만 아주 중요한 차이를 발견했다. y가 양의 집단을 가리킨다면 yy는 무엇인가? 그것은 양이라는 동물의 집단이면서… 또한 동시에 양의 집단이다. 두 가지가 결합한다 해도 결과는 양의 집단이 된다. 즉, $yy = y$와 같다. x가 한 집단을 가리킬 때 $xx = x$라는 수식이 항상 참이라는 사실이 불의 전체적인 논리학 체계의 기초가 되었다는 말은 과장이 아니다. 이 부분에 대해서는 추후 다시 다룰 예정이다.[2]

불이 논리를 수학의 형태로 만든 혁명적인 논문을 처음 발표했을 때의 나이는 32세였다. 좀 더 잘 정리된 그의 해설집 《The Laws of Thought(사고의 법칙)》은 7년 후에 출간됐다. 이 기간은 불의 인생에서 다사다난한 시기였다. 불의 사회적 계층과 그가 받았던 비정규적인 교육으로는 영국 대학교에서의 교수직 임용이 불가능했다. 엉뚱하게도 불에게 자리를 마련해준 것은 아일랜드에서 생긴 '문젯거리'였다.

영국의 지배하에 놓였던 아일랜드가 품은 많은 불만 중 하나는 유일한 대학교인 더블린 소재 트리니티 대학교가 개신교 성향이었다는 점이다. 영국 정부는 이에 대한 대책으로 퀸즈 칼리지라는 이름으로 세 개의 새로운 대학교를 아일랜드의 도시 코크, 벨파스트 그리고 골웨이에 세우자고 제안했다. 그 시대 상황에 비추어 놀랍게도 교파에 소속되지 않은 대학교를 제안한 것이다. 가톨릭 성향의 대학교를 주장했던

---

2 불의 방정식 $xx = x$는 라이프니츠의 식 $A \oplus A = A$와 비교할 수 있다. 두 공식 모두 연산이 한 개의 항목에 두 번 적용될 경우 원래 항목이 결과가 된다.

아일랜드 정치, 종교 지도자들이 비난했음에도 이 계획은 계속 추진되었다. 불은 이 세 개의 대학교 중 한 곳에 지원하기로 했고 결국 3년 뒤 1849년에 코크 퀸즈 칼리지에 수학 전공 교수로 임용되었다.

1849년 전후로 아일랜드는 최악의 기근과 질병을 겪었다. 치명적인 감자 역병균으로 인해 가난한 아일랜드인의 주요 먹거리였던 감자의 수확이 거의 모두 사라진 것이다. 굶주림에서 간신히 살아남은 사람 중 다수는 약해진 면역 체계로 인해 장티푸스, 이질, 콜레라, 회귀열 등의 질병으로 목숨을 잃었다. 영국의 지배자들은 재앙의 원인이 세균임을 빨리 파악하지 못한 채 아일랜드 사람들의 나태함 때문에 발생한 문제라고 책임을 돌렸다. 세간에 퍼진 이런 허구는 수백만이 굶어 죽는 동안에도 지속적으로 이루어진 아일랜드의 곡물 수출을 정당화 하는 데 사용됐다. 1845년과 1852년 사이 800만 아일랜드 인구 중 최소 100만이 사망했고 150만 명은 타국으로 이주했다.[14]

불은 이 문제에 대해서는 거의 언급하지 않았다. 그가 당시 분노했던 사회 문제는 잔인한 동물 학대였다. 실제 아일랜드 사람들에 대해 취한 그의 태도는 다소 애매모호했는데 코크 대학교 설립 시점에 아일랜드에 대해 쓴 그의 시sonnet 아래 대목에도 드러난다.

당신의 고통과 눈물 오래되었지만,

그 지혜 젊고 새롭구나.

쓰라린 과거 기억들

그대 가슴에서 지워가라.[15]

비록 코크는 당시에 학문이나 문화적으로 중심지는 아니었지만, 교수 직은 사실 학교 교장 선생보다 세기적인 수학자라는 불의 위상에 훨씬 걸맞은 삶의 가능성을 제공했다. 임용되기 얼마 전 아버지가 사망한 데다 어머니의 생계에 필요한 적절한 준비까지 마친 후 드디어 가족에 대한 책임에서 벗어나 자신의 인생에 더 집중할 수 있게 되었다.

코크에서 가르치는 수학은 대학 과정이라고 하기엔 낮은 수준이었다. 강의 요강은 '분수와 십진법 계산'으로 시작되었고 지금은 중학교에서 가르치는 수준의 주제들로 이어졌다. 불은 일 년에 고정급 250파운드와 학기마다 한 학생당 2파운드의 보수를 받았다. 조교가 따로 없었기에 모든 숙제를 매주 직접 채점하기도 했다.

퀸즈 칼리지를 둘러싼 논란은 계속되었다. 코크의 총장이었던 로버트 케인 경은 저명한 과학자이며 가톨릭 신자였지만, 학교 내의 가톨릭 신자 비율은 확실히 낮았다. 21명의 교수 중 가톨릭 신자는 한 명만 더 있었을 뿐이다. 가톨릭교회는 성직자들에게 학교가 벌이는 일에 참여하지 못하도록 하는 식으로 이에 대응했다. 어떤 사람들은 아일랜드 출신 지원자들에게 갔어야 할 교수 자리가 영국이나 스코틀랜드 출신의 뒤떨어지는 사람들에게 주어졌다고 생각했다. 총장인 케인 경 역시 교수들에게 인정받지 못한 데다, 아내가 코크에 사는 것을 원치 않았기에 학교를 더블린에서 운영하려고 했다. 이 문제와 그의 호전적인 성격이 더해져 총장은 교수진들과 계속 싸웠고 아무 소득 없는 이런 분쟁에 불도 종종 말려들곤 했다.[16]

훗날 불의 아내가 되는 매리 에베레스트는 코크 지역 사람들의 결혼 전 불에 대한 평가를 이렇게 회고했다. "'그 수학과 교수는 어떤 사람인가요'라고 질문하자 한 여성이 '아, 그 사람은요 딸을 맡길 만한 사람이에요.' 또 다른 여성은 아이들이 없다고 얘기하자, '불이 데리고 나갔어요. 전 불이 애들을 데리고 산책을 나가면 언제나 좋아요.'라고 설명했어요." 불이 사람들에게 인기가 좋은 것 같다는 말에 그 여성은 다른 의견도 이어 갔다.

> 그 사람이 내 마음에 들진 않아요. … 솔직히 그 사람이 어울리는 부류를 그리 좋아하지 않아요. 난 그렇게 훌륭한 인격의 사람들과 어울리고 싶진 않거든요. … 그가 나를 보면서 불경하다고_{wicked} 생각하는 속내를 드러내진 않죠. 하지만 그렇게 순수하고 거룩해 보이는 사람과 가까이 있으면 이 사람이 나를 얼마나 혐오할까 생각하게 돼요. 그런 사람과 가까이 있으면 내가 아주 못된 사람처럼 느껴지게 되거든요. 하지만 아이들이 그와 가까이 있는 건 좋아요. 왜냐면 아이들은 좋은 것들을 배울 테니까요.[17]

매리 에베레스트는 괴짜 성직자의 딸이었고 세계에서 가장 높은 산에 이름을 붙인 영국군 중령 조지 에베레스트 경의 조카딸이었다. 그녀는 또한 불의 친구이자 동료였던 코크 대학교 그리스어학 교수 겸 부총장 존 라이얼의 조카딸이기도 했고, 이 가족 관계가 불과 매리 사이를 가깝게 만들었다. 어려서부터 매리는 수학에 소질을 보였고 불이 개인 지도를 하며 둘은 가까운 친구로 발전해 편지를 자주 교환했다. 불은 17살 나이 차 때문에 그 이상의 관계로 발전할 수는 없다고 생각했던 것 같다. 하지만 첫 만남 5년 후 불이 40세가 되었을 때 매리의 아버지가 죽으며 상황이 달라졌다. 매리가 재정적으로 어려워지자 불은 곧바로 청혼을 했고 그해가 지나기 전 결혼했다.

결혼 생활은 겨우 9년밖에 이어지지 않았다. 불이 차가운 10월의 폭풍우를 맞으며 교실까지 3마일을 걸어간 다음 얻은 병으로 불과 49세에 죽었기 때문이다. 폭풍우 속을 걸은 덕에 생긴 기관지염은 곧 폐렴으로 악화되었고, 불은 2주 만에 사망했다. 비극적이게도 그의 죽음은 아내의 비과학적인 치료 방법 때문에 앞당겨졌는지도 모른다. 매리는 폐렴을 치료하려고 그를 차가운 물로 적신 침대보 가운데 눕힌 걸로 보인다.[18]

둘은 분명 매우 행복한 결혼 생활을 했다.[19] 매리 불은 훗날 '따뜻한 꿈과 같았던 시간'이라고 회고했다. 둘 사이에는 아이 다섯 명이 있었는데 모두 여자 아이였다. 혼자 남은 매리가 84세의 나이로 사망할 무렵은 1차 세계 대전이 영국 해협을 휩쓸던 20세기 초였다. 그녀는 여러 가지 미신에 빠져들었고 터무니없는 이야기에 대해 글을 많이 썼다.

딸들은 모두 흥미로운 삶을 살았다. 셋째 딸 알리시아는 대단히 뛰어난 기하학 능력을 갖고 있었는데 4차원의 기하학 물체들을 분명하게 그려 낼 수 있었다. 이 능력 때문에 그녀는 여러 가지 중요한 수학적 발견을 했다. 그러나 가장 놀라운 삶을 산 이는 막내딸 에델 릴리안이었다. 불이 사망했을 때 겨우 6개월밖에 안 된 아기였던 그녀는 어린 시절을 혹독한 가난으로 기억했다. 릴리(릴리안의 애칭)는 19세기말 무렵 런던으로 망명한 러시아의 혁명가들과 인연을 맺게 됐다. 혁명 운동을 하던 친구를 도우러 러시아 제국을 여행하던 중 바르샤바의 성채를 올려다보고 있었는데(당시 폴란드 영토 대부분은 러시아에 속해 있었다) 그때 감옥에 있던 미래의 남편 월프레드 보이니치의 눈에 띄었다. 보이니치는 훗날 런던으로 망명한 후 그녀를 알아보게 된다. 이 낭만적인 시작은 둘의 결혼으로 이어졌다.

그녀는 훗날 소설 《등에Gadfly》(아모르문디, 2006)의 작가로 명성을 얻었는데 이 소설은 시드니 라일리와의 짧지만 열정적인 사랑 이야기를 바탕으로 한 것이었다. 라일리는 〈라일리: 최고의 스파이〉라는 텔레비전 시리즈로 만들어질 정도로 대단한 인생을 살았던 인물이다. 철저하게 반공산주의자였던 라일리는 러시아 볼셰비키에 의해 처형되지만 참 역설적이게도 연인 릴리의 소설은 영감을 주었던 진짜 이야기는 알려지지 않은 채 러시아 학교에서 필독서로 읽히게 된다. 1955년 프라우다 신문은 《등에》 작가가 아직도 뉴욕에 살아 있다는 기사를 실어 모스크바의 독자들에게 알렸고 릴리는 러시아로부터 책의 인세 15,000달러를 받았다. 그리고 5년 후 96세의 나이로 사망했다.[20]

불의 논리 대수학

불의 논리 대수학 이야기로 다시 돌아가 보자. x와 y가 두 가지 집단을 나타낸다면 불은 xy를 사용해서 x와 y 집단 모두 다 속하는 것들을 나타낼 수 있다고 말했었다. 그는 일부러 이 표기법을 사용해서 일반적인 수학의 곱셈으로 비유하고자 했다. 현대 수학 용어로는 xy는 x와 y의 교집합이라 불린다.[21] 그리고 우리는 또한 x가 집단을 나타낼 때 $xx = x$는 항상 참이라는 사실을 보았다. 이 사실에서 불은 다음과 같은 질문을 생각해 냈다. 일반적인 수학에서 x가 숫자를 나타낼 때 $xx = x$가 되는 경우는 언제일까? 답은 의외로 간단하다. 이 방정식은 x가 0이나 1일 때만 성립하고 그 외의 숫자에는 성립되지 않는다. 여기에서 불은 원칙을 하나 발견하는데, 그것은 논리의 대수학은 일반적인 수학의 숫자가 0과 1로만 구성되어 있을 때와 같다는 점이다. 하지만 이게 의미 있으려면 기호 0과 1을 집단으로 다시 해석하는 절차가 필요하다. 여기서 힌트는 0과 1이 곱셈에 쓰일 때 어떤 변화를 만드는지 보면 알 수 있다. 0에 어떤 숫자를 곱해도 답은 0이 된다. 1에 다른 숫자를 곱하면 바로 그 숫자가 답이 된다. 기호로 나타내면 다음과 같다.

$$0x = 0, 1x = x$$

이것을 집단에 대입해서 0을 어떤 것도 포함하지 않는 집단으로 해석하면 모든 x에 대해서 $0x$는 0과 같다고 말할 수 있다. 현대의 수학에서는 0은 공집합이 된다. 비슷하게 1을 세상의 모든 것을 다 포함하는 집단, 즉 전체 집합이라고 말할 때 $1x$는 모든 x에 대해서 x와 같아진다.

일반적인 수학에서는 곱셈뿐 아니라 덧셈과 뺄셈을 다룬다. 그래서 불이 $xx = x$라는 특별한 공식으로 논리의 대수학을 표현했다면 $+$와 $-$에도 의미를 부여해야 했다. 그래서 x와 y가 두 가지 집단을 가리킬 때, 불은 $x + y$를 x에 속하거나 y에 속하는 모든 것을 나타내는 기호로 사용했다. 오늘날에는 x와 y의 합집합이라 부른다. 불 자신이 만든 예제를 사용해 x가 남자 집단을 나타내고 y가 여자 집단을 나타낸다면 $x + y$는 모든 남자와 여자를 포함하는 집단을 나타낸다. 또한 불은

$x - y$를 써서 x에는 속하지만 y에는 속하지 않는 모든 것을 표현했다.[22] x가 모든 사람의 집단을 나타내고 y가 모든 어린이의 집단을 나타내면 $x - y$는 어른의 집단을 나타낸다. 특별히 $1 - x$는 x에는 포함되지 않는 모든 것을 나타내고 이런 공식으로 이어진다.

$$x + (1 - x) = 1$$

불의 대수학이 어떻게 적용되는지 알아보자. 일반적인 수학식을 사용해 xx를 x^2로 써 보자. 불의 기본 법칙으로는 $x^2 = x$, 즉 $x - x^2 = 0$이 된다. 일반적인 방정식 풀이법을 사용해 다시 쓰면 다음과 같다.

$$x(1 - x) = 0$$

이 방정식을 말로 표현하면, 어떠한 것도 x에 속하면서 동시에 x에 속하지 않을 수는 없다는 뜻이다. 불에게 이는 자신이 맞는 방향으로 나아가고 있다는 확신을 주는 감격적인 결과였다. 아리스토텔레스의 형이상학을 인용해 불은 이렇게 말했다.

> 아리스토텔레스는 모든 철학의 근본적인 공리로 '모순법의 원칙'을 말했습니다. "한 성질이 같은 것에 적용되면서 동시에 적용이 안 되는 경우는 불가능합니다. … 이것은 모든 원칙 중 가장 확실합니다. 그런 까닭에 누군가 이론을 제시할 때는 이 원칙을 궁극적인 원리로 참고하는 것입니다. 다른 모든 공리의 기본이 되기 때문입니다."[23]

불은 이 결과로 확신을 얻고 기뻐했을 것이다. 모든 과학자들이 새롭고 일반적인 아이디어를 소개할 때 찾게 되는, 즉 새로운 아이디어가 역사 속 중요한 발견landmark의 특별한 적용임을 확인하는 결과를 얻었기 때문이다. 이번 경우에는 아리스토텔레스의 모순법이 그 예가 되었다. 실제 불이 살았던 시기의 논리학자들은 아리스토텔레스가 수 세기 전에 정립했던 내용과 같은 주제로 글을 쓰는 게 일반적이었다. 불은 이에 대해 이렇게 말했다. "다른 모든 과학 분야와는 달리 논리학은 불완전함과 진보에서 멀어지고 싶어합니다."

아리스토텔레스가 연구했던 논리 분야는 아주 특별하고 제한된 종류의 추론을 다루는데, 이를 삼단 논법이라고 부른다. 이는 전제라고 부르는 두 가지 명제로부터 결론이라고 부르는 또 다른 명제를 도출한다. 전제와 결론은 다음 네 가지 종류 중 하나의 문장으로 구성되어야 한다.[3]

문장 형태	예제
모든 X는 Y다.	모든 말은 동물이다.
X는 Y가 아니다.	나무는 동물이 아니다
어떤 X는 Y다.	어떤 말은 순종이다.
어떤 X는 Y가 아니다.	어떤 말은 순종이 아니다.

3 루이스 캐럴은 '어리석은 주의'가 두 개의 '꼼꼼한 실수'에서 '망상'을 도출한다고 말했다. Carroll(1988, pp. 258-259)
(옮긴이) 루이스 캐럴은《이상한 나라의 앨리스》,《거울 나라의 앨리스》의 작가이며 수학자이기도 하다. 이 글은 그의 또 다른 소설《실비와 브루노》의 한 대목이다. 원문의 표현은 언어유희로 syllogism(삼단 논법)을 sylligism(어리석은 주의)로, premise(전제)를 prime Misses(꼼꼼한 실수) 등으로 바꾸어 비꼬는 표현이다.

다음은 타당한 삼단 논법 예제다.

$$\text{모든 } X \text{는 } Y \text{다.}$$
$$\text{모든 } Y \text{는 } Z \text{다.}$$
$$\overline{\text{모든 } X \text{는 } Z \text{다.}}$$

이 삼단 논법이 타당하다는 의미는 X, Y, Z를 어떤 성질에 대입하든 두 개의 전제가 참이라면 결론 역시 참이라는 의미다. 두 가지 예제는 다음과 같다.

모든 말은 포유류다.	모든 부점은 스나크다.[4]
모든 포유류는 척추동물이다.	모든 스나크는 보라색이다.
모든 말은 척추동물이다.	모든 부점은 보라색이다.

불의 대수학적인 방법을 적용하면 이 삼단 논법이 맞다는 것을 쉽게 증명할 수 있다. X 집단의 모든 게 Y 집단에도 속한다는 말은 X에 속하지만 Y에는 속하지 않는 것은 존재하지 않는다는 뜻이다. 즉, $X(1-Y)=0$ 혹은 동일하게 $X=XY$로 표현할 수 있다. 동일하게 두 번째 전제는 $Y=YZ$로 다시 쓸 수 있다. 이 방정식에서 우리는 다음과 같은 식을 유도할 수 있다.

$$X = XY = X(YZ) = (XY)Z = XZ$$

---

4 (옮긴이) 스나크(Snark)와 부점(Boojum)은 루이스 캐럴의 시 〈The Hunting of the Snark(스나크 사냥)〉에 등장하는 정체불명의 생명체다. 부점은 스나크 중 한 종류다.

즉, 삼단 논법의 결론이 된다.[24]

 물론 제안된 모든 삼단 논법이 타당하지는 않다. 부당한 삼단 논법의 예는 앞의 예제 두 번째 전제를 바꾸면 얻어 낼 수 있다.

$$모든 \ X는 \ Y다.$$
$$모든 \ X는 \ Z다.$$
$$모든 \ Y는 \ Z다.$$

이번에는 $X = XY$와 $X = XZ$를 사용해서 원하는 결론 $Y = YZ$를 얻어 낼 수 있는 방법이 없다.

 되돌아보면 모든 논리가 삼단 논법으로 귀결된다는 그 당시 널리 퍼진 믿음을 쉽게 이해하기 어렵다. 불은 그런 믿음에 대해 강하게 비판했다. 불은 일상의 많은 논리 문제는 삼단 논법과 달리 전제들 사이의 관계로 표현된다고 지적했다. 그는 이것을 2차 논리라고 불렀다. 그런 추론은 삼단 논법과는 다르다.

 그러한 2차 논리의 예제로 조와 수잔의 대화를 살펴보자. 조는 수표책을 찾는 중이고 수잔이 그를 돕고 있다.

수잔: 당신 장볼 때 슈퍼마켓에 두고 온 거 아니에요?

조: 아니에요. 내가 전화를 해봤는데 찾지 못했다고 했어요. 내가 거기에 놔뒀다면 분명히 점원들이 찾았을 거에요.

수잔: 잠시만요! 어제 식당에서 수표를 썼잖아요. 그리고 그 수표책을 겉옷 주머니에 넣는 걸 봤어요. 이후에 쓰지 않았다면 분

명히 거기 있을 거예요.

조: 당신이 맞아요. 그 이후엔 수표를 쓰지 않았어요. 옷 주머니
      에 있겠네요.

조는 옷을 살펴보았고 (논리를 다루기 좋은 날이라면) 잃어버린 수표
책은 거기에 있을 것이다. 불의 대수학이 조와 수잔의 대화에서 어떻
게 사용될 수 있는지 한번 살펴보자.

  조와 수잔은 추론 과정에서 다음과 같은 전제를 사용하고 있다(알파
벳으로 표시되어 있다).

  L   조는 슈퍼마켓에 수표책을 놓고 왔다.

  F   조의 수표책을 슈퍼마켓에서 찾았다.

  W   조는 어젯밤에 식당에서 수표를 썼다.

  P   어젯밤에 수표를 쓴 후, 조는 수표책을 겉옷 주머니에 넣었다.

  H   조는 어젯밤 이후로 수표를 쓰지 않았다.

  S   조의 수표책은 아직 겉옷 주머니에 있다.

그들은 대화는 다음과 같은 형식을 띤다.

  전제   L이라면 F다.

        F는 아니다.

        W이고 P다.

        W와 P 그리고 H라면, S다.

H다.

결론　L이 아니다.

S다.

아리스토텔레스의 삼단 논법처럼 이 형식은 타당한 추론으로 구성되어 있다. 모든 타당한 추론이 그러하듯, 결론이라고 부르는 문장이 참이려면 전제라고 부르는 다른 문장들이 참이어야 한다.

불은 집단에 사용했던 같은 종류의 수학을 이러한 추론에도 적용할 수 있다고 생각했다.[25] 불은 방정식 $X = 1$을 사용해서 X는 참이라는 전제를 표현했다. 비슷하게 $X = 0$을 사용해서 X는 거짓임을 표현했다. 즉, 'X가 아니다'라는 전제는 방정식으로 $X = 0$으로 표현할 수 있었다. 그리고 $X \& Y$(X이면서 Y)는 방정식 $XY = 1$로 쓸 수 있었다. 왜냐하면 $X \& Y$가 참이 되는 것은 X와 Y 모두 참일 때 가능하기 때문이다. 방정식으로 $X = Y = 1$이라면 $XY = 1$이지만 $X = 0$이거나 $Y = 0$(혹은 둘 다 0)의 경우엔 $XY = 0$이 된다.

끝으로 'X라면 Y다'라는 문장은 다음과 같은 방정식으로 표현할 수 있다.

$$X(1 - Y) = 0$$

그 이유는 이 문장이 다음과 같은 주장과 동일하기 때문이다.

만일 $X = 1$이라면 $Y = 1$이 된다.

왜냐하면 방정식에서 $X = 1$로 치환하면 $1 - Y = 0$이 남고, 이는 $Y = 1$ 과 같기 때문이다.

이 방법을 사용해서 조와 수잔의 전제들은 다음과 같은 방정식으로 표현할 수 있다.

$$L(1 - F) = 0$$
$$F = 0$$
$$WP = 1$$
$$WPH(1 - S) = 0$$
$$H = 1$$

두 번째 방정식을 첫 번째에 대입하면 우리는 $L = 0$이라는 결과를 얻게 되고 첫 번째 결론과 같다. 세 번째와 다섯 번째 방정식을 네 번째 식에 대입하면 우리는 $1 - S = 0$이라는 결과를 얻고, 이는 $S = 1$로 두 번째 결론과 같다.

물론 조와 수잔은 이런 수학을 필요로 하진 않았다. 그러나 사람들의 일반적인 대화 속에서 자연스럽게 이루어지는 추론을 불의 수학으로 표현하고 계산할 수 있다는 것은 더 복잡한 추론 역시 가능하다는 희망을 주었다. 아주 복잡한 논리 추론을 체계적으로 담아내는 데 수학이 쓰일 수 있다는 뜻이다. 이것이 과학에서 수학이 아주 중요한 이유 중 하나이다. 그래서 완전함을 추구하는 논리학 이론을 평가할 때는 그 이론이 모든 수학적인 추론을 포괄하는지 알아야 한다. 다음 장에서 이 문제에 대해 다룬다.

불의 방법에 관한 마지막 예제로 이 장의 초반에 언급했던 새뮤얼 클러크의 신의 존재에 대한 증명으로 돌아가 보자. 클러크의 복잡하고 긴 연역 과정을 따라가기보다 불이 이 문제에 어떻게 접근했는지 관찰하는 게 흥미로운 지점이다. 그중 일부를 짧게 소개한다.[26]

전제는 다음과 같다.

첫째, 어떤 것들이 존재한다.

둘째, 어떤 것들이 존재한다면 그것은 언제나 존재했거나 혹은 무에서 새롭게 생겨났다.

셋째, 어떤 것들이 존재한다면 그것은 스스로 자연적인 필요에 의해 존재하거나 다른 존재의 의지에 의해 존재한다.

넷째, 그 스스로의 자연적 필요에 의해 존재한다면, 그것들은 언제나 존재했던 것들이다.

다섯째, 다른 존재의 의지에 의해 존재한다면, 현재 존재하는 것들이 무에서 새롭게 생겨난 존재라는 가정은 성립하지 못한다.

이제 위의 전제들을 기호를 써서 나타내야 한다.

x = 어떤 것들이 존재한다.

y = 어떤 것들은 언제나 존재했다.

z = 현재 존재하는 것들은 무에서 새롭게 생겨났다.

p = 그것은 스스로 자연적인 필요에 의해 존재한다.

　(바로 위에서 말한 것들.)

q = 그것은 다른 존재의 의지에 의해 존재한다.

불은 전제들로부터 다음과 같은 공식을 도출했다.

$$1 - x = 0$$
$$x \{ yz + (1 - y)(1 - z) \} = 0$$
$$x \{ pq + (1 - p)(1 - q) \} = 0$$
$$p(1 - y) = 0$$
$$qz = 0$$

클러크가 자신의 복잡한 형이상학적 추론을 간단한 방정식의 연산으로 치환한 결과를 보았다면 어떤 반응을 보였을까 궁금해 할 수도 있겠다. 뉴턴의 추종자로서 그는 아마도 기뻐했을 것이다. 반면에 논쟁을 좋아하고 수학을 몹시 싫어하는 형이상학자 윌리엄 해밀턴은 진저리를 쳤을 것이다.

불과 라이프니츠의 꿈

불의 논리학 체계는 아리스토텔레스의 체계를 포함하면서 그 이상으로 나아갔다. 그러나 여전히 라이프니츠의 꿈을 이루는 데엔 미치지 못했다. 다음과 같은 문장을 생각해 보자.

모든 낙제하는 학생은 멍청하거나 게으르다.

어떤 사람은 이 문장을 다음과 같은 구조로 생각할 것이다.

$$모든\ X는\ Y다.$$

그러나 이 문장 구조는 멍청하거나 혹은 게으른 학생의 집단을 통틀어 하나의 단위로 묶기 때문에 멍청해서 낙제하는 집단과 게을러서 낙제하는 학생 집단 사이의 구분이 불가능하다. 다음 장에서는 어떻게 고틀로프 프레게의 논리학 체계가 이런 미묘한 종류의 전제를 포함하는지 살펴본다.

불의 대수학은 그 한계에도 불구하고 아주 간단한 논리의 계산법 덕분에 라이프니츠가 꿈꿨던 추론 계산기를 제공했다고 볼 수 있다. 라이프니츠가 그의 꿈에 대해 언급한 내용은 편지와 당시에는 출판되지 않았던 문서들을 통해서였고 그가 남긴 문서들을 본격적으로 찾아서 출판하는 노력은 19세기 말 무렵에야 이루어졌다. 그래서 불이 그전 세대의 노력을 알고 있었다고는 상상하기 어렵다. 그럼에도 불이 본격적으로 발달시킨 체계와 라이프니츠의 단편적인 시도를 비교하는 이러한 작업은 흥미롭다.

1장에서 언급했던 라이프니츠의 추론 계산식 일부는 그의 두 번째 공리 $A \oplus A = A$이다. 라이프니츠가 고려했던 연산은 불의 핵심적인 규칙인 $xx = x$를 지킨다. 더 나아가 라이프니츠는 추론의 규칙이 적은 수의 공리로부터 도출되는 완전한 연역적 체계로서 논리를 제안했다. 이는 우리가 현재 사용하는 체계와 동일하고 이 점에서 라이프니츠는 불보다 앞섰다.

불은 논리의 추론이 수학의 한 분야로 발전할 수 있음을 증명하는 위대한 업적을 남겼다. 아리스토텔레스가 논리학을 개척한 이후로 (그리스 시대의 스토아학파[5]와 20세기 유럽 학자들에 의해) 몇 가지 발전이 있긴 했지만 불은 아리스토텔레스가 2000년 전에 남겨 놓았던 주제를 재발견하게끔 했다. 수리 논리학mathematical logic은 불 이후 현재에 이르기까지 지속적으로 발전하고 있다.[6]

---

5 (옮긴이) 스토아학파는 그리스 로마 철학의 학파로 논리학이 중요한 요소다.
6 국제적인 기구인 기호 논리 학회(Association for Symbolic Logic)에서는 분기별로 두 개의 논문집을 출판하고 새로운 연구를 발표하는 정기적인 모임을 갖고 있다. 유럽 지역의 논리학자들 역시 매년 정기적인 모임을 하고 있다. 논리학과 컴퓨터 사이의 관계를 다루는 새로운 연구들은 연례 컴퓨터 과학의 논리 국제 학회와 컴퓨터 과학 논리 학회들에서 발표되고 있다.

3

논리 표현을 완성한 프레게

Frege: From Breakthrough to Despair

고틀로프 프레게
(뮌스터 대학교 수학 논리 기초 연구소)

1902년 6월, 젊은 영국 철학자 버트런드 러셀이 53세의 고틀로프 프레게에게 보낸 편지가 독일의 중세 도시 예나에 도착했다. 프레게는 자신이 중요하고 근본적인 발견을 했다고 믿고 있었지만 그의 업적은 학계에서 거의 전적으로 무시되고 있었다. 그래서 편지가 다음과 같이 시작했을 때 조금은 기뻤을 것이다. "나는 본질적으로 당신의 주장에 동의합니다. … 당신의 의견, 업적 그리고 정의한 것들은 다른 논리학자들의 작업에서 찾기 어렵습니다." 그러나 편지는 다음과 같이 이어졌다. "다만 한 부분에서 이해하기 어렵습니다." 프레게는 편지 속 그 '어려운 부분'이 인생의 업적을 모두 무너뜨리는 질문으로 이어지리라는 것을 곧 깨달았다. 러셀이 이어서 쓴 다음 문장들이 그의 절망감을 해소시키지는 못했을 것이다. "논리학에서 다루는 핵심적인 문제들은 여전히 뒤처져 있습니다. 당신의 연구에서 나는 이 시대 최고의 결과를 발견했습니다. 그래서 이렇게 실례를 무릅쓰고 깊이 존경을 표하는 바입니다."

프레게는 즉시 러셀에게 자신의 오류를 인정하는 답장을 보냈다. 수학의 근본에 그의 논리학 방법들을 적용시킨 논문집의 두 번째 편이 이미 인쇄에 들어갔지만, 급히 다음과 같은 글로 시작하는 부록을 추가했다. "연구가 끝나자마자 이론의 근본이 무너져버리는 것만큼 과학자에게 절망스러운 것은 없다. 나는 버트런드 러셀의 편지를 읽고 그 입장에 서게 되었다."

프레게가 죽은 지 40년 이상 지난 후 러셀은 다음과 같이 썼다.

연구의 품격과 진실성이라는 면에서, 내겐 진리에 대한 프레게의 헌신과 견줄 만한 게 없음을 깨달았습니다. 능력이 부족한 다른 사람들이 그의 연구를 무시하는 상황에서 프레게는 인생 전체의 노력을 집대성하는 책 두 번째 편의 출간을 앞두고 있었습니다. 그러나 자신의 핵심적인 가정에 오류를 발견한 바로 그 순간에도 개인적인 실망은 접어두고 지적인 즐거움을 표현하며 답장을 보냈습니다. 보통 사람이라면 거의 상상하기 어려운 일이었고, 인간이 명성이나 지위를 좇기보다 창조적인 일과 지식에 헌신할 때 얼마나 위대해질 수 있는지 보여 주는 사례라 할 수 있습니다.[1]

현대의 철학자 마이클 더밋의 연구 상당 부분은 프레게의 생각에서 영감을 얻었다. 그러나 프레게의 진실성에 대해 쓸 때면 아주 다른 논조로 이야기했다.

내가 오랜 세월 헌신해서 철학적 견해에 대해 연구하고 생각했던 바로 그 대상이 인생 마지막에 심각한 인종 차별주의자, 특히 반 유태주의자였다는 사실에 대단히 배신감을 느낍니다. 그의 일기를 보면 프레게는 극단적인 우익으로 의회주의, 민주주의, 자유주의, 가톨릭교회, 프랑스에 극렬히 반대했고 무엇보다도 특히 유태인에게서 정치적 권리를 빼앗고 가급적 독일에서 추방해야 한다고 주장했습니다. 나는 이 사실에 큰 충격을 받았는데, 그동안 프레게를 완전히 이성적인 사람으로 알고 존경해 왔기 때문입니다.[2]

프레게의 공헌은 대단했다. 그는 최초로 일반적인 수학의 모든 연역적 추론을 포함할 수 있는 논리 체계를 만들었고, 언어를 연구하기 위해 논리 분석 기법들을 사용한 그의 선구적인 작업은 철학의 주요한 발전에 기초를 제공했다. 오늘날 전형적인 대학교 도서관에서 '고틀로프 프레게'라는 주제로 50권이 넘는 도서를 찾을 수 있을 것이다. 그는 자신의 평생 연구가 헛된 일이었다고 믿으며 1925년 비통하게 생을 마감했고, 학계는 그의 죽음을 무시했다.[3]

고틀로프 프레게는 1848년 11월 8일 독일의 작은 도시 비스마르에서 태어났다. 아버지는 개신교 신앙을 가진 신학자였고 여자 고등학교를 운영하고 있었다(프레게의 어머니도 이곳에서 일했다). 프레게는 38세에 당시 31세의 마르가레테 리제베르크와 결혼했고 17년 후 아내가 죽기까지 둘 사이엔 아이가 없었다.

어머니의 친척인 한 성직자의 부탁으로 프레게는 1908년에 5세 고아를 입양했다. 프레게가 죽기 1년 전인 1924년까지 썼던 일기를 세상에 드러낸 사람이 바로 양자 알프레드다. 그 악명 높은 일기가 마이클 더밋에게 분노와 환멸을 느끼게 한 것이다. 알프레드는 독일의 파리 점령군에 소속되어 있었고, 1944년 6월 연합군의 노르망디 상륙 일주일 후, 파리가 해방되기 두 달 전 전사했다. 알프레드는 아버지가 손으로 쓴 원본을 타자로 쳐서 히틀러가 권력을 잡고 5년이 지난 1938년 프레게의 기록을 보관하던 하인리히 숄츠에게 보냈다. 마이클 더밋을 몹시 분노하게 한 이 내용이 당시 독일에서는 그리 놀랍지 않았을 것이다. 일기의 원본과 알프레드가 쓴 아버지의 전기는 분실되었다.

프레게는 21세가 되던 해에 대학에 입학했다. 예나에서 2년간 머문 다음 괴팅겐 대학교로 옮겨 3년 후에 수학으로 박사 학위를 받았다.

곧 그는 예나 대학교에서 무보수의 사강사[1]로 임용되었다. 이 시기 프레게는 아버지가 죽은 뒤 여학교의 운영을 물려받은 어머니에게서 재정적인 도움을 받은 것으로 보인다. 5년 후 그는 예나에서 부교수로 임명되어 1918년 은퇴할 때까지 머물렀다. 그러나 동료들이 그의 연구 가치를 인정하지 않았기 때문에 정교수로는 끝내 승진하지 못했다. 프레게는 비스마르 주변 바트 크라이넨에서 생을 마감했다. 가난으로 인해 친척집에 기거하고 있었는데, 그 개탄스러운 일기장 마지막을 기록한 후 1년이 조금 넘었을 때였다.

1873년 프레게가 예나에 막 임용되던 해의 독일은 새롭게 통합하여 자신감에 도취되어 있었다. 프랑스의 나폴레옹 3세와 벌인 전쟁에서 크게 승리했고, 경제는 급속도로 성장하고 있었다. 카이저 빌헬름 1세가 죽기 전까지 수상이었던 비스마르크는 신중하게 조성된 동맹 체계를 통해 독일의 안보를 유지하는 정교한 정책을 이어 갔다. 비스마르크와 '그 옛날 황제'는 프레게의 평생 영웅으로 남아 있었다. 하지만 비스마르크는 보수주의자로 황제가 군사와 외교를 완전히 통제하는 국가를 원했다. 또한 민주주의를 몹시 싫어했고 사회민주당의 활동들을 금지하는 법률을 추진했다.

빌헬름 2세는 권좌에 오른 후 곧 비스마르크를 제거했다. 새로운 황제는 자만심이 강하고 불안정한 사람으로 형편없는 외교 정책을 펼쳤다. 반복해서 펼친 그의 잘못된 정책은 유럽의 다른 국가들을 놀라게 만들었고 결국 프랑스, 러시아, 영국은 독일에 대항하는 삼국 협상을 체결했다. 동쪽의 러시아와 서쪽의 프랑스에 대항해 두 개의 전선을

---

1 (옮긴이) 사강사(Privatdozent)는 독일어권의 국가들에서 사용하는 학교의 직위다. 교수의 자격을 갖추고 나서 전임 교수가 되기 전에 강의를 담당한다.

구축해야 하는 위기를 앞두고 독일의 장군은 기발하지만 결국 재앙이 되고 마는 슐리펜 계획을 만들었다. 러시아가 방대한 영토와 부실한 철도로 인한 느릿한 군사 동원을 마치기 전에 먼저 프랑스를 빠르게 제압하는 작전이었다.[4]

페르디난트 대공이 암살되고 오스트리아가 이에 대응하여 1914년 여름에 세르비아를 공격하자 같은 슬라브 민족을 파괴하는 모습을 그냥 두고 볼 수 없었던 러시아는 오스트리아를 향해 군사 이동을 시작했다. 독일의 장군들은 슐리펜 계획을 실행해서 벨기에 국경을 넘어 즉시 파리를 공격해 들어가야 한다고 황제를 설득했다. 벨기에의 중립국 지위를 침해하는 독일의 공격에 영국이 나섰고, 이 전쟁은 20세기 전반에 비극적인 그림자를 드리웠다. 전쟁에서는 계획대로 되는 것이 없는 법이어서 슐리펜 계획에 따른 공격 효과가 사라지자 전쟁은 교착 상태에 빠졌다. 미래가 유망한 유럽의 젊은이들이 전장의 참호 속에서 학살당하고 있었다. 전쟁이 나쁜 쪽으로 진행되는 것을 몰랐는지 독일의 학자들은 독일이 벨기에를 포함한 유럽 여러 지역을 병합하는 방식의 평화 협정을 주장했다.

전쟁의 승리는 점점 멀어져 갔고 영국이 포위망을 좁혀올 무렵 군의 지휘권은 루덴도르프 장군에게 넘어갔다. 변덕스럽고 도박꾼 같은 루덴도르프는(뒷날 히틀러가 일으킨 맥주 홀 폭동에 참여한다) 영국이 발칸 지역을 돌파하고 독일의 측면을 위협할 때까지 평화 협정을 거부했다. 패배가 눈앞에 닥쳐오자 루덴도르프는 황제에게 정전 협정이 꼭 필요하다고 보고했다. 이렇게 전쟁은 끝나고 독일의 군주제도 막을 내렸다.

새로운 독일에서는 사회민주당이 정권을 잡았고 (프레게를 포함한)

많은 독일인은 독일이 자신의 의지에 반해 전쟁에 참여하게 되었으며 실제로는 패배하지 않았으나, 사회주의자에게 배신당했다는 얘기를 믿었다. 그들이 믿은 배신자 목록엔 곧 유태인도 추가되었다. 결국 히틀러는 이 불온한 기운을 이용해 정권을 잡을 수 있었다.

1923년 독일은 전후의 극심한 인플레이션을 겪었고 그 이유 중 하나는 베르사유 조약이 요구한 비현실적인 전쟁 배상금 때문이었다. 이 재정적인 파국은 개인 저축의 가치를 없앴고, 프레게의 연금 역시 여기에 포함되었을 것이다. 프레게의 끔찍한 일기는 바로 이런 상황에서 나왔다. 그는 굴욕을 겪는 독일을 구해 줄 위대한 지도자를 바라고 있었다. 프레게는 루덴도르프가 그 역할을 하길 기대했지만, 히틀러의 정부 전복 시도에 참여하자 실망했다. 희망을 놓지 않고 힌덴부르크 장군이 지도자 역할을 하리라 기대했지만 장군의 나이가 너무 많은 걸 걱정했다. 힌덴부르크가 정권을 아돌프 히틀러에게 넘긴 것은 프레게의 사후에 벌어진 일이었다.

프레게는 1924년 4월 22일 일기에, 고향에서 유태인들을 차별하던 시절에 대해 적절했다고 회상했고 프랑스가 독일에 남긴 해로운 영향에 대한 견해를 드러냈다.

> 당시 비스마르에는 단 몇 개의 연례행사에서만 유태인이 외박할 수 있도록 제한하는 법이 있었다. … 아마 그 법령은 오래 되었을 텐데, 분명 유태인들과의 경험 때문에 옛날 비스마르 사람들은 이런 법을 만들었을 것이다.
>
> 유태인들이 사업하는 방식은 유태인의 국민성과 밀접할 텐데 … 이

제는 유태인까지 포함하는 보편적인 참정권이 생겼다. 그리고 프랑스의 영향을 받아서 유태인을 포함하는 이주의 자유까지 생겼다. 우리는 프랑스가 우리를 골탕 먹이는 현실을 너무 쉽게 받아들였다. 우리 독일인들이 애국심 있고 당당해야 했는데 … 1813년 전까지 프랑스는 우리를 아주 형편없이 대했지만 우리는 프랑스라고 하면 무작정 우러러봤다. … 요 몇 년 사이 나는 반유태주의가 무엇인지 진짜로 이해할 수 있었다. 우리가 유태인을 반대하는 법을 만들려면 확실하게 유태인들을 구분할 수 있는 방법을 고안해야 한다. 이게 항상 문제라고 생각해 왔다.

제대로 정확히 유태인을 정의해, 유태인에게 불리한 법을 만드는 게 프레게에게는 한낱 이론적인 문제였다면, 나치에게는 현실의 문제가 되었다. 나치의 인종 식별법대로라면 20세기 최고의 지성 중 한 명이자 프레게를 존경하고 추종했던 루트비히 비트겐슈타인은 유태인으로 식별되었을 것이다.

다른 날 일기에서 프레게는 사회민주주의자와 가톨릭교회에 대해 격분하고 있다.

독일 제국은 1914년 사회민주주의라는 암으로 고통받고 있다. (4월 24일)

나는 언제나 교황 지상주의와 가톨릭 중심의 독일 중앙당[2]이 우리 제국에 매우 해롭다고 생각해 왔다. 그럼에도 불구하고 루덴도르프가

---

2 (옮긴이) 독일 중앙당은 독일 제국 시기에 있었던 친 가톨릭 정당으로 대다수의 정치 문제에서 좌익과 우익 사이의 중재자 역할을 담당했다.

최근에 쓴 교황 지상주의자들의 활동과 책략에 대해 이해한 뒤 깊은 충격을 받았다.[3] 중앙당의 반 독일적인 정신을 아직 믿지 못하는 사람들에게 위대한 지도자 루덴도르프의 글을 읽고 깊이 생각해 보라고 하고 싶다. 그들은 비스마르크 제국을 무너뜨린 가장 악한 적이다. 교황 지상주의자들은 언제나 교황의 지시를 기다리고 있다. (4월 26일)[5]

1차 세계 대전 이후 독일에서는 프레게와 같은 극단적인 우파가 드물지 않았다. 그럼에도 일기장이 그저 죽기 일 년 전의 비통함에 쌓여있는 (그리고 치매일 수도 있는) 노인의 생각을 담고 있는 건 아닌지 궁금할 수도 있다. 안타깝게도 그가 이러한 우파 입장을 꽤 오랫동안 유지했다는 사실엔 의문의 여지가 없다. 예나 대학교의 철학과 교수로 프레게의 동료였던 브루노 바우흐는 전쟁 기간 동안 우파 철학 학회 DLG를 창설했고 논문집을 편집했다. 프레게는 DLG의 초기 지지자였고 논문집에 글도 발표했다. 바우흐는 국가에 대한 글에서 유태인은 진정한 독일인이 될 수 없다고 주장했다. 1933년 나치가 권력을 잡았을 때 그의 무리는 나치를 전폭적으로 지지했다.[6]

프레게의 개념 표기법

인생 마지막 즈음에 보인 끔찍한 정치 성향에서 관심을 돌려 프레게가 젊은 시절 이루어 낸 눈부신 업적을 이제부터 돌아볼 수 있어 다행이

---

3 독일 중앙당은 가톨릭 교회를 옹호했다. '교황 지상주의(Ultramontanism)'는 '저 산 너머(over the mountains)' 즉, 로마로부터 받는 간섭을 가리킨다.
(옮긴이) ultra-montanism는 알프스를 넘어서라는 뜻에서 나왔다.

다. 1879년 그는 개념 표기법Begriffsschrift이라는 100장이 채 안 되는 소책자를 출간했다.[4] 개념 표기법은 영어로는 번역이 어려운데 독일어 단어 Begriff(개념)와 Schrift(대략적인 의미로 표기법)로 구성된다. 그 책의 부제는 '수학을 기반으로 순수한 사고를 위한 정형화된 언어'라고 되어 있다. 이 책은 '논리학에서 아마도 인류 역사상 가장 중요한 결과'라고 불려졌다.[7]

프레게는 수학에서 사용하는 모든 연역 추론을 포함하는 논리의 체계를 만들고자 했다. 불은 일반적인 산술법에서 시작해서 산술법의 기호를 논리 관계에 차용했다. 프레게는 자신이 만든 논리 체계를 근본으로 해서 산술법을 포함하는 수학을 떠받치는 구조를 만들고자 했다. 이것을 위해서는 논리적인 관계를 표현하는 자신만의 기호를 만들어서 기존 수학과의 혼란을 피하는 것이 중요하다고 생각했다.

그리고 불이 논리적 명제 간의 관계를 설명하는 명제를 '2차적인 명제'로 생각한 데 반해 프레게는 논리를 연결하는 바로 그 관계가 개별 명제의 구조를 분석하는 데 사용될 수 있다고 보았다. 그리고 이러한 관계들을 논리 체계의 기초로 사용했다. 바로 이 핵심적인 통찰이 널리 받아들여졌고 현대 논리학의 기본이 되었다.

예를 들어 '모든 말들은 포유류다'라는 문장을 분석할 때 그의 논리 관계 구조인 '… 이라면(if) … 이다(then)'를 사용해 이렇게 표현한다.

x가 말(horse)이라면 x는 포유류(mammal)다.

---

4 나는 1979년 열린 개념 표기법 100주년 기념 학술회의에서 이 표기법이 컴퓨터 과학에 미친 영향을 주제로 초청 강연을 했다. 이때부터 과학 사학자로서 내 두 번째 이력이 시작되었다.

비슷하게 문장 '어떤 말들은 순종이다'라는 문장을 논리 관계 '그리고 (and)'를 사용해 이렇게 분석할 수 있다.

x는 말(horse)이고 x는 순종(pure-bred)이다.

그러나 기호 x는 두 가지 예제에서 서로 다르게 쓰였다. 첫 번째 예제에서는 어떤 x라도 상관없이 모든 x에 대해 주장이 참인 것을 말하려고 했다. 그러나 두 번째 예제에서는 특정한 x에 대해서만 관계가 성립한다. 현대에 사용하는 표현으로는 '모든(for all)'은 $\forall$라고 쓰고 '어떤 (for some)'은 $\exists$라고 쓴다. 두 가지 문장은 이렇게 다시 쓸 수 있다.

$(\forall x)$ (x가 말(horse)이라면 x는 포유류(mammal)다.)
$(\exists x)$ (x는 말(horse)이고 x는 순종(pure-bred)이다.)

$\forall$은 알파벳 A를 거꾸로 쓴 것으로 '(For) All'이라는 뜻을 표현하고 전체 한정자universal quantifier라고 부른다. 비슷하게 $\exists$는 알파벳 E가 뒤집힌 것으로 '(There) Exists'를 표현하고 존재 한정자existential quantifier라고 부른다. 그래서 두 번째 문장은 이렇게 읽을 수 있다.

x는 말(horse)이면서 순종(pure-bred)인 그런 x가 존재한다.

논리 관계 '… 이라면(if) … 이다(then)'는 기호 $\supset$를 사용해 표현하고 관계 '그리고(and)'는 $\wedge$를 사용한다. 이러한 기호들을 사용해 문장은 이렇게 변한다.[8]

$$(\forall x)(x\text{는 말(horse)이다} \supset x\text{는 포유류(mammal)다}.)$$

$$(\exists x)(x\text{는 말(horse)이다} \wedge x\text{는 순종(pure-bred)이다}.)$$

다시 이 문장은 이렇게 짧게 쓸 수 있다.

$$(\forall x)(\text{horse}(x) \supset \text{mammal}(x))$$

$$(\exists x)(\text{horse}(x) \wedge \text{pure-bred}(x))$$

혹은 더 간결하게 표현하면 다음과 같다.

$$(\forall x)(h(x) \supset m(x))$$

$$(\exists x)(h(x) \wedge p(x))$$

이전 장에서는 조와 수잔이 조의 잃어버린 지갑을 찾는 과정을 논리의 예제로 보였다. 그 예제에서 우리는 다음과 같은 기호를 사용해 문장들을 나타냈다.

L 조는 슈퍼마켓에 수표책을 놓고 왔다.

F 조의 수표책을 슈퍼마켓에서 찾았다.

W 조는 어젯밤에 식당에서 수표를 썼다.

P 어젯밤에 수표를 쓴 후, 조는 수표책을 겉옷 주머니에 넣었다.

H 조는 어젯밤 이후로 수표를 쓰지 않았다.

S 조의 수표책은 아직 겉옷 주머니에 있다.

추론은 다음과 같은 구조로 이루어졌다.

전제   L이라면 F다.

F는 아니다.

W이고 P이다.

W이고 P이고 H라면, S가 된다.

H

결론   L이 아니다.

S

기호 ¬를 사용해 '아닌 것(not)'을 나타내고 지금까지 소개했던 기호를
사용하면 이 예제는 다음처럼 나타낼 수 있다.

$$L \supset F$$
$$\neg F$$
$$W \wedge P$$
$$W \wedge P \wedge H \supset S$$
$$\underline{ H }$$
$$\neg L$$
$$S$$

마지막으로 기호 하나를 더 소개한다. ∨는 '… 이거나(or)…'를 나타낸
다. 다음 표는 현재까지 소개한 모든 기호를 요약한 것이다.

¬	not ... (…아니다)
∨	...or ... (…이거나)
∧	...and ... (…이고 …)
⊃	if ...then ... (…이라면 …이다)
∀	every (모든 것은)
∃	some (어떤 것들은)

이전 장 마지막에서는 '모든 낙제하는 학생은 멍청하거나 게으르다'라는 문장이 불의 논리 체계로는 담을 수 없는 예제로 사용됐다. 프레게의 논리로는 간단하게 표현할 수 있다. 표현하자면 다음과 같다.

$$F(x) \quad x는\ 낙제하는\ 학생이다.$$
$$S(x) \quad x는\ 멍청하다.$$
$$L(x) \quad x는\ 게으르다.$$

이 문장은 이렇게 기호로 나타낼 수 있다.

$$(\forall x)\,(\,F(x) \supset S(x) \vee L(x)\,)$$

이제 프레게가 단지 논리를 수학으로 취급했을 뿐 아니라 완전히 새로운 언어를 만들어 냈다는 사실이 분명해진다. 그는 라이프니츠의 표현처럼 엄선된 기호에서 힘이 발휘되는 범용의 언어를 추구했던 것이다.[9] 이 언어의 표현력은 다음 예제에서 'x는 y를 사랑한다'를 나타내는 $L(x, y)$를 보면 잘 알 수 있다.

모든 사람은 누군가를 사랑한다.	$(\forall x)\, (\exists y)$ x는 y를 사랑한다.	$(\forall x)\, (\exists y)\, L(x, y)$
어떤 사람은 모든 사람을 사랑한다.	$(\exists x)\, (\forall y)$ x는 y를 사랑한다.	$(\exists x)\, (\forall y)\, L(x, y)$
모든 사람은 누군가에게 사랑받는다.	$(\forall y)\, (\exists x)$ x는 y를 사랑한다.	$(\forall y)\, (\exists x)\, L(x, y)$
어떤 사람은 모든 사람에게 사랑받는다.	$(\exists y)\, (\forall x)$ x는 y를 사랑한다.	$(\exists y)\, (\forall x)\, L(x, y)$

여기 예제 하나가 더 있다.

모든 사람은 누군가를 사랑하는 사람을 사랑한다.

첫 번째 시도로 이렇게 쓸 수 있다.

$$(\forall x)\, (\forall y)\, [\,y \text{는 누군가를 사랑하는 사람이다} \supset L(x, y)\,]$$

사랑하는 사람(lover)의 의미를 더 풀어 해석하면 누군가를 사랑한다
는 뜻이고 'y는 누군가를 사랑한다'는 의미의 $(\exists z)\, L(y, z)$로 나타낼 수
있다. 결과적으로 다음 문장으로 표현할 수 있다.

$$(\forall x)\, (\forall y)\, [\,(\exists z)\, L(y, z) \supset L(x, y)\,]$$

정규화된 문법을 만든 프레게

불의 논리 체계는 그야말로 일반적인 수학적 방법을 사용해 수학의 또 다른 한 분야를 만들어 냈다. 이 방법은 물론 논리적인 추론을 사용했다. 그러나 논리를 사용해 논리 체계를 만들어 낸다는 건 뭔가 순환적 모순의 여지가 있다. 프레게는 이걸 받아들일 수 없었다. 그의 목표는 모든 수학의 기초에 논리가 있음을 보이는 것이었다. 다시 말해 논리가 다른 수학 분야 전체에 근본을 제공해야 했다. 이게 설득력을 갖기 위해서 프레게는 논리를 개발하는 과정에서 기존의 논리를 사용하지 않아야 했다.

그는 한 치도 틀림없이 정확한 문법을 갖춘 인공적인 언어인 개념 표기법Begriffsschrift을 만들어 이를 해결하려 했다. 이를 사용하면 논리적인 추론이 기호가 배열된 패턴의 단순한 기계적인 처리로 대체된다. 이것은 또한 정밀한 문법을 갖춘 최초의 정규화된 가상 언어였다. 이 관점으로 볼 때, 프레게의 개념 표기법은 오늘날 사용하는 모든 컴퓨터 언어의 시조인 것이다.

프레게가 만든 추론의 법칙 중 핵심은 다음과 같다. 만일 $\Diamond$와 $\triangle$가 개념 표기법으로 쓰인 두 개의 문장이고 $\Diamond$와 ($\Diamond \supset \triangle$)이 참이라면 $\triangle$ 역시 참이 된다고 할 수 있다. 이 연산을 수행할 때 $\supset$(if⋯then)이라는 기호가 무엇을 의미하는지는 중요하지 않다는 것이다. 이 법칙에는 오류가 없다. 왜냐하면 $\Diamond$와 (if $\Diamond$ then $\triangle$) 두 가지를 결합하면 $\triangle$가 성립하는 것을 쉽게 알 수 있기 때문이다. 이 법칙을 실제로 적용할 때는 긴 문장의 첫 문자를 따서 기호 $\Diamond$를 대체하면 된다.[10] 조의 지갑을 찾는 예제에서는 다음과 같은 전제를 사용했다.

$$W \wedge P \wedge H \supset S$$

$W \wedge P \wedge H$가 성립한다고 가정한다면 우리는 원하는 결과 중 하나인 S가 성립한다고 말할 수 있다. 두 전제는 이렇게 결합된다.

$$W \wedge P \wedge H \supset S$$
$$W \wedge P \wedge H$$

오늘날 프레게의 논리 체계는 수학, 컴퓨터 과학, 그리고 철학과 학부의 전공 과목에서 배우는 표준이다.[11] 이 논리 체계는 이후의 방대한 연구에 기초를 제공했고 간접적으로는 튜링이 범용 컴퓨터라는 아이디어를 만드는 데 기여했다. 이 부분은 나중에 다루겠다.

프레게의 논리 체계는 불의 체계와 비교해 엄청난 발전이었다. 역사상 처음으로 정밀한 수학적 논리 체계가 최소한 이론적으로 수학에서 사용하는 모든 추론을 포괄할 수 있었다. 그러나 모든 것이 완벽할 수만은 없는 법이다. 프레게의 논리는 전제들에서 시작해 원하는 결론을 얻어 내는 데 사용할 수 있었다. 그러나 원하는 결론에 이르지 못했을 때는 그 이유가 논리 추론 과정에 허점이 있었는지 아니면 단지 전제들로부터는 그러한 결론이 도출되는 게 불가능한지 구분할 방법이 없었다.[5] 이는 라이프니츠가 "이제 계산해 보자"라고 표현한 꿈, 즉 논리

---

5 (옮긴이) 이는 프로그래머가 알고리즘을 만들 능력이 없는 건지 아니면 그런 알고리즘은 존재할 수 없는지 구분할 방법이 없다는 의미와 같다.

적 규칙을 아는 사람이라면 그 규칙을 따르면 한결같은 결론을 유도할 수 있게 된다는 라이프니츠의 꿈을 프레게의 논리가 충족시키지 못한다는 의미였다.

버트런드 러셀의 편지가 그리도 절망적이었던 이유

프레게의 논리 체계가 그렇게 대단한 업적이었다면, 프레게는 왜 러셀의 편지를 읽고 절망했을까? 프레게는 자신의 논리를 산술arithmetic의 완벽한 기초를 만드는 데 쓰는 디딤돌로 생각했다. 라이프니츠와 뉴턴의 미적분학은 많은 수학적 결실을 맺었지만 수학자들이 일반적으로 추론을 하는 중간 과정에는 심각한 문제들이 있었다. 19세기 전반에 걸쳐 새롭고 깊이 있는 수의 체계number system들이 개발되면서 이 문제들은 서서히 해결되었다. 그러나 핵심은 여전히 자연수라 부르는 개념에 의존하고 있었다.

$$1, 2, 3, \dots$$

프레게는 자연수에 관해 순수하게 논리학적 이론을 만들고자 했다. 이를 통해 산술뿐 아니라 미적분학에서 비롯된 모든 수학적 발전이 사실 논리학의 한 분야로 간주될 수 있다고 봤다. 후에 논리주의logicism라 불리게 된 이러한 관점을 러셀도 지지하였다. 미국의 논리학자 알론조 처치는 논리주의란, 논리와 수학 사이의 관계가 같은 주제를 기초와

고급 영역으로 나누는 것이라고 설명했다.[6]

그래서 프레게는 자연수를 순전히 논리적인 용어를 사용해서 정의 내리고 자신의 논리 체계를 사용해 숫자의 특성을 끌어내고 싶어 했다. 예를 들어 숫자 3을 논리를 사용해 설명해 보자. 어떻게 가능할까? 자연수는 집합의 특성, 즉 원소의 개수로 나타낼 수 있다. 숫자 3은 다음과 같은 집합이 모두 공통적으로 갖고 있다. 기독교의 성 삼위일체 Holy Trinity, 트로이카(삼두마차)를 끄는 말의 수, 클로버 잎의 (일반적인) 개수, 문자들의 집합 $\{a, b, c\}$. 숫자 3을 언급하지 않고도 이 집합들은 모두 같은 숫자의 원소를 포함하는 걸 알 수 있다. 우리는 단순히 부합하는지만 보면 된다. 프레게의 아이디어는 이 모든 집합들에서 숫자 3을 식별하는 것이었다. 다시 말해 숫자 3은 원소가 3인 모든 집합과 같은 것이다. 일반적으로, 어떤 주어진 집합에 담긴 원소의 개수는, 해당 집합과 일대일로 짝을 지을 수 있는 그 모든 집합의 모음을 갖고 정의할 수 있다.[12][7]

산술의 기초를 다룬 두 권으로 이루어진 논문에서 프레게는 자신의 개념 표기법을 사용해 어떻게 자연수 연산이 가능한지 제시했으나, 러셀은 프레게에게 보낸 1902년 편지에서 그 논리가 모순임을, 즉 자가당착에 빠졌음을 지적했다. 프레게의 연산에서는 집합으로 이루어진 집합을 사용했다.[8] 러셀은 편지에서 집합으로 이루어진 집합이 쉽게

---

6 현대에는 숫자 좌표를 사용해 기하학 역시 산술로 치환할 수 있음이 전반적으로 인정되고 있다. 그러나 프레게는 줄곧 기하학은 분리해서 생각해야 한다고 믿었다. 프레게의 이런 관점을 내게 설명해 주고 이 장의 내용과 관련해 조언을 해준 패트리샤 블란쳇에게 감사를 표한다.

7 (옮긴이) 세 잎 클로버 잎 하나 하나에 집합 $\{a, b, c\}$의 문자 a, b, c로 이름을 붙일 수 있으니 두 개의 집합은 동일한 특징(숫자 3)을 갖는다는 얘기다.

8 (옮긴이) 집합의 각 원소를 자체가 집합인 경우를 말한다. 예를 들어 집합 $\{\{a, b, c\}, \{1, 2, 3\}\}$의 두 원소는 각각 $\{a, b, c\}$와 $\{1, 2, 3\}$이라는 집합이다.

모순으로 이어지는 것을 증명했다.

러셀의 '역설'은 이렇게 설명할 수 있다. 원소에 집합 자신이 포함된 집합을 특별 집합이라 부르자. 그 외의 경우엔 일반 집합이라 부른다. 어떻게 집합이 특별 집합이 될 수 있을까? 러셀이 사용한 특별 집합의 예는 'the set of all those things that can be defined in fewer than 19 English words영어 단어 19개 이하로 정의할 수 있는 모든 것의 집합'라는 문장이다. 단 16개 영어 단어로 이 집합을 설명했으니, 문장이 지칭하는 집합의 원소엔 그 문장 자신도 포함된다. 또 다른 예제로는 '참새가 아닌 모든 것의 집합'이 있다. 이 집합이 무엇이든, 그건 분명 참새가 아니다.[9] 그러므로 이 집합 역시 특별 집합이다.

러셀은 프레게에게 모든 일반 집합의 집합 ε를 제안했다. 그럼 ε는 일반 집합인가 특별 집합인가? 분명 둘 중에 하나여야만 한다. 그런데 자세히 들여다보면 ε는 일반과 특별 어느 쪽에도 속할 수가 없다. 우선 ε를 일반 집합이라 가정해 보자. ε는 모든 일반 집합의 집합이라 정의했기 때문에 이 정의에 의하면 ε의 원소는 그 자신을 포함해야 한다. 그렇다면 원소가 자신을 포함하는 집합인 특별 집합이 되어야만 한다. 반대로 이제 ε가 특별 집합이라고 하면 ε는 처음에 일반 집합의 집합이라고 했으니 그 자신을 원소로 포함하지 않을 것이다. 그런데 그러면 ε는 일반 집합이 된다! 즉, ε를 어느 쪽으로 가정하든 결론은 모순이 된다!

러셀의 역설은 그냥 재미로 읽을 수 있는 퍼즐처럼 들린다. 그러나 러셀의 편지를 받은 프레게에게는 재미있는 이야기가 아니었다. 그는

---

9 (옮긴이) 집합은 논리적 개념이고 참새는 동물이기 때문에 어떤 집합도 참새를 포함할 순 없다. 그러므로 '참새가 아닌 모든 것'으로 정의된 집합은 스스로를 포함한다.

이 모순이 산술을 표현하기 위해 만든 그의 논리 체계에서도 간단하게 유도될 수 있다는 사실을 곧바로 알아챘다. 수학 증명을 따라가서 모순이라는 결과가 나오면 전제 중 하나는 거짓이다. 이 원칙을 사용해서 명제를 부정하면 모순이 되는 것을 유도해서 주어진 명제가 참일 수밖에 없음을 보이는 모순 증명법은 오랫동안 유용하게 사용됐다. 불행하게도 프레게에게 이 모순은 그의 논리 체계의 기반이 된 전제가 성립할 수 없다는 뜻이었다. 프레게는 평생 이 충격에서 회복하지 못했다.[13]

프레게와 언어의 철학

1892년 프레게는 철학 간행물에 '의미와 표기법'이라 번역할 수 있는 논문을 제출했다.[14] 프레게의 논리 체계와 함께 이 논문에서 제기한 주장들로 인해 철학자들은 그의 연구에 큰 관심을 가져왔다.

프레게는 동일한 물체 하나를 표현할 때 서로 다른 의미를 암시하는 여러 가지 단어를 사용할 수 있음을 지적했다. 그의 유명한 예제는 '샛별the morning star'과 '태백성the evening star' 두 가지 표현이다. 그들이 내포하는 의미는 꽤 다르다. 하나는 해가 진 이후 보이는 밝은 별을 의미하고 다른 하나는 해가 뜨기 전에 보이는 별을 의미한다. 그러나 두 표현은 모두 같은 행성인 금성을 가리킨다. 애초부터 두 표현이 같은 물체를 가리켰는지는 명확치 않다. 같은 금성임은 어느 시점에 천문학적 발견으로 알려졌기 때문이다. 프레게가 관심을 가진 부분은 대체성에 관한 내용이다. 다음 문장을 생각해 보자.

금성은 샛별이다.

이 문장은 다음 문장과는 아주 다르다.

금성은 금성이다.

그런데 사실 이 문장은 같은 물체(금성)를 다른 문장 구절에서 유래된 다른 표현으로 대체했을 뿐이다.

이 아이디어는 20세기 철학의 큰 분야가 된 언어 철학의 시작을 나타낸다.[15] 또한 현대 컴퓨터 과학의 몇 가지 핵심적인 개념이 같은 논문에서 시작되었다고도 말할 수 있다.[16]

프레게와 라이프니츠의 꿈

프레게는 자신의 개념 표기법이 라이프니츠가 바랐던 범용의 논리 언어를 구현했다고 생각했다. 실제로 프레게의 논리는 가장 광범위한 것들을 표현할 수 있었다. 그러나 라이프니츠에게 이 결과는 아마도 실망스러웠을 것이다. 최소한 두 가지 면에서 기대에 미치지 못했기 때문이다. 라이프니츠는 논리를 추론할 수 있을 뿐 아니라 자동으로 과학과 철학의 모든 사실을 포함할 수 있는 언어를 상상했다. 이렇게 순진무구한 희망은 18~19세기에 걸쳐 이루어진 과학의 발전, 즉 철저한 실험과 엄밀한 이론에 기반한 과학의 시대 이전에나 가능했던 것이다.

우리의 이야기와 관련해서 프레게의 논리 체계가 갖는 또 다른 한계에 대해 살펴보는 것이 좋겠다. 라이프니츠는 기호를 직접 연산함으로써 체계적으로 논리를 추론할 수 있는 언어를 원했다. 이 언어는 이러한 논리 계산을 효율적으로 수행하는 도구의 역할도 해야 했다. 그런데 프레게의 논리 체계로는 아주 간단한 것 외에는 논리 추론이 지나치게 복잡했다. 추론이 지루하게 길어질 뿐 아니라 프레게는 그의 개념 표기법으로 표현된 전제가 어떤 원하는 결론을 도출하는지 여부를 결정하는 계산법 역시 제공하지 않았다.

개념 표기법이 일반적인 수학에서 쓰이는 논리를 완전히 담아냈기 때문에 수학을 해결하는 절차를 수학적인 방법으로 분석할 수 있게 되었다. 앞으로 다룰 내용처럼, 이러한 분석은 몇몇 대단히 놀랍고 예상치 못한 결과를 가져왔다. 프레게의 논리 체계로 쓰인 추정이 맞는지 결정할 수 있는 계산법을 찾고자 하는 노력은 1936년 절정에 이르렀고, 결국 그러한 계산법은 존재하지 않음이 증명됐다.

이 사실은 라이프니츠의 꿈은 불가능하다는 소식이었다. 그러나 이러한 부정적인 결과를 증명하는 과정에서 앨런 튜링은 라이프니츠를 기쁘게 할 무언가를 발견했다. 그는 어떤 연산이든지 수행할 수 있는 하나의 '보편적인' 계산기를 이론상으로 만들 수 있음을 알아낸 것이다.

4

무한을 탐험한 칸토어

Cantor: Detour through Infinity

게오르크 칸토어
(오버볼파흐 수학 연구소 기록 사진)

우리가 흔히 자연수라고 부르는 연속된 숫자 1, 2, 3,… 은 무한히 이어진다. 아무리 큰 숫자를 부르더라도, 그 숫자에 1을 더하면 더 큰 숫자를 얻을 수 있다. 자연수를 정의하는 방법은 1에서 시작해 연속적으로 1을 더하는 것이다.

$$1 + 1 = 2, 1 + 2 = 3, ... , 1 + 99 = 100, ...$$

유한의 경계를 넘어 계속 진행되는 이 과정을 아리스토텔레스는 '잠재적 무한potential infinity'이라고 불렀다. 그러나 아리스토텔레스는 이 과정의 정점, 즉 자연수가 무한히 이어진다는 것을 받아들이려 하지 않았다. 그러한 무한은 '완전한 것' 혹은 '실제의 것'이 되기 때문에 무한은 적법하지 않다고 선언했다.[1] 아리스토텔레스의 견해는 12세기 종교 철학자들, 특히 토마스 아퀴나스의 생각에 큰 영향을 미치기도 했다. 무한의 의미에 대한 문제는 수학자, 철학자, 신학자 들 모두를 계속 곤혹스럽게 했다. 신학자들은 '완전한' 무한은 신의 영역이므로 인간에게는 그저 미지의 영역으로 남는 거라고 설명했다. 하지만 라이프니츠는 그런 주장에 크게 개의치 않고 이렇게 썼다.

흔히 자연이 무한을 질색한다고들 하지만, 나는 실제적 무한actual infinite에 찬성합니다. 나는 자연이 창조주의 완벽함을 더 효과적으로 보여 주기 위해 도처에서 무한을 사용한다고 믿습니다.[2]

18~19세기 수학자들이 미적분에 아주 중요하게 사용한 극한limit process은 잠재적 무한을 드러냈다. 이와 관련해서 독일의 위대한 수학자 카를 프리드리히 가우스(1777~1855)는 다음과 같이 경고했다.

> … 나는 무엇보다 무한이 완전한 그 무엇인 양 사용되는 데 이의를 제기합니다. 수학에서 절대 있을 수 없기 때문입니다. 무한은 극한을 적절하게 설명하기 위한 한 방식일 뿐입니다.[3]

19세기 중반 이후에 생겨난 당대의 수학적 문제들은 문제를 정확하게 정의 내리기 위해 완전한 무한을 필요로 하는 듯 보였다. 이러한 상황에 대응하기 위해 노력하던 수학자들 중 오직 게오르크 칸토어만이 가우스의 경고를 무시한 채 무한에 대해 심오하고 논리정연하게 수학적인 이론을 창조했다. 칸토어의 연구는 폭풍과 같은 비판을 불러 왔다. 그전까지 신성불가침의 영역이었던 무한을 수학의 한 방법으로 끌어내리려는 무모함에 수학자뿐 아니라 철학자, 신학자 들이 한목소리로 공격했다. 프레게는 수학의 미래에 미칠 중요성을 인식하고 칸토어의 실제적 무한을 지지했다. 프레게는 또한 칸토어의 무한을 받아들이는 수학자들과 극렬히 반대하는 사람들 사이에 극심한 투쟁이 벌어지리라고 분명히 예측했다.

> 무한은 결국 산술arithmetic에 포함될 터인데 … 따라서 이 문제가 중대하고 결정적인 전투의 장이 되리라 예측할 수 있습니다.[4]

그러나 프레게는 이러한 문장들을 쓰면서도, 자신이 만들어 낸 산술의 논리적 토대가 그 싸움의 초기 희생자가 될 거라는 사실은 예측하지 못했다. 약 10년 뒤 프레게를 절망에 빠뜨린 (3장의) 그 유명한 편지에 담긴 역설, 즉 버트런드 러셀이 칸토어의 무한이 미칠 영향에 대해 연구하던 중 발견한 그 역설의 희생자가 되는 것이다. 또한 프레게는 절대 상상할 수 없었다. 바로 칸토어의 무한에 대한 떠들썩한 논쟁, 연구, 이어지는 반박이 머지않은 미래에 범용 디지털 컴퓨터를 가능케 하는 핵심적인 통찰로 이어지리라는 것을.

공학자 혹은 수학자

게오르크 칸토어는 1845년 러시아 상트페테르부르크에서 태어났다. 훗날 독일 대학교에서 수학과 교수가 되기에는 다소 의외의 배경이다. 칸토어의 어머니 마리아 뵘은 저명한 음악인 집안 출신으로 자신도 뛰어난 음악인이었다. 아버지 게오르크 발데마르 칸토어는 코펜하겐에서 태어나 어린 시절 상트페테르부르크로 이주했다. 아버지가 그곳에서 자라고 교육 받은 이유는 루터교의 선교 때문이라고 알려져 있다. 마리아는 로마 가톨릭교회로부터 세례를 받았지만 결혼한 후에는 복음주의 교회에 속해 있었고 칸토어와 그의 세 형제자매 역시도 같은 교회의 믿음 아래서 자랐다.[5]

게오르크 발데마르 칸토어는 크게 성공한 사업가였다. 그는 상트페테르부르크에서 도매상으로 일했고 이후 상트페테르부르크 주식 거래소에서 거래인으로 일했다. 한 작가는 칸토어가 학생 시절 아버지에게서 받은 편지들을 언급하며 감명을 받아 이렇게 적었다.

> … 이렇게 다재다능하고, 교양 있으며, 성숙하고 친절한 사람에겐 누구나 매료될 것입니다. 성공한 사업가에게서 흔히 볼 수 없는 정신이 그 편지들에 담겨 있습니다.[6]

19세기를 휩쓴 전염병인 폐결핵은 가난한 동네에서 특히 치명적이었지만 부자들 역시 그 영향을 완전히 피할 수는 없었다. 칸토어의 아버지는 이 무서운 질병에 감염되어 결국 사망하고 말았다. 겨우 40대의 나이였지만 게오르크 발데마르는 이 병 때문에 사업을 모두 정리하고 칸토어가 11살일 때 가족을 모두 독일로 이주시켰다. 그러나 사업적으로 꽤 성공했기에, 이주 후 7년이 지나 그가 죽고 난 다음에도 자식 네 명은 모두 여유롭게 생활할 수 있었다.

칸토어 아버지는 아들의 재능에는 공학이 가장 맞는 직업이라고 믿었다. 하지만 수학자가 되길 원했던 아들의 바람을 결국엔 받아들였다. 베를린에서 어린 칸토어는 뛰어난 수학자 세 명 밑에서 배울 기회를 가졌다. 바로 카를 바이어슈트라스, 에른스트 쿠머, 레오폴트 크로네커가 그들이었다. 칸토어의 수학적인 흥미는 아주 전통적인 분야에서 시작됐다. 경력 초기에는 그가 장차 수학의 지평을 혁명적인 방향으로 넓히리라고 예측하기 힘들었을 것이다. 스승이었던 크로네커가 훗날 그의 수학적 무한을 거부하게 되리라는 것 역시 그때는 알 수 없었다.

칸토어가 처음으로 대학 교수로 임용되고 또한 평생 살게 되는 산업 도시 할레는 프레게가 살았던 도시 예나로부터 잘레 강 상류를 따라 35마일 떨어져 있었다. 칸토어는 급여 없이 강의를 하는 사강사로 처음 임용되었고, 당시 독일에서 처음 교수로 입문하는 사람들에게는 일반적인 방식이었다. 당연하게도 이런 상황에서 교수 경력을 시작한 사람들에겐 독립적인 재정 지원이 필요했다. 할레의 저명한 수학자 에두아르트 하이네는 칸토어의 뛰어난 수학적 능력을 알아보고 무한급수를 포함하는 몇 가지 수학 문제를 연구하자고 설득했다. 첫 장에서 우리는 이미 라이프니츠의 유명한 무한급수를 다뤘다.

$$\frac{\pi}{4} = 1 - \frac{1}{3} + \frac{1}{5} - \frac{1}{7} + \frac{1}{9} - \frac{1}{11} + \ldots$$

이러한 급수에서 '무한'의 의미는 오직 가정으로만 존재potential infinities 하는 것으로, (앞서 인용한) 가우스가 염두에 둔 바로 그 의미다: "무한은 극한을 적절하게 설명하기 위한 한 방식일 뿐입니다." 무한급수에서는 항을 하나씩 더하면서 접근할 수 있는 극한(한계점)을 찾고자 한다(라이프니츠의 급수에서는 이 극한은 $\frac{\pi}{4}$가 된다). 그래서 급수는 극한으로 수렴한다고 이야기한다. 이 과정에서는 '완전한' 무한에 대해 질문할 필요가 없다. 극한의 어떤 단계에서든 셀 수 있는 만큼 많은 항을 더하면 되기 때문이다.[1]

무한급수에 관한 주제는 라이프니츠 이후 2세기를 지나면서 자연스

---

1 (옮긴이) 실제적 무한 집합은 원소의 수가 무한이면서 완전하게 채워져 있는 집합으로 생각할 수 있다. 자연수 집합이 이에 해당한다. 잠재적 무한 집합은 집합에 계속해서 원소 하나씩을 더 추가해 가며 '잠재적'으로 무한이 될 수 있는 집합이다. 그러나 어떤 순간에도 이 집합의 원소는 완전하게 채워져 있지 않다.

럽게 크게 발전했다. 칸토어는 삼각급수에 대해 연구했다(삼각법의 사인sine과 코사인cosine을 항으로 포함하기에 붙여진 이름이다).[7] 그는 어떤 환경에서 두 개의 서로 다른 삼각급수가 같은 값으로 수렴하는지 찾으려 했고, 더 나아가 그런 환경은 매우 드물다는 사실을 증명하고자 했다. 이 연구는 칸토어를 더 멀리까지 나아가게끔 했다. 그는 원하는 결과를 얻기 위해서 무한 집합을 '완전한 것'으로 간주해 집합에 복잡한 연산을 수행해야 했고 곧 집합론(독일어로는 mengenlehre)을 독립된 분야로 만들기 시작했다.

서로 다른 크기의 무한 집합들

자연수의 집합 1, 2, 3을 '완전하고 실제적인' 무한의 예로서 가정한다면, 이런 질문 또한 가능할 것이다. 얼마나 많은 자연수가 이 집합 안에 포함될까? 무한 집합의 원소 개수를 '셀 수'있는 무한한 숫자가 있을까? 완전한 무한에 대해 거부감이 없었던 라이프니츠는 가톨릭 사제이자 신학자, 그리고 철학자였던 니콜라 말브랑슈에게 보낸 편지에서 이 질문을 던졌다. 라이프니츠의 결론은 그런 무한 수는 존재하지 않는다는 것이었다.

그의 논리를 설명하면 이렇다. 우리는 원소의 숫자를 세지 않고도 두 개의 집합이 같은 원소의 개수를 갖는다고 말할 수 있다. 방법은 한 집합의 원소와 다른 집합의 원소를 1 대 1로 매치시키는 것이다.[2] 예를

---

2 바로 프레게가 시도했지만 실패로 돌아갔던 '수'를 정의하는 방법이다.

들어 경기장의 관중석이 꽉 차 있고 입석 관객은 하나도 없다면 경기장의 관객 수는 (세지 않고도) 의자의 수와 일치한다고 결론 내릴 수 있다. 각각의 의자와 의자를 차지한 관객을 1 대 1로 매칭시켰기 때문이다. 라이프니츠는 무한한 수가 실제로 존재한다면 같은 방식을 적용할 수 있다고 믿었다. 두 개의 무한 집합의 원소들을 1 대 1로 매치시킬 수 있다면 두 개의 집합은 원소의 개수가 같다는 결론을 내릴 수 있다.

그리고 이 개념을 두 개의 집합, 모든 자연수 1, 2, 3,… 과 모든 짝수의 집합 2, 4, 6, … 에 적용했다. 이 두 개의 집합의 원소들을 1 대 1로 매칭시키려면 아래와 같이 자연수에 2를 곱하면 된다고 쉽게 알 수 있다.

$$
\begin{array}{ccccc}
1 & 2 & 3 & 4 & \cdots \\
\updownarrow & \updownarrow & \updownarrow & \updownarrow & \updownarrow \\
2 & 4 & 6 & 8 & \cdots
\end{array}
$$

두 집합은 무한으로 계속되지만 위와 같이 자연수와 짝수의 사이에서 1 대 1로 이루어지는 매칭은 논리적으로 분명히 설명할 수 있다. 예를 들어 자연수 117과 매칭되는 짝수는 234가 된다. 또한 자연수 4228과 매칭되는 짝수는 8456이 된다. 라이프니츠는 무한한 숫자가 실재하고 매칭이 가능하다면 우리는 자연수 '개수'와 짝수 '개수'가 동일하다고 결론 내릴 수밖에 없다. 그런데 어떻게 가능하다는 말인가?

자연수에는 짝수뿐 아니라 무한한 개수의 모든 홀수가 포함되어야 한다. 그리고 유클리드 시대부터 믿어왔던 수학의 기본 원리 중 하나

는 '전체'가 그 자신의 일부분보다 크다는 사실이다.[8] 그래서 라이프
니츠는 자연수의 '개수'라는 개념은 일관성이 없고 무한한 집합의 원소
의 수를 세는 것은 불가능하다고 결론 내렸다. 그는 이렇게 얘기했다.

> 모든 수를 두 배로 만들면 매칭되는 짝수가 존재합니다. 그러므로 모
> 든 수의 개수는 모든 짝수의 개수보다 크지 않습니다. 다시 말해 전
> 체가 일부분보다 크지 않다는 뜻입니다.[9]

칸토어 역시 이 부분에서 라이프니츠와 같은 딜레마에 빠졌다. 무한
집합의 원소 개수는 세기 불가능하다 혹은 어떤 무한 집합은 그 자신
의 부분 집합과 같은 원소의 개수를 갖는다고 설명할 수밖에 없었다.
그러나 라이프니츠가 이 딜레마의 첫 번째 설명을 선택했다면 칸토어
는 두 번째 설명을 선택했다. 그는 계속해서 무한 집합에 적용되는 수
이론을 개척했고 이론의 결과로 무한 집합이 그 자신의 일부분과 같은
원소의 개수를 갖는다는 사실을 받아들였다.

라이프니츠가 결론을 맺지 못한 지점에서 시작해 칸토어는 두 개의
무한 집합 사이에 언제 1 대 1매칭이 가능한지를 연구했다. 라이프니
츠는 자연수가 그 자신의 부분 집합 중 하나인 짝수와 1 대 1의 매칭이
가능한 것을 발견했다. 칸토어는 자연수의 집합보다 더 큰 집합에 대
해 생각하기 시작했다.

그가 생각한 한 예는 $\frac{1}{2}$과 $\frac{5}{3}$와 같은(0보다 큰) 분수로 나타낼 수 있
는 수의 집합이었다. 자연수는 분모가 1인 분수(예를 들어 $\frac{7}{1}$)로 나타
낼 수 있으므로 자연수의 집합은 모든 분수 집합의 부분 집합으로 볼

수 있다.[10] 그러나 조금 더 깊이 생각한 후에 칸토어는 분수의 집합과 자연수의 집합 사이에 1 대 1 매칭 관계를 만들 수 있음을 발견했다. 분수의 집합은 아래와 같은 순서로 차례대로 나열할 수 있다.

$$\frac{1}{1} \,\bigg|\, \frac{1}{2} \ \frac{2}{1} \,\bigg|\, \frac{1}{3} \ \frac{2}{2} \ \frac{3}{1} \,\bigg|\, \frac{1}{4} \ \frac{2}{3} \ \frac{3}{2} \ \frac{4}{1} \,\bigg|\, \frac{1}{5} \ \frac{2}{4} \ \frac{3}{3} \ \frac{4}{2} \ \frac{5}{1} \,\bigg|\, \cdots$$

위 표는 분모와 분자의 합이 같은 분수로 나뉘어져 있다. 첫 번째로 합이 2인 경우(오직 한 가지밖에 없다), 이어서 합이 3인 경우(두 개의 분수가 있다), 이어서 합이 4인 경우(세 개의 분수가 있다), 이어서 합이 5인 경우(네 개의 분수가 있다) 등 이런 식으로 계속 이어진다. 이제 모든 자연수와 1 대 1 매칭 관계를 성립시키는 것은 간단하다.

$$
\begin{array}{ccccccccccccccc}
\frac{1}{1} & \frac{1}{2} & \frac{2}{1} & \frac{1}{3} & \frac{2}{2} & \frac{3}{1} & \frac{1}{4} & \frac{2}{3} & \frac{3}{2} & \frac{4}{1} & \frac{1}{5} & \frac{2}{4} & \frac{3}{3} & \frac{4}{2} & \frac{5}{1} & \cdots \\
\updownarrow & \updownarrow & \updownarrow & \updownarrow & \updownarrow & \updownarrow & \updownarrow & \updownarrow & \updownarrow & \updownarrow & \updownarrow & \updownarrow & \updownarrow & \updownarrow & \updownarrow & \\
1 & 2 & 3 & 4 & 5 & 6 & 7 & 8 & 9 & 10 & 11 & 12 & 13 & 14 & 15 & \cdots
\end{array}
$$

직관적으로 생각하면 분수가 자연수에 비해 훨씬 더 많을 듯한데도 이런 매칭이 성립하는 걸로 미루어, 모든 무한 집합들이 자연수와 1 대 1 매칭 관계에 있지 않을까라는 상을 쉽게 그리게 될지도 모른다. 칸토어의 위대한 업적은 이게 사실이 아님을 증명한 것이다. 분수로 나타내는 숫자는 유리수라고 부른다. 유리수를 소수로 나타내면 숫자들의 패턴은 언젠가는 반복되기 시작한다. 예를 들면 다음과 같다.

$$\frac{1}{3} = 0.3333333333333333333333\cdots$$

$$\frac{1}{4} = 0.2500000000000000000000\cdots$$

$$\frac{5}{3} = 1.6666666666666666666666\cdots$$

$$\frac{24}{11} = 2.18181818181818181818\cdots$$

$$\frac{9}{7} = 1.285714285714285714285 7\cdots$$

소수로 나타낼 수 있는 숫자를 실수라 부른다. 여기서 소수는 반복되든 아니든 상관없다. 그리고 소수점 아래가 반복되지 않는 실수는 무리수라고 부른다. 다음은 무리수라고 증명된 숫자들의 예다.

$$\sqrt{2} = 1.414213562373095048\cdots$$

$$\sqrt[3]{2} = 1.259921049894873160\cdots$$

$$\pi = 3.141592653589793238\cdots$$

$$2^{\sqrt{2}} = 2.665144142690225190\cdots$$

$\sqrt{2}$와 $\sqrt[3]{2}$와 같은 무리수 그리고 모든 유리수는 대수학의 방정식을 푸는 데 사용되기 때문에 대수적algebraic 수라고 부른다($\sqrt{2}$는 방정식 $x^2 = 2$의 해이고, $\sqrt[3]{2}$는 방정식 $x^3 = 2$의 해다). 숫자 π와 $2^{\sqrt{2}}$는 어떤 대수학 방정식의 해도 될 수 없다고 증명되어 있다. 이와 같은 숫자들은 초월수transcendental라고 부른다.

분수와 자연수 사이에 1 대 1 매칭 관계가 성립되는 것을 증명한 후에 칸토어는 모든 대수적 수로 관심을 돌렸고 어렵지 않게 그들 역시 자연수와 1 대 1 매칭 관계가 성립됨을 증명했다. 자연스럽게 그는 모든 실수의 집합 역시 자연수와 매칭 관계가 성립되는지 궁금했다.

우리는 리하르트 데데킨트에게 쓴 1873년 편지를 통해 28세 칸토어가 숙고한 결과를 알 수 있다. 칸토어는 젊은 수학자 데데킨트를 그 전해에 스위스에서 휴가를 보내는 동안 우연히 만났다. 이미 할레에서 교수로 승진했던 칸토어는 데데킨트에게 쓴 편지에 (우리가 이미 본 것처럼) 자연수와 모든 양수인 분수 사이에 1 대 1 매칭 관계가 성립된다고 썼다. 더 나아가서 모든 대수적 수와 자연수 사이에도 같은 관계가 성립되는 것을 보였다. 같은 편지에서 칸토어는 모든 자연수와 실수 사이에도 1 대 1 매칭 관계가 성립하는지 질문을 던졌다. 데데킨트는 답장에서 그 문제는 크게 중요치 않다고 답했다. 일주일 후 데데킨트에게 보낸 다음 편지에서 놀랍게도 칸토어는 실수 집합은 자연수와 1 대 1 매칭 관계가 성립되지 않음을 증명할 수 있었다. 즉, 무한 집합에는 최소한 두 종류의 서로 다른 크기가 있다는 사실이다.

칸토어 자신은 이와 같은 발견이 논문으로 낼 만한 가치가 있는지 확신할 수 없었던 듯하다. 스승이었던 카를 바이어슈트라스가 권유한 후에야 논문을 제출했다. 칸토어 연구의 혁명적 결과는 그 네 쪽짜리 논문에서는 거의 드러나지 않는다. 그 논문은 실수 중 초월수(방정식의 해가 될 수 없는 수)가 존재한다는 새로운 증명법에 대해서였고, 무한 집합의 크기가 하나 이상이라는 사실을 강조해 보여 주는 논문은 아니었다. 그러나 필연적 결과로 다른 크기의 무한 집합이 있음을 증명하게 되었다. 칸토어의 증명은 대수적 수가 자연수와 1 대 1로 매칭되고 실수는 매칭되지 않기 때문에, 모든 실수의 집합과 대수적 수의 집합이 서로 다르다는 것이었다. 그러므로 실수 중에는 대수적 수가 아닌 수가 존재하고 바로 그것들이 초월수라고 증명한 것이다.[11]

새로운 발견을 하는 동안 칸토어의 개인적인 삶 역시 꽃피었다. 그는 여동생의 가까운 친구이면서 재능 있는 음악가였던 팔리 구트만과 1874년 결혼했다. 그들에게는 자식 6명이 있었고 전해 내려오는 이야기에 의하면 행복하고 헌신적인 가족이었던 것으로 보인다. 비록 칸토어는 일에 있어서는 자기주장이 강하고 때론 함께 일하기 어렵다는 명성이 있었지만 집에서는 친절한 사람이었다. 칸토어 가족의 식사 시간에 있었던 이야기다.

> … 그는 식사 시간이면 조용히 앉아서 아이들이 대화를 이끌도록 했다. 그러고는 일어나 아내에게 고맙다며 이렇게 이야기했다. "남편으로서 잘하고 있나요? 날 사랑하죠?"[12]

그러나 칸토어가 집합론을 만드는 데 노력을 더 쏟을수록 기존의 전통을 뒤흔드는 그의 새로운 생각에 반대하는 사람도 늘어 갔다. 특별히 칸토어를 실망시킨 것은 스승이었던 크로네커가 그의 연구를 적법한 수학의 한 분야로 인정하지 않았다는 점이다. 이런 분위기에서 칸토어가 자신의 수준과 견줄 만한 사람들이 있는 학교에서 교수 자리를 얻기란 불가능했다. 칸토어는 할레의 후미진 환경에 머물러 있어야 했다. 나아가 친구 데데킨트를 할레 대학의 교수로 오라 설득했지만 실패했다. 체념한 그는 1886년 가족이 살 큰 집을 할레에 마련했다.

무한한 수를 향한 칸토어의 탐구

완전한 무한을 다루지 말라는 가우스의 수학자들을 향한 경고를 무시한 채 칸토어는 그동안 신학자와 형이상학자의 영역이었던 무한의 세계로 더 깊이 들어갔다. 칸토어는 수학 연구를 위해 급진적인 아이디어를 냈지만, 그는 연구가 필요로 하는 것 너머까지 생각을 이어 갔다. 일반적인 대화 가운데 자연수 1, 2, 3은 얼핏 비슷해 보이지만 사실은 다른 두 가지의 방식으로 사용된다. 하나는 수를 세는 데 쓰이고 다른 하나는 서열을 매기는 데 쓰인다.

- 이 방에는 네 사람이 있다.
- 조의 말은 네 번째로 들어왔다.

일상 속 언어에서 기수cardinal와 서수ordinal를 설명할 때는 하나, 둘, 셋이나 첫 번째, 두 번째, 세 번째와 같이 서로 다른 단어를 사용한다. 기수는 집합에 얼마나 많은 것이 들어 있는지를 세는 데 사용되고 서수는 이러한 원소들이 어떤 순서로 정렬되어 있는지를 표현하는 데 사용된다. 자연수와 실수가 1 대 1로 매칭되지 않는다는 것을 발견하면서 칸토어는 무한한 기수에 대해 생각하게 됐고, 삼각급수에 대한 연구를 통해서는 무한한 서수의 개념을 정립하는 방법을 제시했다.

칸토어는 모든 집합(유한 혹은 무한)에는 고유한 기수가 있다고 가정했다. 칸토어의 생각에 집합의 기수는 집합 안에 포함된 원소들의 특성과는 아무 상관이 없이 단순히 집합의 크기를 재는 단위였다. 특히 두 개의 집합이 1 대 1로 매칭된다면, 그 두 개 집합은 같은 기수를 갖는다고 여겼다.

M이 임의의 집합을 나타낸다고 가정해 보자. 칸토어는 기호 $\overline{\overline{M}}$을 사용해 집합 M의 기수를 나타냈다.[13] 예를 들어,[3] 다음과 같은 집합

$$A = \{♣, ◇, ♡, ♠\}, B = \{3, 6, 7, 8\}, \text{ 그리고 } C = \{6, 5\}$$

이라면 $\overline{\overline{A}} = \overline{\overline{B}} = 4$이고 $\overline{\overline{C}} = 2$다. 물론 집합 A와 B 사이에 1 대 1 매칭 관계를 만드는 것은 간단하다.

♣   ◇   ♡   ♠

↕   ↕   ↕   ↕

3   6   7   8

두 집합이 서로 다른 기수를 갖는 경우엔 어떨까? 기호로 나타내면, 집합 M과 N에 대해 $\overline{\overline{M}} \neq \overline{\overline{N}}$인 경우를 뜻한다. 이 경우에는 두 집합의 기수 중 하나가 다른 것보다 크다. 집합 N의 기수가 M보다 큰 경우 일반적인 부등호 <와 >를 사용해 $\overline{\overline{M}} < \overline{\overline{N}}$로 나타낼 수 있다(혹은 $\overline{\overline{N}} > \overline{\overline{M}}$로 써도 같다). 두 집합 사이의 기수의 크기 차이를 증명하기 위해서는 M 전체와 N의 부분 집합 사이에 1 대 1 매칭 관계가 존재하는 것을 보이면 된다.[14] 그러므로 위의 예제에서 $\overline{\overline{A}} > \overline{\overline{C}}$일 경우 집합 A의 부분 집합 $\{◇, ♡\}$과 집합 C는 이런 1 대 1 매치가 가능하다.

---

3   중괄호 {…}는 그 안의 내용물이 집합을 구성한다는 의미다.

집합을 유한 집합으로만 한정한다면 이런 설명은 우리가 이미 잘 알고 있는 사실을 난해한 기호들로 나열한 데 불과할지도 모른다. 실제로 칸토어의 아이디어가 갖는 진짜 의미는 무한한 집합에 적용했을 때 제대로 드러난다. 칸토어는 무한 집합의 기수를 초한수transfinite number 라고 불렀다. 처음 예제로 제시한 초한수는 모든 자연수 집합의 기수였고 기호 $\aleph_0$을 사용해 이를 나타냈다. $\aleph_0$은 '알레프 널aleph-null'이라고 읽는데 $\aleph$(알레프)는 히브리어 알파벳의 첫 번째 글자다.[4]

칸토어는 기호 C를 사용해 실수 집합의 기수를 표기했다(왜냐하면 실수의 집합은 continuum이라 불리기도 하기 때문이다). 칸토어는 C가 $\aleph_0$ 다음의 초한수라고 믿었다. 다시 말하면 두 개의 초한수 $\aleph_0$과 C 사이에 또 다른 기수는 존재하지 않는다는 것이 칸토어의 연속체 가설 continuum hypothesis이다. 오랜 세월 치열하게 연구했음에도 칸토어는 그 문제를 해결하지 못했다. 연속체 가설의 참, 거짓 여부를 증명하지 못했던 것이다. 칸토어는 내내 괴로워하며 매달렸지만 끝내 실패했다. 그리고 머리를 그저 돌담에 박는 듯했을 칸토어의 불행에 대해서는 오늘날 잘 알려져 있다. 1938년 쿠르트 괴델과 1963년 폴 코언의 핵심적인 발견에 의해 연속체 가설의 증명은 일반적인 수학의 방법론으로는 불

---

4 칸토어가 히브리어 알파벳을 사용했기 때문에 그가 유태인이라는 오해가 널리 퍼졌는지도 모른다. 1895년 4월 30일 칸토어는 한 편지에서 이렇게 설명했다. "이 개념을 표현하기에 다른 알파벳들은 이미 너무 많이 사용되었다." (내게 편지의 사본을 보여 준 서면 스타인에게 감사를 표한다.)

가능하다고 알려졌다. 그래서 칸토어가 증명하지 못했던 사실이 그리 놀랍지는 않다. 실제 현대에도 전문가들 사이에서는 괴델과 코언이 발견한 증명 불가능이라는 결론이 최선인지 혹은 더 강력한 방법에 의해 더 나은 결과를 얻어 낼 수 있는지 여부를 놓고 의견이 양분되어 있다.

칸토어는 삼각급수와 관련된 연구에서 일 단계, 이 단계, 삼 단계 등, 여러 단계를 되풀이하며 계속 적용하는 해결 방법을 생각했다. 그러나 칸토어를 초한수까지 나아가게 한 것은 무한하게 많은 단계 이후에도 그 이상 많은 단계가 더 존재한다는 깨달음 때문이었다. 곧 그는 ω번째 단계, $(\omega+1)$번째 단계, 그 이후까지 계속되는 무한한 순서를 나타내는 초한 서수transfinite ordinal numbers에 관련된 계산법을 만들고 있었다.[5]

먼저 유한 집합 {♣ ◇ ♡}을 살펴보자. 이 집합의 원소들은 여섯 가지 다른 방식으로 정렬할 수 있다.

그러나 여섯 가지 정렬은 모두 같은 패턴을 보인다. 첫 번째 원소, 그다음 두 번째, 그리고 세 번째 원소로 이어진다. 유한한 집합에 n개의 원소가 있다면 어떤 순서이든 첫 번째 원소, 두 번째 원소, 그리고 마지막으로 n번째 원소로 구성되어 있다. 그러나 칸토어는 무한 집합의 경우엔 상황이 완전히 달라짐을 알았다. 무한 집합의 원소들을 정렬할

5 ω는 그리스어 알파벳의 마지막 문자로, '오메가'라고 읽는다.

때는 완전히 다른 패턴으로 순서가 매겨진다. 예를 들어 자연수 1, 2, 3, ...의 집합에 짝수가 모든 홀수보다 앞에 오는 다음과 같은 정렬을 생각해 보자.

$$2, 4, 6, ..., 1, 3, 5, ...$$

이 자연수 집합에 포함된 원소의 순서를 서수를 사용해 나타내면 짝수의 순서를 나타내는 데에 알려진 유한한 서수가 모두 다 쓰였음을 알 수 있다.[6]

칸토어는 이 어려움을 해결하기 위해 초한 서수를 사용하는 방법을 생

1번째	2번째	3번째	⋯	?	?	?
↓	↓	↓		↓	↓	↓
2	4	6	⋯	1	3	5

각했다. 모든 한정된 서수를 사용한 후에, 그리스 문자 ω로 나타내는 첫 번째 초한 서수를 가정했다. 그리고 이 수는 $\omega + 1$, $\omega + 2$로 계속해서 이어진다. 칸토어는 이 방식으로 위의 예제에서 사용된 홀수의 순서를 간단히 다음과 같이 나타낼 수 있었다.

칸토어는 점점 더 큰 초한 서수를 사용해 가면서 자연수를 아주 많은

---

6 (옮긴이) 홀수의 순서를 표기할 수 있는 자연수가 더 이상 남아 있지 않다.

1번째	2번째	3번째	⋯	w번째	$(w+1)$번째	$(w+2)$번째	⋯
↓	↓	↓		↓	↓	↓	
2	4	6	⋯	1	3	5	⋯

다양한 방식으로 나열할 수 있는 것을 발견했다.[7] 그는 한정된 서수인 자연수 1, 2, 3, ⋯ 을 1차 숫자 계층first number class이라 불렀고 자연수의 순서를 표현할 수 있는 초한 서수를 2차 숫자 계층second number class이라 불렀다. 이와 같은 '2차 숫자 계층'을 구성할 수 있는 초한 서수의 집합을 감안해 칸토어는 기수 $\aleph_1$을 사용해 그 집합의 크기(기수)를 나타냈다. 칸토어는 $\aleph_0$(모든 자연수 집합의 기수)이 가장 작은 초한 기수임을 증명했을 뿐 아니라 놀랍게도 $\aleph_1$이 $\aleph_0$의 바로 다음 기수라는 것도 증명했다. 즉, 두 기수 $\aleph_0$과 $\aleph_1$ 사이에는 또 다른 기수가 존재하지 않는다.

칸토어가 증명하기 위해 그토록 애썼던 연속체 가설은 C(실수 집합의 기수)가 $\aleph_0$ 바로 다음 기수인지에 대한 참 혹은 거짓 여부였다. $\aleph_1$이 $\aleph_0$ 바로 다음의 기수인 것을 증명했기 때문에 연속체 가설은 이런 간단한 수식으로 요약할 수 있다.

$$C \overset{?}{=} \aleph_1$$

불행히도 문제를 이렇게 간단한 식으로 요약을 한 것만으로는 이 식이

7 (옮긴이) 자연수 1, 2, 3의 순서를 매기는 방법은 6가지다. {1, 2, 3}, {1, 3, 2}, {2, 1, 3}, {2, 3, 1}, {3, 1, 2}, {3, 2, 1}. 4를 추가하면 24가지 경우의 수가 생긴다. 이처럼 주어진 숫자의 개수보다 숫자들을 나열하는 경우의 수가 훨씬 크다는 것을 알 수 있다. 칸토어는 무한한 자연수의 순서를 매기는 경우의 수가 무한한 자연수보다 더 크다는 것을 증명했다.

참인지를 증명하는 데 도움이 되지 않았다.

1차와 2차 숫자 계층 이후에 그럼 3차 숫자 계층도 존재할까? 물론이다! 기수 $\aleph_1$으로 구성된 집합의 원소들 순서를 매기는 데에는 1차와 2차 숫자 계층은 충분하지 않다.[8] 칸토어는 기호 ω_1을 3차 숫자 계층의 첫 초한 서수를 나타내는 데 사용했고 3차 계층의 모든 서수로 구성된 집합의 크기를 나타내는 기수를 $\aleph_2$로 표기했다. 그리고 $\aleph_2$는 $\aleph_1$의 바로 다음 기수가 된다. 칸토어는 이 과정에 끝이 없다는 것을 알았다. $\aleph_2$ 다음에는 $\aleph_3$가 있고 그다음에는 $\aleph_4$, 이렇게 끝없이 숫자 계층이 증가한다. 또한 이 모든 과정 후에는 다음 기수 $\aleph_\omega$가 있고 이 과정은 계속해서 반복된다.

이러한 생각을 발전시키며 칸토어는 그동안 누구도 접근하지 못했던 새로운 영역을 개척하고 있었다. 그가 의지할 만한 수학적인 이론은 존재하지 않았다. 칸토어는 자신의 직관에 의지해 이 모든 것을 스스로 만들어 내야 했던 것이다. 그의 발견 대부분은 여전히 잘 지탱되고 있다. 아직 아무도 밟지 않은 영역에 대한 연구였음을 감안할 때 정말 놀라운 일이다. 그러나 칸토어가 일군 새로운 세계를 처음부터 거부했던 사람들도 있었다. 크로네커의 반대에 대해서는 이미 언급했다. 수학자들 사이에서 소문으로 돌았고 널리 믿기던 이야기 중 하나는 프랑스의 저명한 수학자 앙리 푸앵카레가 칸토어의 집합론에 대해 '극복해야 할 질병으로 여기라'고 말했다는 사실이다. 비록 출처가 불분명하지만 그런 이야기들로 미루어 칸토어가 당시 어떤 어려움에 맞닥뜨렸는지 짐작할 수 있다.

8　(옮긴이) $\aleph_0$은 자연수의 기수, $\aleph_1$은 자연수의 가능한 모든 나열로 이루어진 집합의 기수였다. 그럼 무한수 $\aleph_1$의 모든 가능한 나열로 이루어진 집합의 기수는 $\aleph_2$가 되어야 한다.

대각선 논법

오늘날 학생들이 칸토어의 업적 중 하나를 배운다면, 아마도 대각선 논법이라 부르는 증명법일 것이다. 이 방법은 1891년 겨우 4쪽짜리 논문으로 쓰였는데, 칸토어가 수학 연구를 거의 그만둘 무렵이었고, 당시엔 이미 초월수를 집대성한 글이 출간되었고 재발행 되기까지 했다. 칸토어가 자연수와 실수 사이에 1 대 1 매칭 관계가 성립하지 않는다는 증명, 즉 뒷날 칸토어의 수식 표현으로는 $\aleph_0 < C$라는 결과를 출간한 것은 1874년 일이다. 그 증명에서는 바이어슈트라스Weierstrass가 만들어 낸 기본적인 극한limit process 이론을 사용했었다. 대각선 논법을 사용하면 같은 결론을 얻을 수 있다. 대각선 논법은 이 책에서 몇 번이고 다시 등장할 것이다.

대각선 논법은 라벨이 붙은 상자를 떠올리면 이해하는 데 도움이 될 것이다. 이 비유의 특징은 라벨에 쓰인 문자가 상자 안의 내용물과 정확히 같은 종류라는 것이다. 예를 들어 포커 카드의 네 가지 문양(♣ ◇ ♡ ♠)을 생각해 보자. 그리고 여러 가지 문양이 담긴 상자에 한 가지 문양으로 된 라벨이 다음처럼 붙어 있다.

같은 정보를 표를 사용해서 나타낼 수도 있다. 표의 더하기 기호는 문양

이 상자 안에 있다는 뜻이고 빼기 기호는 상자 안에 없다는 의미다.

	♣	♢	♡	♠
♣	⊖	+	+	−
♢	−	⊕	−	+
♡	−	+	⊕	+
♠	+	+	−	⊖

이 표에서 맨 왼쪽의 열은 네 가지 라벨을 나타내고 각 행은 상자 안에
담긴 내용물을 나타낸다. 대각선상에 놓여있는 더하기와 빼기 기호들
은 강조를 위해 동그라미를 쳐 놓았다. 이제 대각선 논법은 기존에 라
벨이 붙어 있는 상자들과는 내용물이 다른 새로운 상자를 만들어 내는
방법이다. 방법은 이렇다. 새로운 표를 만들어서 이전 표의 대각선상
에 놓여 있는 기호(+, −)의 반대를 내용물로 하는 새로운 행을 추가
한다. 즉, 문양 ♣에 표시된 기호가 빼기였으므로 새로운 테이블에서
는 같은 문양 ♣ 위치에 더하기 기호를 놓는다. 비슷하게 대각선의 ♢
는 빼기, ♡는 빼기, 그리고 ♠는 더하기 기호를 갖는다.

	♣	♢	♡	♠
	+	−	−	+

이렇게 해서 나온 새로운 상자의 내용물은 {♣♠}가 된다. 그럼 이 내용물이 기존의 상자들 어느 것과도 일치하지 않는다는 것을 어떻게 확신할 수 있을까? 문양 ♣가 라벨로 붙어 있는 기존 상자와는 다를 것이 분명하다. 왜냐하면 ♣가 붙어 있는 상자에는 ♣가 들어 있지 않지만 (즉, 표에서 – 기호) 새로운 상자에는 ♣가 들어 있기 때문이다. 또한 ◇가 붙어 있는 상자와는 내용물이 분명히 다른데, 그 이유는 그 상자 안에는 ◇가 들어 있지만(표에서 +기호) 새로운 상자에는 들어 있지 않기 때문이다. 이런 식으로 계속 논리를 이어 가면 된다.

물론 이 비유 상자는 바로 집합을 의미한다. 그리고 상자에 붙어 있는 라벨은 집합과 그 내용물인 원소 사이에 1 대 1 매칭 관계를 만들어 주는 방법이다. 이 방법은 어디에나 적용할 수 있다. 즉, 유한 집합이나 무한 집합 모두에 적용 가능한 방법이라는 뜻이다. 집합의 원소를 사용해서 해당 원소들로 구성된 집합을 표기(라벨)하면 대각선 논법을 사용해 이미 표기된 모든 집합의 원소와는 다른 새로운 집합을 얻어 낼 수 있다.

이제 이 방법을 모든 자연수의 집합 1, 2, 3, …에 적용하면 어떻게 되는지 살펴보자. 몇 개의 자연수를 상자 안에 넣는다고 생각하면 된다. 예를 들어 어떤 상자 안에는 숫자 {7, 11, 17}이 들어 있을 테고, 다른 상자에는 짝수를 모두 담았을지도 모른다. 그리고 이제 자연수를 라벨로 사용해서 무수히 많은 상자에 표식을 남긴다.

$$
\begin{array}{cccc}
1 & 2 & 3 & 4 & \cdots \\
\updownarrow & \updownarrow & \updownarrow & \updownarrow & \cdots \\
M_1 & M_2 & M_3 & M_4 & \cdots
\end{array}
$$

M_1, M_2, M_3, M_4는 자연수가 들어 있는 상자들이다. 그리고 이제 기존의 집합과는 다른 새로운 집합 M을 다음과 같은 표를 사용해서 만들어 낼 수 있다.

1	1이 M_1에 포함된 경우: −	아닌 경우: +
2	2가 M_2에 포함된 경우: −	아닌 경우: +
3	3이 M_3에 포함된 경우: −	아닌 경우: +
4	4가 M_4에 포함된 경우: −	아닌 경우: +
…	…	…

다시 말하면, 1이 M_1에 포함되지 않은 경우 새로운 집합 M에는 1이 포함된다. M_2에 2가 포함되지 않은 경우 집합 M에는 2가 포함된다. 그리고 이 패턴이 계속 반복된다. 이런 식으로 만든 새로운 집합 M은 M_1, M_2 등 자연수와 이미 1 대 1로 매칭된 집합의 표에서는 동일한 것을 찾을 수 없다. $M_1, M_2, M_3, M_4, \dots$는 1, 2, 3, $\cdots$의 자연수와 자연수를 원소로 하는 모든 집합 간의 1 대 1 매칭 관계를 나타내기 때문에, 새롭게 만들어 낸 집합 M은 이 매칭 관계 안에는 포함될 수 없는 집합임을 알 수 있다. 다시 말하면, 자연수를 원소로 하는 집합의 모든 집합the set of all sets of natural numbers[9]의 기수는 $\aleph_0$(자연수의 초한 기수) 보다 크다. 그리고 이 기수는 모든 실수 집합의 기수인 C와 같다고 증명할 수 있다.[15] 그러므로 대각선 논법은 모든 실수의 수가 자연수보

---

9 (옮긴이) 모든 집합의 집합(set of all sets)이라는 개념을 이해하기 위해 자연수 1, 2, 3을 원소로 하는 모든 유한 집합의 집합을 생각해 보자. 이 집합은 이렇게 나타낼 수 있다. {{ }, {1}, {2}, {3}, {1, 2}, {2, 3}, {1, 3}, {1, 2, 3}}

다 더 많다는 것을 증명하는 또 다른 방법이 된다.

이 방법은 매우 보편적이기 때문에 많은 (칸토어의 $\aleph_s$ 증명법과 다른) 초한 기수를 만들어 내는 증명법이 되었다. 예를 들어, 실수가 라벨로 붙어 있는 실수가 포함된 상자들을 생각해 볼 수 있다. 대각선 논법을 사용하면 실수로 이루어진 라벨로는 모든 실수 집합을 다 매칭할 수 없다는 것을 증명할 수 있다. 그러므로 실수의 모든 집합으로 된 집합의 기수는 C(모든 실수 집합의 기수)보다 크다.[16] 질문은 계속 이어진다. 이 방식으로 얻어진 기수들이 칸토어의 $\aleph_0$, $\aleph_1$, $\aleph_2$와 엮이는지에 대한 의문은 오늘날까지 어려운 문제이고 논쟁거리다.

우울증과 비극

유한한 세상에 짧은 생을 살고 있는 한 인간이 무한에 대해 의미 있는 주장을 펼쳤다는 사실로 인해 칸토어의 주장은 처음부터 반대에 부딪혔다. 그리고 20세기가 시작될 무렵에 와서 상황은 더 나빠졌다. 칸토어의 초한수 논리를 무제한으로 응용할 경우 벌어지는 역설적이고 심지어 우스꽝스러운 결과들 때문이었다.

문제는 바로 칸토어의 초한 기수 혹은 서수 전부를 하나의 집합에 모으려고 할 때 벌어진다. 모든 기수를 다 포함하는 집합이 있다면 그 집합의 기수는 무엇이 될까? 그 집합의 기수는 다른 모든 기수보다 더 커야 한다. 그런데 이게 가능한 말일까? 어떻게 한 기수가 (자신을 포함하는) 모든 기수보다 더 클 수 있다는 말인가?

칸토어가 자신을 당황케 만든 이 역설에 대해 알게 된 직후에 이탈리아의 수학자 부랄리 포르티는 모든 초한 서수를 포함하는 집합을 설명할 때 맞닥뜨리는 비슷한 어려움을 발견했다. 포르티는 그러한 집합은 모든 다른 초한 서수보다 더 큰 초한 서수를 갖게 된다고 제시했는데, 너무나 터무니없는 결론이었다.

그리고 버트런드 러셀이 등장해 가장 충격적인 한 방을 던진다. 그는 이런 질문을 생각해 냈다. 모든 집합의 집합이 존재할까? 그런 집합이 존재한다면 대각선 논법을 그 집합에 적용할 때 어떤 결론을 얻게 될까? 다시 말하면 임의의 집합을 포장한 상자를 만들고 그 상자에 (원소가 아닌) 집합으로 라벨링 하는 것이다.[10] 물론 이렇게 하면 라벨이 붙여진 상자 속 집합들과는 다른 새로운 집합을 얻어 낼 수 있다. 이 문제를 생각하다가 버트런드 러셀은 그 유명한 역설, 즉 자기 자신을 원소로 포함하지 않는 모든 집합들의 집합을 발견하게 됐다.[11] 이게 바로 이전 장에서 프레게를 절망에 빠뜨린 그 역설이다.

러셀은 칸토어의 아이디어를 생각하다가 역설을 발견했지만, 역설 자체는 초한수에만 해당되지 않았다. 많은 수학자에게 이 역설은 수학의 가장 근본적인 논리적 추론에 함정이 가득하고 수학의 근본이 불안정하다는 의미로 다가왔다. 물론 놀랄 것도 없이 대부분의 수학자는 이 문제를 뒤로 한 채 각자의 주제에 대해 계속 연구해 나갔다.

---

10 (옮긴이) 예를 들어 상자 안에는 {♣}, {◇ ♡}, {♣, ♠,♡} 세 집합이 들어 있고 상자의 라벨은 {◇♡}다. 이 경우 상자 안에는 라벨이 들어 있다.
11 (옮긴이) '자기 자신을 원소로 포함하지 않는' 모든 집합의 집합이 있다고 가정하자. 이 집합은 자기 자신을 원소로 포함할까? 그렇다면 정의에 따라 이 집합은 '자기 자신을 원소로 포함하지 않는' 집합이어야만 한다. 반대로 이 집합이 자기 자신을 원소로 포함하지 않는다면 어떨까? 이 집합은 '자기 자신을 원소로 포함하지 않는' 집합이라고 했으니 스스로를 포함해야 한다. 즉, 이 집합은 참도 거짓도 될 수 없는 역설이다.

그러나 수학의 근본에 대한 주제를 다루던 수학자들에게 이 역설은 수학의 기반을 모조리 뒤흔드는 치명적인 문제였다. 수학자들과 철학자들은 이 문제를 두고 서로 다른 그룹으로 갈라졌다. 한 그룹은 어떤 희생이 있더라도 칸토어의 집합론을 수학의 핵심적인 영역으로 지켜야 한다는 사람들이었고 이에 반하는 사람들은 수학의 전통을 칸토어의 오염으로부터 지켜 내야 한다는 사람들이었다. 20세기 초반 30년 동안 논리학자들은 이 문제를 해결하기 위해 몰두했다.

칸토어는 일련의 신경 쇠약증으로 고통 받았는데, 1884년 대략 두 달간 이어진 극심한 우울증은 그 시작이었다. 훗날 회복하고 나서 칸토어는 정신 질환의 이유가 연속체 가설에 대한 몰두와 자신의 연구에 비판적인 크로네커 때문이었다고 말했다. 이 기간에 그는 크로네커에게 과거의 친분 관계를 다시 회복하고 싶다는 편지를 쓰기까지 했고 크로네커는 성의껏 답장을 보내기도 했다.

다년간 자신의 증상에 대한 칸토어의 이런 설명이 널리 받아들여졌지만, 지금에 와서는 몇몇 에피소드에도 불구하고 칸토어가 조울증을 앓고 있었다고 생각한다. 지금은 조울증의 근본적인 이유가 외부적인 환경의 심각성보다 뇌의 화학 작용에 생긴 문제라고 알려져 있다. 칸토어 스스로가 이유라고 밝힌 환경적인 요인들은 그런 문제를 촉진시킬 수는 있지만 문제 발생의 근본 원인은 아니다.[17]

정신적인 문제로 인해 앞서의 대각선 논법을 제외하고 칸토어의 집합론에 대한 획기적인 연구는 끝을 맺는다. 정신 질환이 심각해질수록 칸토어는 점점 철학, 신학, 그리고 무엇보다도 셰익스피어 희곡의 진짜 작가는 누구인가 하는 음모론에 빠져들어 갔다. 셰익스피어와 관련해 칸토어는 그 문제의 중요성을 심각하게 설파했고 이를 감추려는 사람들이 있다며 거의 피해망상에 가까운 상태를 보였다. 1899년은 칸토어에게 위기와 비극의 해였다. 그해 그는 처음으로 집합론의 역설에 대해 알게 되었다. 게다가 13살 아들의 죽음으로 충격적인 상실감에 고통받았다.

칸토어는 일단 관심이 생긴 주제에 대해 아마추어로 남는 유형의 인물이 아니었다. 그는 엘리자베스 여왕 1세 시대와 특별히 셰익스피어 희곡에 관해 전문가가 되었고 셰익스피어의 희곡을 쓴 진짜 작가는 프랜시스 베이컨이라는 주장을 편 논문집을 출간했다. 물론 이것은 집합론이나 초한수와는 아무 관련이 없는 주제였다. 그러나 칸토어는 철학이나 신학에 대한 연구가 종국에는 무한에 관한 연구와 연결되어 있다고 믿었다. 칸토어는 인간이 완전히 이해할 수 없는 초한수를 넘어서는 '완전한 무한'이 존재한다고 믿었다. 그래서 집합론을 뒤흔드는 역설들 역시 이 관점에서 이해할 수 있는 거라고 설명했다. 예를 들어 모든 초한 기수를 모은 집합은 완전한 무한의 영역으로 간주해야 한다는 것이다. 그리고 모순이 생기는 이유는 그러한 집합을 단지 초한수의 관점에서만 계산하기 때문이라고 설명했다.

결정적인 전투?

독일 철학에서 독보적인 인물은 이마누엘 칸트라고 할 수 있다. 그의 핵심적인 철학은 질문 두 개로 요약할 수 있다.

- 순수한 수학이 어떻게 가능한가?
- 순수한 자연 과학이 어떻게 가능한가?

첫 번째 질문에 대한 칸트의 답은 그가 말한 대로 공간(기하학)과 시간(산수)에 대한 '순수한 직관'을 따랐다. 그는 이러한 직관이 경험적인 감각과는 완전히 독립적이라고 생각했다.[18] 칸트가 과학의 중요성을 강조한 반면에, 칸트 이후의 19세기 독일 철학은 다른 방향인 '완전한 이상주의'로 진행되었다. 이는 아이디어와 개념이 주요하고 세상은 오로지 아이디어와 개념들로 만들어져 있다고 이해하는 주의였다.

　이런 움직임의 선도자 중 한 명이 게오르크 빌헬름 프리드리히 헤겔이었고 그의 강의에는 수백 명의 열렬한 추종자들이 참석하곤 했다. 헤겔에게는 많은 추종자가 있었고(그들 중 유명인으로 카를 마르크스와 프리드리히 엥겔스가 있다) 그가 쓴 글들은 오늘날의 학자들에게도 여전히 중요하다. 그러나 그는 논리를 왜곡하는 능력이 있었고 이것들은 사람들의 조롱을 불러일으켰다. 헤겔이 쓴 두 권으로 이루어진 방대한 책 《대논리학Science of Logic》(자유아카데미, 2022)에서는 독자들에게 다음의 질문을 깊게 생각해 보라고 말했다.

　무(없음, 아님)는 자기 자신과의 단순한 동등성이다.
　존재(있음, 임)는 무이다.
　무는 존재다.
　이 두 범주는 각각이 다른 것으로 이행하는 데서 그 이상의 범주: 즉 생성(됨)이다.

19세기 말 무렵 독일에서는 한편으로는 오귀스트 콩트의 '실증주의적' 관념에서, 다른 한편으로는 과학의 발전에서 자극을 받아 새로운 '경험주의' 철학이 발전하고 있었다. 경험주의자들에게 세계를 이해할 수 있게 해주는 일차적인 것은 감각 자료sense data다. 칸토어는 이 경험주의를 헤겔의 것과 같은 무의미에 대한 반작용이긴 하지만, 조잡하고 지나치게 단순한 생각이라고 여겼다.

경험주의 주창자 중 한 명인 위대한 과학자 헤르만 폰 헬름홀츠는 칸트의 경험주의를 중심으로 한 과학을 다시 불러일으키고 싶었다. 계산과 측정에 대해 그가 쓴 소논문은 게오르크 칸토어를 분노하게 했다. 1887년 수학, 철학, 그리고 신학의 관점에서 초한수를 소개하는 글에서 칸토어는 헬름홀츠의 소논문을 공격하며 이렇게 표현했다. "극단적인 경험주의 관점에서 쓴 것으로 이런 교조주의가 가능하다는 생각조차 해 본적이 없습니다 …" 그는 계속해서 비판했다.

> 오늘날 우리가 보고 있듯이, 독일에서는 칸트-피히테-헤겔-셸링의 이상주의가 과장된 나머지, 이에 대한 반발로 학문적 실증주의에 기반을 둔 회의론이 과학계를 장악하고 있습니다. 이러한 회의론은 결국 수학에까지 영향을 미쳤고 치명적인 결과를 낳았습니다. 결국에는 실증주의 회의론 그 자체에 가장 큰 피해를 입힐 것입니다.

인용한 글은 칸토어가 1890년 출간한 초한수를 다룬 논문집에 포함되어 있다. 프레게는 이 논문집을 논평하는 역할을 맡아서 위에 인용한 글을 강조하기로 선택했다. 버트런드 러셀로부터 절망적인 편지를 받기 약 10년 전, 프레게는 주목할 만한 구절을 남겼다(이미 이 장의 앞에서 일부분을 소개했다).

> 사실입니다! 이것이 경험주의를 침몰시킬 수 있는 대단히 위험한 암초입니다. 결국 무한의 역할은 수학에서 거부할 수 없습니다. 그러나 무한은 또한 인식론적 논리주의와 절대 공존할 수가 없습니다. 따라서 이 문제가 중대하고 결정적인 전투의 장이 되리라 예측할 수 있습니다.[19]

칸토어는 1차 세계 대전이 한창이던 1918년 1월 6일 심장 마비로 돌연 사망했다. 프레게가 군사적인 비유를 써가며 예측했던 이 싸움은 오늘날까지도 많은 놀라운 결과를 만들어 냈지만 여전히 확실한 결론은 나오지 않았다. 아마도 이 전투의 가장 놀라운 부산물은 앨런 튜링이 만들어 낸 범용 컴퓨터의 수학 모델일 것이다.[12]

부록: 칸토어와 크로네커

학교에서 배우는 수학은 이미 오래 전 해결된 문제를 다루는 고리타분한 분야라 생각할 수도 있다. 나는 10대 시절에 에릭 템플 벨의 글들을 통해 수학이 미지의 문제들을 뛰어난 수학자들이 진지하게 탐구하는

---

12 (옮긴이) 튜링은 뒷날 결정 문제가 해결 불가능함을 증명하는 논문에서 칸토어의 대각선 논법을 사용했다. 계산이 가능한 수의 집합은 모든 수를 모은 집합의 수보다 작음을 보여서 계산이 불가능한 수의 존재를 증명했다. 튜링이 논문에서 제안한 수학 모델 튜링 기계가 현대 컴퓨터의 시작이다.

흥미진진한 분야라는 것을 알게 되었다. 벨은 캘리포니아 공대의 교수로 재직하며 많은 글을 남겼다. 벨은 수학과 수학자들에 관련한 흥미로운 책들과 200편이 넘는 논문을 썼고 존 테인이라는 필명으로 여러 편의 과학 소설을 남겼다. 그러나 벨은 이야기를 재미있게 만들기 위해 때론 사실을 왜곡하는 짓도 서슴지 않았다. 아직도 유명한 그의 책 《수학을 만든 사람들Men of Mathematics》(미래사, 2002)에서 그는 이렇게 썼다.

> 그게 옳든 그르든 칸토어는 크로네커를 비난했다. … 유태인들이 배타적이라는 사실은 종종 언급되어 왔고 학교에서 유태인을 고용하기 꺼리는 이유가 되기도 했다. 그러나 순수하게 과학적 문제를 둘러싸고 유태인이 다른 유태인에게 보이는 증오가 얼마나 강렬한지 사람들은 알지 못했다. … 두 명의 지식인 유태인의 사이가 틀어졌을 때는 상대를 공공의 비난의 대상으로 만들고 모든 능력을 동원해 서로를 죽이려 든다.[20]

이 구절은 너무나 문제가 많기 때문에 아예 논의하지 않는 게 나을지도 모르겠다. 그러나 벨이 크로네커와 칸토어에 대해 쓴 글들이 오랫동안 영향을 미쳐 왔기 때문에 나는 굳이 이 문제를 다루려고 한다. 일단 저명한 학자가 그런 편견에 의지했다는 게 끔찍하다. 특히 1937년은 히틀러와 나치가 독일의 정권을 장악한 지 4년이 지났을 때이고 벨의 유태인 동료들이 교수직에서 쫓겨나거나 박해를 받던 시대였다.

벨의 언급은 믿기 힘들 만큼 몰지각한 내용이었다. 그러나 더 큰 문제는 그의 이야기가 사실조차 아니라는 점이다. 그 이야기대로 크로네커는 유태인이 맞았다. 그러나 칸토어의 조상 중에 혹시 유태인이 있을지도 모르겠지만 그와 그의 가족은 2대에 걸쳐서 기독교 집안이었고 칸토어 자신도 기독교 신앙에 깊이 관심을 갖고 있었다. 이후의 개정판에서 반 유태주의는 사라졌지만 여전히 이 문장은 남아 있다. "칸토어와 크로네커의 사이가 틀어지고 의견 차이가 커진 이후에는 모든 능력을 동원해 서로를 죽이려 들었다."[21]

벨은 크로네커가 칸토어의 숙적이라며 얘기를 이어 갔다. 칸토어의 학창 시절 스승 중에는 "미래의 적 크로네커가 포함되어 있었다."[22] 크로네커는 단순히 칸토어의 적이 아니라 칸토어 "최대의 적"이었다라고 묘사했다.[23] 벨은 칸토어가 입은 깊은 상처를 보여 주는 데도 주저하지 않았다. "크로네커는 무한수 이론과 그 이론의 주창자로 감수성이 매우 예민했던 칸토어를 손에 닿는 모든 수단을 다 동원해 격렬하고 잔혹하게 공격했다."[24] 이름난 수학자들에게 이렇게 색깔을 입혀 묘사한 그의 이야기는 한 세대에서 다음 세대로 넘어가면서 수학자들의 가십거리로 남게 됐다. 벨은 일부러 그런 식으로 묘사했을 것이다. 그러나 일반 대중을 대상으로 하는 책이더라도 책임감 있는 학자라면 마땅히 사실에 부합하도록 써야 한다.

이제야 고백하자면 이 책의 이전 판에서는 칸토어와 크로네커 사이의 관계를 다룰 때 일반적으로 알려진 이 이야기를 바탕으로 썼고 비판적으로 검증하려 노력하지 않았다.

크로네커는 위대한 수학자로서 동시대 동료인 칸토어, 데데킨트, 바이어슈트라스의 수학적 생각에 반대하는 아주 단호한 의견을 갖고 있었다. 그는 완전한 무한이 수학에 사용되어서는 안 된다고 믿었다. 그는 자연수 계산을 바탕으로 한 수학적 알고리즘을 독창적으로 만든 거장이었다. 그리고 수학적 개체를 계산하는 알고리즘 없이 그 개체가 존재한다고 하는 주장은 무의미하다고 단언했다.[25] 그는 분명히 칸토어의 수학을 좋아하지 않았고 의견을 드러내는 데 주저하지 않았다.

그러나 둘 사이의 관계가 적대적이라는 증거는 많지 않다.[26]13 다만 칸토어가 크로네커에 대해 애증이 엇갈리는 태도를 취했다는 증거는 다수 발견된다. 칸토어는 남긴 많은 편지에서 크로네커가 자신의 논문 출간을 방해하고 있다고 표현했다. 그러나 동시에 크로네커와 친밀한 관계를 유지하고 있었던 것으로 보인다. 그는 베를린에 있는 크로네커의 집에 한 번 이상 방문했었다. 당시 유럽에서 스승을 대하는 정서를 생각하면 칸토어가 크로네커에게 적절한 존중을 표해야 하는 의무감을 가졌으리라는 점도 생각해야 한다. 칸토어는 크로네커를 방문하고 나서 보낸 편지에서 이렇게 적었다.

> 제 과학적 결과에 대해 보여 주신 날카로운 평가로 인해 선생님과 반대의 의견에 설 수밖에 없게 되었습니다. 죄송함을 느끼기도 하고 이 상황에서 벗어나고 싶기도 합니다.

편지에서 칸토어는 이렇게도 이야기했다.

---

13 나는 헤럴드 에드워즈에게 도움을 받았다. 그는 내 좋은 친구이자 동료로 크로네커 수학 이론에 대해 전문적인 식견을 갖고 있으며 뛰어난 수학 역사가다. 에드워즈는 크로네커가 칸토어의 확고한 적이었다는 일반적인 견해에 증거가 없다는 점을 지적했고, 이 문제에 대한 다방면의 연구 결과를 내게 제공해 주었다.

어쩌면 제 연구를 좀 더 정확하게 설명한다면 … 선생님이 이 연구를 긍정적으로 볼 수 있게 될지도 모르겠습니다.

크로네커는 이렇게 답장했다.

방금 자네의 따뜻한 편지를 받았네. … 그리고 … 고맙다는 말을 전하고 싶네. 나를 방문해 준다면 … 아주 기쁠 것이네. … 그리고 예전처럼 과학에 대한 토의를 이어 가면 좋겠네.

편지에서 크로네커는 과학적인 견해에서 '의견의 차이'를 언급했지만 이렇게 얘기했다. "나는 이 의견 차이가 우리 친분 관계에 영향을 줄 이유는 없다고 보네." 그리고 편지는 이렇게 마쳤다. "오랜 친구 크로네커."[27] 그다음 만남은 실제로 이루어졌고 칸토어는 크로네커의 의견을 바꾸는 데는 실패했지만 매우 우호적이었던 것으로 보인다. 크로네커를 만나고 난 다음 친구에게 보내는 편지에 칸토어는 이렇게 썼다.

나는 저녁 7시에 도착했었지. 그런데 크로네커가 가족 티타임까지 남아 달라고 부탁해서 그렇게 했다네. 그리고 새벽 1시까지 토론이 이어졌지 … 크로네커와의 개인적인 관계는 걱정이 있겠지만, 여전히 아주 좋다네. 나는 의견 불일치를 끝냈으면 하고 예의 바르게 다가갔고, 그는 내가 내미는 손에 우호적으로 대해 줬다네.[28]

이런 증거는 벨이 묘사한 "모든 능력을 동원해 상대를 죽이려 든다"는 크로네커와 칸토어의 관계와 아주 거리가 멀다.

　벨이 쓴 구절이 앞으로도 심각한 의미를 가질 이유는 거의 없겠지만 안타깝게도 그 이야기가 대중에게 사실처럼 받아들여졌다. 이 책의 이전 판에서 나는 크로네커를 '칸토어의 숙적'이라고 적었고 나만 그렇게 쓴 게 아니었다. 훌륭한 명성을 지닌 뉴욕 시립 대학교 역사학 교수인 조셉 도벤은 최근 그의 글에서 벨이 묘사했던 그림을 고색창연하게 다시 한 번 확인했다.

　나는 칸토어에 대해 쓴 도벤의 책에서 한 가지 도움을 받았다. 이번 장의 앞에서 인용한 프레게의 예언 '중대하고 결정적인 전투'라고 표현한 대목이다. 그러나 도벤의 글을 보면, 그가 프레게를 제대로 이해하지 못했음이 분명하다. 도벤은 이렇게 썼다. "프레게가 말하길, 이 문제는 수학을 모두 무너뜨릴 것입니다." 프레게의 연구와 생각을 제대로 이해하는 사람이라면 그가 1892년에 수학이 '무너질' 위험에 있다고 말했다고는 상상할 수 없다. 그가 인용한 프레게의 말은 다음과 같다. "여기 그것$_{it}$을 무너뜨릴 암초가 있다." 도벤은 이 문장에서 대명사 'it'(독일어 원본에는 'sie')이 수학을 가리킨다고 해석한 것 같다.

　이 해석은 아주 이상하다. 그 대명사는 칸토어의 글에 프레게가 호응하면서 나왔는데, 칸토어가 쓴 어떤 구절을 지칭해야만 하기 때문이다. 그리고 그 구절에는 수학 전체를 다루는 언급은 없다. 정황으로 미루어 그 대명사는 '실증적 회의주의'를 가리키는 게 분명하다. 칸토어는 실증적 회의주의가 수학의 철학적 기반에 근본적인 내용을 제공할 수 없으며, 이런 현실에서 이론 자체가 손상을 입게 되리라 언급했고, 프레게는 이 말에 동의한 것이었다.[29]

도벤은 프레게가 예언했다는, 수학이 '무너질 것'이라는 논지를 계속 펼쳤다. 그는 '쪼개져 가는 수학'이라는 글에서 이렇게 썼다.

수학의 미래에 대한 1892년 프레게의 치명적인 예언은 10년이 조금 지나고 현실이 되었다.

그런 다음 도벤은 프랑스의 위대한 수학자 푸앵카레를 칸토어의 수학에 대항하는 강력한 적으로 그려 냈다.

푸앵카레 같은 직관주의 수학자는 칸토어의 집합론이 수학에서 모두 금지되어야 한다고 주장했다. … 푸앵카레의 관점에서 칸토어의 위대한 업적인 초한수 집합론은 의미가 없는 개념들로 구성되어 있는 모순으로 가득 찬 것이었다. 집합론의 역설은 칸토어의 아이디어가 모든 수학을 감염시킬 수 있는 심각한 질병이라는 증거였다. 이 질병에 대한 푸앵카레의 치료법은 강렬했다. 그의 처방은 칸토어의 연구를 정통 수학respectable, permissible, and finite mathematics에서 모두 제거해 버리는 것이었다.[30]

이 견해에 대한 근거로 도벤은 1908년 로마 세계 수학자 대회에서 푸앵카레가 한 연설 '수학의 미래'를 들었다. 칸토어의 연구에 대한 푸앵카레의 회의적인 입장은 이 장의 앞에서 다루었다. 푸앵카레가 이 연설에서 한 말은 훨씬 온화했고 도벤의 주장을 뒷받침할 만한 내용이 아니었다. '칸토어주의'를 다룬 짧은 문단에서 푸앵카레는 이렇게 말했다.

나는 우리 학문의 가장 중요한 원칙으로 돌아갈 때 인간의 생각에 대해 이해하는 결과를 낳을 것이라고 이전에 여러 차례 강조했습니다. 이를 위해 최근의 수학에 아주 큰 자리를 차지한 두 가지 노력이 있었습니다. 첫 번째는 이미 우리가 우리 학문에 어떤 영향을 가져왔는지 잘 알고 있는 칸토어주의입니다. 칸토어주의의 가장 중요한 특성은 이것입니다. 복잡한 구성construction을 계속 만들어 내서 일반화에까지 이르는 방법, 즉 구성을 통한 정의가 아니라 아주 큰 집합에서 시작해 그것의 부분 집합을 단지 개념으로만 특정하는 것입니다.[14] 이것은 몇몇 수학자를 소스라치게 놀라게 하는 결과를 만들어 냈습니다. 예를 들어 수학을 자연 과학과 비교해야 한다고 주장했던 샤를 에르미트의 경우입니다.

우리 중 많은 이들은 처음에 가졌던 편견을 버렸습니다. 그러나 곧 역설이 다시 떠올랐고 바로 이런 식의 모순이 엘레아의 제논과 메가라학파를 유행하게 했을 것입니다.[15] 그리고 이제 다시 모든 사람이 이 문제의 해결책을 찾으려고 바빠졌습니다. 내 의견을 말하자면, 그리고 이건 나 혼자만의 생각이 아닙니다. 나는 한정적인 수의 단어로 정의할 수 있는 개념들만 다루는 것이 중요하다고 믿습니다. 훗날 역설에 대한 치료법이 무엇이 되든, 우리는 아름다운 병리학적 사례를 따르도록 요청받는 의사처럼, 해결책이 주는 기쁨을 기대할 수 있을 것입니다.[31]

---

14 (옮긴이) 구성적 증명은 어떤 특징을 갖는 수학 개체를 어떻게 만들어 가는지 논리적으로 설명함으로써 개체의 존재를 증명하는 방법이다. 칸토어의 방식에서는 개체가 존재하지 않는다면 모순이 발생하므로 개체가 존재할 수밖에 없다고 증명한다(어떻게 만드는지는 상관이 없다).

15 (옮긴이) 엘레아와 제논은 그리스 시대 엘레아학파의 학자이며 제논의 역설로 유명하다.

이 구절은 분명히 칸토어의 연구에 우호적이진 않지만 그렇다고 도벤의 주장을 뒷받침한다고 볼 수도 없다. 푸앵카레의 단어 '칸토어주의'는 칸토어 자신의 연구만을 지칭하는 게 아님이 분명하다. 실제 칸토어의 초한수는 언급조차 되지 않았다. 비 구성적 증명법은 바이어슈트라스와 데데킨트, 칸토어가 연구한 미적분의 근본, 그리고 어쩌면 힐베르트의 불변량 연구에 대한 지적이었을 것이다. (힐베르트와 그의 불변량 연구는 다음 장에서 다루겠다.)

잘 알려진 대로 에르미트를 '소스라치게 놀라게 한 것'은 바이어슈트라스가 만들어 낸 예제였다. 푸앵카레가 한 말은 도벤의 주장처럼 칸토어주의 생각을 수학에서 모두 제거해 버리라는 뜻이 아니라 수학자들이 그 주의에 익숙해졌지만 역설에 맞닥뜨리며 이제 문제가 되었다는 뜻이었다. 그리고 의학을 사용한 은유는 '칸토어주의'가 수학의 핵심을 감염시킨 질병이라는 뜻보다는 그 역설을 치료하는 방법이 만들어질 테고, 크게 기뻐하리라는 의미였다.

끝으로 도벤이 1908년 수학자 대회 논문 전집을 참고했다면 '무너지고 쪼개져 가는' 수학이 아니라 네 가지 다른 언어로 쓰인 연설들이 다양한 분야들을 다루며 더 융성해져 가는 수학임을 알았을 것이다. 수학의 미래에 관한 열다섯 쪽 에세이 중에서 수학의 근본에 대한 논의를 맨 마지막으로 미룬 푸앵카레를 제외하면 다른 연설들 중 어떤 것도 수학의 근원을 다루고 있지 않다.

푸앵카레 연설의 다른 부분을 보면 수학에서 칸토어주의 영향을 버려야 한다는 의도를 갖고 있지 않았던 게 분명하다.[32] 반면에 크로네커는 칸토어주의를 전적으로 거부했다. 그는 증명이 '구성적인 절차'

로 이루어져야 하고 완전한 무한은 불필요하며 유효함이 의심스럽다는 견해를 가졌다. 거의 20년 전 이미 사망했던 크로네커가 1908년 대회까지 여전히 살아 있었다면, 칸토어주의가 수학에 미친 공헌을 인정했을까? 우리로서는 알기 어렵다.

나는 도벤이 프레게의 말을 심각하게 잘못 이해했다는 것을 깨달은 후 그가 한 크로네커와 칸토어의 관계에 대한 설명을 좀 더 비판적으로 읽었어야 했다. 그러나 그렇게 하지 않았다. 이 책의 이전 판에서 나는 도벤의 책을 기초로 칸토어가 초창기 집합론 논문을 출간하려 할 때 크로네커가 방해했다고 썼다. 그 논문은 크로네커가 편집진의 일원인 한 학술지에 제출됐고, 도벤은 자신의 책에서 이렇게 주장했다.

비록 크로네커가 칸토어의 논문 제출을 막진 못했지만, 출판 지연은 칸토어가 그의 연구를 둘러싸고 경험해야 했던 갈등을 상징한다. 이것이 둘 사이 공공연한 적대심을 드러낸 첫 사건이었다.

'칸토어주의 집합 이론을 둘러싼 전투'라는 제목이 붙여진 좀 더 최근의 글에서 도벤은 같은 논문을 두고 "크로네커는 칸토어가 쓴 논문의 출간을 지연시켰다"고 썼다.[33] 도벤이 제시한 유일한 증거는 칸토어가 자신의 논문이 빨리 출판되지 않는다고 말한 편지였다. 저명한 수학 역사가인 그레탄 기네스는 이렇게 썼다.

전해지는 얘기에 따르면 크로네커가 논문의 출간을 보류시켰다고 한다. … 그리고 그 이야기의 주요 출처는 칸토어였다. … 실제로 지연이 있었다 하더라도 그렇게 오래 지연되지 않았다(논문 제출일인 1877년 7월 11일은 함께 출판된 다른 논문들의 제출일과 비교해 큰 차이가 없었다). 칸토어의 표현 방식을 생각했을 때 (의심받았던) 크로네커에게 동정심을 베풀 필요가 있다.[34]

이 모든 것으로부터 어떤 결론을 얻을 수 있을까? 먼저 저명한 학자가 믿고 주장하는 것들이라 하더라도 거짓일 수 있다는 점이다. 크로네커와 칸토어 사이의 관계에 대한 거의 모든 증거는 칸토어가 쓴 편지에서 비롯됐다.

칸토어는 뛰어나고 혁신적인 사상가였다. 그의 추상적 원칙과 일관된 수학적 직관은 무한이라는 새로운 수학 세계를 만들어 냈다. 그의 정리들은 여전히 변화 없이 사용되고, 현대에 와서 그보다 더 엄밀한 체계를 사용할 수 있는 집합론 학자들에 의해 계속 발전하고 있다.

그러나 칸토어는 정신적으로 심각한 문제가 있었는데, 조울증으로 인해 감정의 극단을 오가며 고통 받고 있었다. 또한 자신의 연구를 무의미하게 여기는 스승 크로네커로 인해 깊은 상처를 받았다. 그는 크로네커의 반대가 단순히 말 수준을 넘어 여러 차례 그의 연구를 지연시키거나 막았다고 믿었다. 그러나 크로네커와 그와의 관계는 여전히 우호적이었고 그의 연구들은 급진적인 내용을 담았음에도 모두 출판되었다. 부유한 학자였던 크로네커는 학계의 논쟁을 멀리하고 스스로 만들어 낸 방법들로 수학을 파고들어 중요한 결과를 만들어 내는 데 만족하고 있었을지도 모른다. 그리고 이들이 만들어 낸 결과를 현재의 연구와 교육에 사용하고 있는 우리는 두 사람 모두를 존경해야 한다.

5

완전한 알고리즘을 꿈꾼 힐베르트

Hilbert to the Rescue

다비트 힐베르트
(저자의 개인 수집품)

1737년 영국의 조지 2세(라이프니츠의 마지막 후원자였던 조지 1세의 아들)는 독일 중앙 지역 라인 강 줄기에 위치한 중세 도시 괴팅겐에 대학교를 세웠다. 이 매력적인 대학 도시에는 오늘날까지 도시의 성벽, 여러 개의 고딕 시대 교회, 그리고 목골 구조의 집들이 남아 있다. 19세기 이래 괴팅겐 대학교는 위대한 수학자를 배출한 자랑스러운 전통을 갖고 있으며, 카를 프리드리히 가우스, 베른하르트 리만, 르죈 디리클레, 펠릭스 클라인 같은 대단한 수학자들이 괴팅겐 대학교를 근거로 삼아 활동을 전개했다. 그러나 괴팅겐의 수학이 진정한 영광의 자리에 오른 것은 20세기가 되어서였다. 주로 다비트 힐베르트의 명성에 이끌려 각지에서 학생들이 몰려 들었고, 1933년 나치가 독일을 장악해 이탈이 생기기 전까지 괴팅겐은 누구도 부정 못하는 세계 수학 연구의 중심지였다.

내가 대학원생이던 1940년대 후반까지도 1920년대 괴팅겐에 대한 일화들은 학생들 사이에 세대를 넘어 회자되곤 했다. 사람 말을 곧이 곧대로 들어 속이기 쉬운 수학자 에리히 베셀 하겐에게 끝없이 짓궂은 장난을 쳤던 얘길 듣기도 했지만, 내가 가장 좋아한 이야기는 힐베르트가 매일같이 구멍 난 바지를 입고 나타나서 사람들을 당황하게 만들었던 일화다. 힐베르트에게 재치 있게 알리는 임무는 그의 조교 리하르트 쿠란트에게 맡겨졌다. 쿠란트는 힐베르트가 수학 이야기를 하며 거닐기를 좋아한다는 걸 알고 있었기에, 그에게 산책을 가자고 했다.

쿠란트는 가시덤불 사이로 두 사람이 지나가게끔 상황을 만들었고, 그 시점에 힐베르트에게 바지가 가시에 찢겼다고 알렸다. "그렇지 않아", 힐베르트는 이렇게 말했다. "몇 주 동안 그렇게 구멍 나 있었는데 아무도 눈치 못 챘어." 1920년대는 바로 힐베르트가 수학으로 수학을 입증하자는 놀라운 캠페인을 벌인 시기였는데, 이 일화들과 동시대의 일이다. 힐베르트의 캠페인에서 컴퓨팅의 본질computation에 대한 앨런 튜링의 통찰로 이어지는 이 과정은 참 기이한 일의 연속이라 할 만하다.

힐베르트는 프로이센 동쪽 지역의 도시 쾨니히스베르크에 사는 개신교 가정에서 나고 자랐다. 쾨니히스베르크는 철학자 이마누엘 칸트의 고향임을 자랑스럽게 기억하는 도시였다. 1870년은 비스마르크가 프랑스의 나폴레옹 3세와 전쟁을 벌여 승리하고 이 승리를 바탕으로 독일을 통일해 프로이센의 왕을 독일 제국의 황제로 삼았던 해였다. 이때 힐베르트는 여덟 살이었다. 힐베르트는 쾨니히스베르크 대학교에 들어가 수학을 공부하기 시작할 때 이미 놀라운 재능을 인정받았고, 사람들과 대화하는 과정에서 수학을 깨닫는 그의 독특한 스타일 역시 그때 만들었다. 그는 친구이자 수학자 헤르만 민코프스키, 아돌프 후르비츠와 오랫동안 걸으며 내내 수학에 대해 이야기하곤 했다.[1]

라이프니츠와 뉴턴이 미적분을 만들어 내던 때부터 힐베르트가 수학자가 되던 해까지 약 2세기가 흘렀다. 이 기간 많은 수학자가 극한 limit process을 응용해 놀라운 업적을 만들었다. 이 많은 결과 대부분은 순수한 기호 조작에 의해 얻어졌고, 사람들은 기호가 갖는 근본적인 의미는 거의 신경 쓰지 않았다. 그러나 19세기 중반에 이르러 각성의 시기가 도래했다. 단지 기호 계산만의 문제가 아니라, 개념을 이해해야 하는 문제들이 생기고 있었다.

1888년 힐베르트는 독일 내의 주요 수학 연구소를 순방하며, 자신이 연구하는 분야를 이끌고 있던 저명한 수학자들과 만났다. 베를린에서는 이미 2년 전 만난 적이 있던 레오폴트 크로네커를 방문해 관계를 재개했다. 크로네커는 뛰어난 수학자였고 그의 몇몇 연구는 힐베르트의 업적에도 핵심적인 역할을 했다. 그러나 힐베르트의 제자였던 헤르만 바일이 반세기 뒤 힐베르트의 추도 에세이에서 쓴 것처럼, 힐베르트는 크로네커를 "권력과 직위를 이용해, 수학을 자신의 독단적 철학 원칙에 맞춘 프로크루테스[1]의 침대 위에 눕힌 자"라고 보았다.

이 같은 '원칙'들로 인해 크로네커는 당대 많은 수학 연구에 대해 매우 부정적인 태도를 취했다. 그는 칸토어의 초한수뿐 아니라 바이어슈트라스, 칸토어, 데데킨트의 미적분 극한에 대한 이론적 원리 연구 모두를 부정했다. 크로네커는 이러한 연구들이 필요 없고 불안정하다고 여겼다. 특히 어떤 존재에 대한 수학적 증명은 오직 구성적constructive이어야 한다고 주장했다. 즉, 어떤 특정한 성질을 갖는 수학적인 개체가 존재한다고 증명하려면 그 개체를 만들어 낼 수 있는 방법을 제시해야만 납득할 수 있는 증명이라는 것이다. 힐베르트는 곧 자신의 연구에서 이 원칙에 도전했다. 몇 년 후에 그는 강의에서 이 증명법들 간의 차이에 대해서 이렇게 설명했다. "이 강의실에는 분명히 머리카락 수가 가장 적은 학생이 있다(학생들 중에 완전 대머리는 없었다). 그 학생이 누구인지 증명할 방법이 없다 해도, 머리카락 수가 가장 적은 학생은 분명히 있다.[2]"

---

1 (옮긴이) 그리스 신화에 등장하는 도적으로 자신의 침대 크기에 맞추어 다리를 자르거나 늘려 버리는 방법으로 사람들을 살해했다. 자신이 정한 잣대만을 강요하는 사람을 일컫는다.

힐베르트의 초기 업적

세상은 계속 변하지만 그럼에도 변하지 않는 것들이 있다. 수학자들은 변하는 것들 사이에서 어떤 것들이 그대로 남아 있는지 찾기를 원했다. 어떤 변화의 과정에서 불변invariant하는 것들을 찾는, 훗날 대수학적 불변량algebraic invariant이라 불리는 이 연구는 조지 불의 초기 논문에서 시작되었다.[3] 그리고 19세기 마지막 분기까지도 대수학적 불변량을 찾는 문제는 수학자들의 주요 관심사였고, 불변량을 대수적 조작으로 찾는 투지 넘치는 대결이 펼쳐지고 있었다.

불변량 연구의 진정한 거장은 독일의 수학자 폴 고르단Paul Gordan으로, 동시대 사람들은 그를 '불변량의 왕'이라 불렀다. 복잡하게 뒤얽힌 대수학을 해결하기 위해 노력하다가 고르단은 대수학적 불변량 정리에 대해 추측했다. 고르단의 추측에 따르면 어떤 특정한 수학식에 존재하는 모든 불변량 중에는 다른 모든 불변량을 간단한 공식으로 표현할 수 있는 한정된 숫자의 핵심적인 불변량이 항상 존재한다는 것이다. 그러나 헌신적인 연구에도 불구하고 그는 이 추측을 오직 한 가지 특별한 경우에서만 증명할 수 있었다.

고르단의 추측은 그 시절 수학계가 직면한 주요 문제 중 하나로 간주되고 있었다. 사람들은 그 추측을 증명하는 수학자는 고르단처럼 거장의 수준에서 대수학을 교묘하게 다루어야 할 것이라고 예상했다. 이러한 환경에서 다비트 힐베르트가 고르단의 추측을 증명했을 때 사람들은 큰 충격을 받았다. 힐베르트는 복잡하게 수식을 조작하는 의례의 방법을 택하지 않고, 오직 추상적인 개념의 힘으로 증명을 해냈기 때문이다.

고르단을 만난 후 힐베르트는 그가 제시한 문제에 매료되었다. 그가 그 후 6개월 연구한 뒤 발견한 해결법은 오늘날 힐베르트의 기저 정리 basis theorem라 부르는 아주 단순한 정리로서 간단하게 증명할 수 있는 것이었다. 힐베르트는 고르단의 추측이 거짓이라면 그것은 모순으로 이어진다고 증명했다.

이렇게 놀라운 증명이 크로네커에게는 만족스럽지 않았을 텐데, 그 증명의 본질이 구성적constructive이 아니기 때문이다. 힐베르트는 구성적 증명을 따라 핵심 불변량을 만들어 내지 않고, 단지 그러한 핵심 불변량이 존재하지 않는다면 모순으로 이어진다는 증명을 해낸 것이다. 그리고 이 증명법에서 힐베르트가 보여 준 추상적인 개념의 힘은 다음 세기의 수학에 새로운 지평을 열었다.

힐베르트의 증명으로 드러난 더 보편적인 진리 때문에 고전적인 대수학적 불변량 이론은 더 이상 의미가 없어져 버렸다. 오늘날 사람들은 힐베르트의 증명을 접하고 외쳤다는 고르단의 이 말을 기억할 뿐이다. "이것은 수학이 아니야. 신학이야."

고르단의 문제에 대한 충격적인 해결법은 즉시 힐베르트를 세계 최고 수학자 반열에 올려놓았으나, 힐베르트는 거기에 안주하지 않았다. 불변량 이론 연구를 마무리하기 전 그는 몇몇 세부 내용을 더 정리했다. 특히 그는 고르단의 추측을 완전히 구성적인 증명법으로 다시 증명했다.[4] 그뿐만 아니라 힐베르트는 여러 가지 다양한 수학 주제에 관련된 논문을 쏟아 냈다.

그중 눈에 띄는 짧은 논문 하나는 크로네커라면 당연히 가치가 없다고 여겼을 '칸토어주의' 방식으로 문제에 접근했다. 그러나 이렇게 많은 성과를 냈음에도 현실에서 힐베르트의 경력은 나아지지 않았다. 그는 여전히 쾨니히스베르크에서 사강사로 일하며 강의에서 나오는 빈약한 수입에 의존하고 있었다. 어떤 강의에서는 미국 볼티모어에서 유학 온 학생 한 명만 가르치기도 했다. 친한 친구 민코프스키에게 보낸 한 편지에서는 11명의 사강사가 11명의 학생을 서로 가르치기 위해 경쟁하는 우스운 상황에 불만을 털어놓기도 했다.

젊은 힐베르트에게 1892년은 인생의 중요한 전기를 마련한 해였다. 크로네커가 새해가 오기 직전 68세로 사망하고 카를 바이어슈트라스가 은퇴한 게 시작이었다. 꽉 막혀 있던 독일 수학 학계에 변화의 바람이 불었고 남은 자리를 빨리 차지해야 하는 학계의 의자 앉기 게임이 벌어졌다. 사강사로 6년을 보낸 힐베르트는 마침내 쾨니히스베르크에서 정식 교수로 임용될 수 있었다.

같은 해인 1892년 그는 자신이 가장 좋아하던 댄스 파트너 케테 제로슈와 결혼했고, 1년 후에는 아들 프란츠가 태어났다. 그 무렵 괴팅겐 수학과를 이끌던 저명한 수학자 펠릭스 클라인은 힐베르트를 괴팅겐에 끌어오기로 결심했다. 그리고 1895년 봄에 이르러 클라인의 노력은 결실을 맺었고 힐베르트는 괴팅겐으로 자리를 옮겼다. 그리고 그곳에서 죽기까지 48년간 머물렀다.

힐베르트의 고르단 추측에 대한 눈부신 증명이 고전 이론인 대수학적 불변량에 종지부를 찍었다면, 독일 수학 학회의 요청으로 그가 제출한 ⟨Zahlbericht(수론 보고서)⟩은 독일 수학계에 새로운 전기를 열었다. 학회는 당시 생소한 수학 분야라서 많은 수학자가 이해하는 데 어려움을 겪던 대수적 정수론algebraic number theory에 대한 정리를 요청했다.[5] 그리고 그들이 받은 보고서에서 힐베르트는 정수론을 처음부터 완전히 새로운 원칙으로 재정비했다. 그후 반세기가 지난 내 대학원 시절까지도 우리는 여전히 그 보고서로 즐겁고 유익하게 공부했다.

힐베르트는 쾨니히스베르크에서 이미 여러 해 강의했기 때문에 괴팅겐에 부임했을 때에는 이미 수많은 주제에 대해 강의할 준비가 되어 있었다. 힐베르트에게 지도 받아 박사 학위 논문을 완성한 69명 중 첫 번째 학생인 오토 블루멘탈은 힐베르트가 괴팅겐에 처음 도착했을 때 받은 인상을 40년 후 이렇게 회고했다. "보통 체구에 날렵한 외양 그리고 붉은 턱수염에 아주 수수한 옷을 입고 다녀서 (다른 교수들에 비하면) 대학 교수답지 않았어요."

블루멘탈은 힐베르트의 강의에 대해 이렇게 말했다. "핵심을 정확히 짚었지만 전달 방식은 좀 지루했고 중요한 명제를 여러 번 반복하곤 했어요. 그러나 내용이 풍부하고 설명이 단순 명료하기에 사람들은 개의치 않았죠. 그가 가르치던 새로운 이론들은 사실 자신이 만들어 냈는데도 일부러 드러내려 하지 않았어요. 모든 사람이 이해할 수 있도록 쉽게 설명하려 노력한 게 분명하죠. 자신을 위해서가 아니라 학생들을 위해서 강의했어요."[6]

1898년 겨울 학기에 학생들은 힐베르트가 제안한 강의 주제 '유클리드 기하학의 원리'를 보고 놀랐다. 힐베르트가 대수적 정수론에 몰두해 있지 기하학 주제에 관심을 갖고 있으리라고는 상상하지 못했던 탓이다. 강의 제목이 특히 이상했던 점은 유클리드 기하학이 중등학교 secondary-school에서나 다루던 주제였기 때문이다. 강의가 시작되고 기하학의 근본에 대해 완전히 새롭게 접근하는 방식을 배우게 되면서 학생들의 놀라움은 커져만 갔다. 이 강의는 수학의 근본에 대해 힐베르트가 관심을 가지고 있었음을 보여 주는 첫 사례였다. 그의 이 관심이 우리가 주요하게 다룰 주제다.

힐베르트는 강의에서 유클리드의 고전 기하학에서 해결되지 않았던 허점 몇 개를 메우는 공리들을 보였다. 그는 이 주제가 추상적이라는, 다시 말해 공리들에서 나오는 정리는 도식에 '보이는 것'에 현혹되지 말고 순수하게 논리에 의해서 증명돼야 한다는 사실을 강조했다. 널리 알려진 일화에 따르면, 그는 기하학의 정리는 같은 공리를 따르는 한 점, 선, 면을 '탁자, 의자, 맥주잔'으로 대체해도 여전히 성립해야 한다고 말했다고 한다.

힐베르트는 그의 공리들이 일관됨을, 즉 그 공리에서 어떠한 모순도 도출될 수 없음을 증명하여 이 업적의 마지막 정점을 찍었다. 그는 증명에서 공리에 모순이 있다면 실수 연산arithmetic에도 모순이 발생함을 보였다. 그리하여 힐베르트는 유클리드 기하학의 일관성을 산술arithmetic의 일관성 문제로 치환한 것이다. 이제 산술의 일관성 증명이 남은 문제였다!

새로운 한 세기를 향하여

1900년 8월 파리의 세계 수학자 대회에 모인 수학자들은 다음 세기의 수학에는 어떤 새로운 문제들이 있을지 자연스레 궁금해했다. 이 당시

38세였던 다비트 힐베르트는 이미 놀라운 업적들로 수학계에서 최고의 자리에 올라가 있었다. 무더웠던 이날 힐베르트는 20세기의 수학계에 던지는 23개의 문제를 소개했다. 당시에는 도저히 접근할 방법이 없다고 여겼던 문제들이었다.[7] 그는 특유의 낙천적인 태도로 모든 수학자에게는 이런 신념이 있다고 말했다.

> "모든 수학 문제는 반드시 풀어낼 수 있는 방법이 있습니다. … 이런 믿음은 … 우리가 연구를 하는 강력한 원동력입니다. 우리는 끊임없이 내면의 소리를 듣습니다. '문제가 있으니 답을 찾아보자. 순수한 논리를 사용해 찾을 수 있을 거야 … "

힐베르트가 소개한 목록 중 첫 번째는 칸토어의 연속체 가설을 증명하는 문제였다(자연수 집합의 기수와 실수 집합의 기수 사이에는 다른 기수가 존재하지 않는다는 가설). 이는 역설로 공격 받고 있던 칸토어의 초한 이론을 문제 목록 첫 자리에 올려, 이를 단호하게 지지한다는 의미이기도 했다.

두 번째 문제는 유클리드 기하학의 일관성(모순이 없음)에 대해 힐베르트 자신이 증명을 하며 남겨 놓은 문제다. 즉, 실수에 관련한 산술 arithmetic이 일관적임을 증명하는 것이다. 앞서 힐베르트가 증명한 기하학의 일관성은 조건부로 일관적이었다. 다시 말해 기하학 공리들의 일관성 증명을 다른 산술 공리들의 일관성으로 축소reduce한 것이다. 그러나 힐베르트는 수학의 가장 근본적인 지점, 산술에까지 다다랐고 이제 이 '근본을 겨냥해' 증명하는 방법이 필요함을 깨달았다.

또한, 이 문제는 힐베르트가 수학에서 존재의 의미가 무엇인지 스스로 견해를 밝히는 기회를 제공했다. 크로네커는 수학에서 어떠한 개체의 존재를 증명하기 위해서는 그 개체를 '만들어 내는' 혹은 '보여 주는' 방법이 필요하다고 선언했다. 힐베르트는 그러한 개체의 존재를 가정하고 가정에 모순이 없음을 증명하면 충분하다고 믿었다.

> "… 만일 어떤 개념의 성질들이 절대로 모순으로 이어질 수 없음을 한정된 수의 논리적인 절차를 사용해 보여 줄 수 있다면, 나는 그 개념의 존재가 수학적으로 … 증명되었다고 말하겠습니다."

칸토어의 초한 기수를 모두 포함하는 집합을 가정할 때 발생하는 모순은 단지 그런 집합이 존재하지 않기 때문이라고 힐베르트는 설명했다. 특히 1902년 버트런드 러셀이 프레게에게 보낸 편지에 적은 역설이 일반에 알려진 이후 수학의 근본에 대한 도전이 위기로 다가왔고 산술 일관성에 대한 문제는 점점 더 심각해졌다. 1920년대에 와서야 힐베르트와 그의 제자들이 본격적으로 이 문제를 해결하기 위해 도전했으나, 결과는 그들이 전혀 예상치 못했던 내용이었다.

힐베르트가 1900년 제시한 23개의 문제는 다음 세기의 수학자들을 매료시켰다. 그 문제들은 순수와 응용 수학의 다양한 범위의 주제를 다루고 있었고, 앞으로 힐베르트가 얼마나 넓은 분야의 문제에 기여하게 될지를 암시했다. 헤르만 바일은 훗날 힐베르트를 추도하는 글에서 이 문제들 중 한 가지만 해결해도 '수학의 영예의 전당'에 들어간다고 표현했다.

1972년 미국 수학회는 특별 심포지엄(나 역시 운 좋게도 참여할 수 있었다)을 열어 힐베르트의 23가지 문제로부터 파생된 수학 연구들에 대해 이야기하는 자리를 가졌다. 심포지엄 논문집 분량이 무려 600쪽을 넘는 걸로 미루어 힐베르트 문제들이 수학계에 얼마나 많은 상상력을 불러일으켰는지 짐작할 수 있다.[8]

무한을 둘러싼 싸움

칸토어의 초한수와 수학의 근본에 대한 연구를 둘러싸고 수학자들이 느꼈던 우려는, 버트런드 러셀이 간단한 추론을 통해 모순을 알리면서 정점에 도달했다. 앞서 다루었듯이 프레게는 러셀의 역설을 담은 편지를 받고 나서 평생을 바친 연구를 포기하고 말았다. 그때 프레게는 10년 전 자신이 한 다음과 같은 예언을 기억했을까?

> 결국 무한의 역할을 수학에서 거부할 수 없습니다. 그러나 무한은 또한 인식론적 논리주의와 절대 공존할 수가 없습니다. … 따라서 이 문제가 중대하고 결정적인 전투의 장이 되리라 예측할 수 있습니다.[9]

프레게와 칸토어의 친구 데데킨트는 이 전투에서 물러났지만 이 싸움에 뛰어들 연구자들은 넘쳐 났다. 20세기 초, 힐베르트와 앙리 푸앵카레는 현존하는 가장 위대한 수학자라 할 수 있는데, 이들은 열정적으로 각각 반대 진영에서 전투에 참여했다.

세계 수학자 대회는 1900년에 이어 1904년에 열렸는데, 러셀이 역설을 발표하고 나서 2년이 흐른 뒤였다. 힐베르트는 수학자들을 향한 연설에서, 산술의 일관성이 어떻게 증명될 수 있는지 대략의 개요를 제시하며 '위기'에 대응하는 그의 전략을 분명하게 했다.[10] 그는 계속해서 그와 같은 증명이 칸토어의 초한수를 망라해 확장할 수 있다는 설명 역시 빼놓지 않았다.

푸앵카레는 힐베르트가 순환 논법의 오류를 범하고 있음을 금세 알아챘다. 힐베르트는 그가 제시한 방법에 모순이 발생하지 않는다고 증명하려 했지만 증명에 그 방법 자체가 사용됐기 때문이다. 힐베르트는 몇 년 후에야 이 반대 의견을 받아들일 수 있었다. 푸앵카레는 그가 '칸토어주의'라 부르는 게 어느 정도 유용함이 있다고 봤지만, 이렇게 주장했다.

> 완전하고 실제적인 무한은 없습니다. 칸토어주의는 이 사실을 망각하고 모순에 빠져 버린 것입니다.[11]

여기에서 푸앵카레는 이전 장에서 이미 인용한, 가우스가 약 80년 전에 했던 경고를 다시 반복하고 있다. "나는 무엇보다 무한을 완전한 것으로 받아들이는 것은 수학에서 절대 있을 수 없기에 반대합니다." 칸토어가 평생을 바쳐 한 연구는 바로 이 전통에 대한 용감한 도전이었다.

버트런드 러셀 역시 이와 같은 전투에서 물러나 있지 않았다. 그는 산술을 순수하게 논리로 축소시키는 프레게의 방식을 사용하면서도 역설에 빠지지 않는 기호 논리 체계를 꾸준히 연구했다. 그는 동시대의 사람들과 교류하던 중 이탈리아의 논리학자 주세페 페아노가 소개한 기호 체계에 큰 도움을 받았다. (이미 3장에서 소개한) 페아노의 기호 체계는 프레게의 체계보다 훨씬 이해하기 쉬웠다. 푸앵카레는 러셀의 노력을 맹렬하게 공격했다.

단어 if를 기호 ⊃로 표기할 때 원래의 단어 if가 갖지 않았던 힘이 생긴다고는 이해할 수 없습니다.

푸앵카레는 수학을 단순한 논리 연산으로 바꿀 가능성을 열려 하는 러셀의 노력(라이프니츠의 꿈!)에 진지하게 주목하지 않았고 이렇게 비웃기도 했다.

수학의 정리를 증명하기 위해서는 그 증명이 무슨 의미인지 알 필요도 없다는 말이군요. … 그럼 한쪽에 수학적 공리들을 집어넣고 다른 한쪽에서 정리를 꺼내는 일종의 기계를 상상할 수 있겠네요. 시카고에 있다는 한쪽으로는 돼지가 살아서 들어가고 다른 한쪽으로는 햄과 소시지가 나오는 그런 전설적인 기계 말이죠. 그런 기계가 나온다면 수학자는 자기가 무슨 생각을 하고 있는지 더이상 알 필요도 없겠어요.

러셀이 프레게의 연구를 다시 살리고자 한 노력은 3권으로 된 역사적인 책 《Principia Mathematica(수학 원리)》(Franklin Classics, 2018)에서 결실을 맺었다. 1910~1913년 사이에 출판된 이 책은 러셀이 알프레드

노스 화이트헤드와 공동으로 저술했다. 이 책은 프레게가 《개념표기 Begriffsschrift》(이제이북스, 2015)에서 개발한 순수 논리로부터 시작해 단순한 논리적 과정으로 연결되는 수학적 개념들로 끝을 맺었다. 푸앵카레가 비웃었던 시카고 도축 기계와 다를 바 없는 방식이었다. 역설을 피하기 위해서 정교하고 복잡한 계층을 사용했고 하나의 집합은 오직 한 계층에서만 원소를 가질 수 있었다. 계층을 사용한 방법은 일반적인 수학을 어렵게 만들었기 때문에 계층을 관통하기 위한 임시변통으로 축소 공리를 제시했다.[12]

또한, 수학 원리는 내부 구조가 혼란스럽다는 문제점이 있었다. 프레게는 자신의 시스템에서 두 가지 서로 다른 언어를 사용하고 있음을 분명히 인지했다. 그는 논리 기호로서 정규 언어를 만들어 냈고 우리가 사용하는 일반 언어를 사용해 정규 언어를 설명했다. 그러나 화이트헤드와 러셀의 책에서는 이 같은 구분이 불명확했고 두 가지 언어가 섞여서 사용됐다.[13] 힐베르트가 가장 중요하게 생각했던 구조의 일관성에 관한 문제가 러셀의 시스템에서는 발생조차 하지 않는다는 뜻이다. 이러한 한계에도 불구하고 수학 원리는 기념비적인 업적이었다. 처음으로 기호 논리를 사용해 수학을 완전하게 설명할 수 있다는 것을 보여 주었기 때문이다.

러셀이 고전적인 수학 전체를 아우르면서도 자신의 역설을 피할 수 있는 논리적 기초를 찾아내려 노력하는 가운데 네덜란드의 수학자 라위천 에흐베르튀스 얀 브라우어르는 러셀의 방향에 심각하게 문제가 있고 연구 결과를 모두 폐기해야 한다고 믿었다. 1907년 발간된 브라우어르의 박사 학위 논문은 칸토어의 초한수와 동시대의 수학 연구를 향한 적대심을 담고 있었다. 1905년 그는 잠시 수학 연구에서 벗어나 낭만적인 비관주의를 가득 담은 짧은 책《Life, Art and Mysticism(인생, 예술, 그리고 신비주의)》를 썼다. 책에서는 '슬픈 세상'을 살아 가는 사람들의 인생이 환상이라고 묘사한 뒤 우울한 청년은 이렇게 결론을 맺는다.

> 이 세상을 보십시오. 자신이 무언가를 소유한다고 믿는 가련한 사람들이 가득합니다. 그리고 지식, 권력, 건강, 영예, 즐거움을 향해 채워지지 않는 욕망을 만들어 갑니다.
> 오직 이런 사람들 … 아무것도 없고, 아무것도 가질 수 없다고 믿는, 안정은 얻을 수 없으며, 모든 것을 다 내려 놓고 희생하는, 모든 걸 다 주며, 아무것도 알지 못하는, 아무것도 원하지 않고, 아무것도 알고 싶어 하지 않는, 다 포기하고 아무 데도 관심을 갖지 않는 그런 사람만이 모든 걸 다 가질 수 있습니다. 자유로운 세상이 그에게 열린 것입니다. 고통 없이도 생각할 수 있고 텅 비어있는 세상 말입니다.[14]

브라우어르는 자신을 비우는 인생을 찬양했다. 하지만 아이러니하게도 자신의 철학적 신념을 이루기 위해 수학의 방향을 다시 처음부터 재정립하는 운동을 전개하는 독선을 보였다. 쉽게 일반적인 다른 수학 분야를 택할 수 있었음에도 그는 수학의 원리에 대해 박사 학위 논문을 쓰기로 마음먹었다.[15] 지도 교수는 마지못해 이를 받아들였지만 재능이 넘치는 학생이 이상하고 관련이 없는 생각들을 학위 논문에 포함하는 것을 보며 놀랐다. 지도 교수는 이렇게 썼다.

… 브라우어르, 나는 2장을 현재 상태 그대로 받아들일 수 있을지 다시 한 번 생각했지만 솔직한 심정으로는 받아들일 수가 없네. 그 장에는 인생을 대하는 어떤 형태의 비관주의와 신비주의가 뒤섞여 있어. 그것들은 수학도 아니고 수학의 원리와는 아무 관련이 없다네.[16]

브라우어르에게 수학은 수학자의 의식 속에 존재하고 '수학적인 원초적 직관'에서 파생하는 것이었다. 진정한 수학은 수학자의 직관에 있지 정규 언어로 표현할 수 있는 뭔가가 아니었다. (프레게와 러셀의 주장처럼) 수학이 바로 논리학이라는 점은 맞지 않고 논리가 수학에서 파생된 것이다. 브라우어르에게는 무한한 집합의 기수가 다르다는 칸토어의 믿음은 말이 되지 않았고, 칸토어의 연속체 가설은 가치가 없는 문제였다. 수학적 존재를 보이기 위해서 논리의 일관성을 증명해야 한다는 힐베르트의 믿음은 잘못된 판단이었다. 반대로, 그는 이렇게 썼다.

… 수학에서 '존재한다'는 말은 직관으로 만들어진다는 뜻이다. 수학을 표현하는 어떤 언어가 일관성이 있는가라는 질문은 그 자체로 중요하지도 않고 수학적 존재를 검증하지도 못한다.[17]

구성적construction 증명법이 수학에서 존재를 증명하는 유일한 방법이라고 주장한 크로네커보다 한 걸음 더 나아가 브라우어르는 논리학의 가장 기본 원칙, 즉 아리스토텔레스의 배중률law of the excluded middle[2]을 무한 집합에 적용하는 것을 강력히 거부했다. 어떤 명제가 참이거나 거

---

2 (옮긴이) 명제는 반드시 참이거나 거짓이라는 고전 논리 법칙이다. 예를 들어 '밤에 비가 내린다'는 명제는 비가 내리거나 아니거나 두 가지 가능성만 있다.

짓 둘 중에 하나라는 단순한 진리가 무한 집합에는 적용될 수 없다는 뜻이다.[18] 브라우어르에게 어떤 제안은 참도 거짓도 될 수 없었다. 다시 말해 현재 참인지 거짓인지 어떤 식으로든 판가름할 방법이 알려지지 않은 명제가 이에 해당한다. 힐베르트가 고르단의 추측을 최초로 증명할 때는 수학자들이 흔히 하던 대로 배중률을 사용했다. 그는 가정을 부인하면 모순에 빠짐을 증명했다. 브아우어르는 그러한 증명법을 받아들일 수 없었다.

박사 학위를 마친 후 브라우어르는 논쟁을 불러올 수 있는 생각을 잠시 숨겨 두기로 마음먹고 자신의 수학적 능력을 보여 주는 데 집중했다. 그가 택한 분야는 새롭게 떠오르는 분야인 위상학topology이었다. 그는 여러 가지 깊이 있는 결과를 얻어냈고, 그중에는 고정점 정리 fixed point theorem라는 중요한 성과도 포함되어 있다.[3]

1910년 29세의 브라우어르가 이 중요한 정리를 발표했을 때에 이미 그는 힐베르트의 존경을 받고 있었다. 힐베르트는 그의 연구에 크게 감명 받아 젊은 브라우어르를 그가 이끄는 유력 논문지 〈수학 연보 Mathematische Annalen〉의 편집자로 초대했다. 그러나 훗날 이 결정을 후회했다. 암스테르담 대학교에서 교수직을 얻은 뒤(힐베르트가 추천서를 써서 임용을 도왔다) 브라우어르는 이제 직관주의라 부르던 자신의 혁명적인 프로젝트로 돌아갈 때가 되었다고 느꼈다.

헤르만 바일은 힐베르트의 가장 뛰어난 학생으로 20세기의 위대한 수학자 중 한 명이었고 훗날 힐베르트에 이어 괴팅겐의 수학과를 이끌

---

3 1994년 노벨 경제학상은 경제학자 두 명과 수학자인 존 내시에게 수여됐다. 내시는 1950년 박사 학위 논문에서 발표한 정리가 경제학과 다른 분야들에서 다양하게 적용된 업적을 인정받아 상을 받았다. 박사 학위 논문에서 내시는 브라우어르의 고정점 정리를 기발하게 활용했다.

었다. 그의 관심사는 수학, 물리학, 철학, 심지어는 예술을 망라했다. 바일은 바이어슈트라스, 칸토어, 데데킨트가 만들어 낸 극한 이론의 근본이 잘못됐다고 믿었고 이는 힐베르트를 실망시켰다. 그는 극한의 기본이 되는 실수 체계를 그대로 받아들일 수 없었다. 그가 한 유명한 말에 따르면 전체 체계가 '모래 위에 지은 집'이었다.[19]

실수의 연속성을 증명하기 위한 바일 자신의 노력인 《Das Kontinuum(연속성 이론)》은 결국 원하는 결과를 얻지 못했고 브라우어르가 어떻게 연속성 문제를 다뤄야 하는지 제시한 내용을 이해한 후 그 방식에 빠져들었다. "브라우어르, 이건 혁명입니다." 바일은 이렇게 선언했다.

힐베르트에게는 너무나 힘든 일이었고 아마도 '브루투스 너마저!'[4]라고 생각할 만한 순간이었을 것이다. 수학 말고도 1920년의 독일은 혁명적인 시기였다. 독일은 1차 세계 대전에서 패배했고 굴욕적인 베르사유 조약을 받아들여야 했다. 카이저 퇴위 후 권력을 떠맡게 된 사회 민주당 정부는 경제적으로 어려운 가운데 좌, 우 양쪽 세력으로부터 공격 당하고 있었다. 모든 세력이 극단적인 정치 구호를 외쳤다. 이러한 불안정한 시기에 힐베르트는 1922년 연설에서 전 제자의 이탈을 마치 반역인 것처럼 표현했다.

바일과 브라우어르가 하는 일은 근본적으로 크로네커가 닦아 놓은 길을 가는 것입니다. 그들은 수학의 기초를 만든다는 명목으로 무엇

---

4 (옮긴이) 셰익스피어의 희곡 〈줄리어스 시저의 비극〉에 나오는 유명한 대사로 극 중에서 율리우스 카이사르가 암살당할 때 마지막으로 내뱉은 말이다. 흔히 믿던 상대에게 배신당했을 때 사용되는 인용문이다.

이든 자신들을 불편하게 하는 생각들을 비난하고 금지합니다. 크로네커의 방식인 거죠. 그러나 이는 우리 학문을 해체하고 훼손하는 행동입니다. 그들 방식의 개혁을 따른다면 우리가 이루어 놓은 가장 소중한 결과들의 상당 부분을 잃어버릴 수도 있습니다. 바일과 브라우어르는 일반적인 무리수의 정의, 함수, 심지어는 수 이론, 칸토어의 초월 기수 등을 모두 금지합니다. 무한하게 많은 자연수 중에 언제나 최소의 숫자가 있다는 정리, 심지어는 배중률의 논리 법칙마저 거부합니다. 예를 들어 전체 소수prime number의 수는 유한하거나 무한하거나 둘 중 하나라는 간단한 선언마저 그들이 금지시키는 정리와 추론의 방법 중 하나입니다. 이것들은 크로네커가 무리수를 폐지시키려고 했던 노력만큼이나 무력한 결과를 낳을 뿐이고 그들의 노력은 수포로 돌아가리라 믿습니다. 아닙니다! 브라우어르의 주장은 바일이 생각하는 것처럼 혁명이 아닙니다. 그건 단지 과거의 구태를 반복하는 폭동에 불과합니다. 한때 열광을 불러일으키지만 결국에는 완전히 실패하고 마는 폭동입니다. 특히 오늘날 프레게, 데데킨트, 칸토어의 연구로 철저히 무장하고 요새화된 공적 권위state power 아래서 그들의 노력은 분명 실패할 것입니다.[20]

혹 독자는 통렬한 비판에 사용한 무장, 요새 같은 표현에 주목해, 힐베르트 역시 당시 수많은 유럽인처럼 1914년 전쟁의 도래를 열광적 환호로 맞이한 게 아닐까 의구심을 가질 수도 있겠다. 그러나 그것은 사실과 거리가 멀다. 힐베르트는 처음부터 전쟁은 어리석은 짓이라 여겼다. 1914년 8월, 이름이 널리 알려진 독일의 지식인 93명은 "문명화된 세계에"라는 선언문을 발표했다. 독일이 벨기에를 군사적으로 침범한 것에 대해 영국, 프랑스, 미국이 반발하자 이에 대한 응답으로 발표한 이 선언에서 그들은 "벨기에의 중립국 지위를 침해한 범법 행위라는 주장은 사실이 아니다. … 우리 군대가 도시 루벤을 잔인하게 파괴했다는 것은 사실이 아니다"라고 주장했다.

힐베르트는 이 선언문에 사인하라고 요청 받았지만 혐의가 사실일지 모른다며 거부했다. 바일과 브라우어르를 맹렬히 비난하기 5년 전인 1917년, 힐베르트는 그 무렵 사망한 프랑스의 위대한 수학자 가스통 다르부의 업적을 기리는 추도문을 발표했다. 피비린내 나는 참호전이 유럽의 젊은이들을 끝없이 집어삼키던 시절이었다. 학생들이 힐베르트의 집 앞에서 항의하며 '적국의 수학자'를 추모하지 말라고 요구했을 때 힐베르트는 오히려 항의에 대해 사과를 요구하였고 끝내 공식 사과를 받았다.[21]

여성이 훗날 교수가 되거나 대학교 위원회에 임명될 수 있다는 이유로, 사람들이 젊고 뛰어난 수학자 에미 뇌터가 괴팅겐의 사강사로 임명되는 것을 반대했을 때 힐베르트는 이렇게 선언했다. "나는 지원자의 성별이 사강사 임명에 반대 이유가 되는 것을 이해할 수 없습니다. 대학교의 위원회는 공중 목욕탕이 아닙니다".[22] 1917년 9월 독일과 이웃 프랑스가 전쟁 중 상대국의 국민들을 학살하는 데 몰두하고 있을 때 힐베르트는 취리히에서 공리적 생각이라는 제목으로 강의를 했는데, 다음과 같은 논란을 일으킬 만한 말로 시작했다.

사람들의 인생과 같이, 우리는 이웃과 사이 좋게 지낼 때 잘 살게 됩니다. 비슷하게 국가도 내부의 질서가 정립되고 국가들 간의 관계가 잘 이루어질 때 번영합니다. 과학 역시 마찬가지입니다.[23]

메타수학

산술의 일관성에 대한 문제는 힐베르트가 1900년 세계 수학자 대회에서 발표한 문제 리스트들 중 두 번째로 올라 있었다. 그러나 힐베르트는 1920년대에 와서야 본격적으로 이 문제에 접근하기 시작했다. 제자인 빌헬름 아커만과 조교 파울 베르나이스가 긴밀히 협력했고, 존 폰 노이만[5] 역시 기여했다.

힐베르트는 화이트헤드와 러셀이 만든《Principia Mathematica(수학 원리)》의 논리 체계에서 출발해 프레게와 러셀이 추구했던 대로 수를 순수하게 논리의 개념으로 정의하고자 했다. 그러나 곧 이런 목표가 비현실적이라고 생각해서 단념했지만 프레게와 러셀이 만든 기호 논리만큼은 여전히 핵심이라고 생각했다.

힐베르트가 새롭게 시작한 프로젝트에서는 수학과 논리를 포괄해 순수하게 잘 정의된 기호 언어formal symbolic language로 만들어 내고자 했다. 그러한 언어는 '안에서' 보는 것과 '밖에서' 보는 것을 다르게 구

5 20세기 최고의 수학자 중 한 명인 존 폰 노이만은 1903년 부다페스트에서 태어났다. 부유한 그의 집안은 영재였던 아들의 재능을 살릴 수 있도록 재정적 지원을 아끼지 않았다. 그는 순수 및 응용 수학(수리물리학과 경제학을 포함)에서 아주 다양한 주제로 연구했다. 1933년 프린스턴 고등연구소의 설립 멤버가 되었고 1957년 사망할 때까지 그곳에서 일했다. 그는 2차 세계 대전 중 전쟁과 관련된 프로젝트에 깊이 관여하였고 그 중에는 로스 앨러모스의 핵폭탄 프로젝트가 포함되어 있다. 냉전 시대까지 이어진 이 관계는 그의 관심사를 첨단 계산 장비 개발로 이끌었다.

분할 수 있다. 언어의 안에서 볼 때는 순전히 수학으로서 각각의 추론 단계가 아주 명확하다. 그러나 밖에서 볼 때는 단순히 수식과 기호들을 조작하는 데 불과하며 그 의미는 생각하지 않아도 된다. 이제 목표는 이런 언어로 표현한 수식 간에 서로 모순이 되는 결과가 나올 수 없음을 증명하는 것이다. 달리 말하자면, $1 = 0$이거나 $0 \neq 0$과 같은 수식은 도출할 수 없다고 증명하면 된다.

푸앵카레와 브라우어르의 비판을 피할 수는 없었다. 증명할 때 사용하는 방법이 그 증명이 해결하고자 하는 대상이라면 그러한 일관성 증명은 아무 의미가 없다는 비판이었다. 힐베르트의 대담한 아이디어는 새로운 방식의 수학이었고 그는 메타수학 혹은 증명 이론Proof theory이라고 불렀다. 해결하고자 했던 일관성에 대한 증명은 메타수학으로 이루어졌다. 정형화된 체계에서는 모든 종류의 수학 방법을 제한 없이 사용하는 것이 허용되지만 메타수학에서는 논란이 없는 방법, 즉 힐베르트가 '유한적인' 방법이라 칭한 것들만 사용할 수 있다. 그래서 힐베르트는 브라우어르와 바일 앞에서 의기양양하게 이렇게 말하고 싶었던 것이다. "나는 수학이 모순에 빠지지 않는다는 걸 일반적인 방법들로 증명했다네. 그리고 자네들조차도 인정할 수밖에 없는 방법으로 증명했다네." 아니면 폰 노이만이 실제 얘기했던 것처럼 "대략적으로, 증명 이론은 직관논리에 기초해 전통적인 수학을 만들어 내야 합니다. 이 방법대로라면 직관주의를 그 안에 축소시켜 우스꽝스럽게 반증하게 됩니다."[24]6

그의 방법들로 구하고자 했던 수학의 '보물' 중에는 힐베르트가 단호

---

6 (옮긴이) 전통적인 수학의 일관성을 그보다 제한된 직관 논리주의에서 인정하는 방법들로 증명한다면 전통적인 수학 체계가 더 강력하다는 걸 보이게 되고 수학의 일관성 문제에 대한 반발로 생겨났던 직관주의는 불필요했다고 말하게 된다.

하게 지지했던 칸토어의 초한수가 포함되어 있다. 그는 초한수에 대해 "가장 감탄할 만한 수학적 지성의 꽃이고 모든 인류의 이성적인 사고 중에 최고의 업적이라고 할 수 있다"고 말했다.[25] 브라우어르와 바일의 비판에 대응하며 그는 이렇게 선언했다. "누구도 칸토어가 이루어 놓은 낙원에서 우리를 쫓아낼 수는 없을 것입니다."[26]

브라우어르는 힐베르트의 프로젝트가 나름 성공할 수 있다는 점을 인정하면서도 심드렁하게 이렇게 말했다. "어떤 수학적인 가치도 얻을 수 없을 것입니다. 잘못된 이론은 그것을 반증하는 모순을 찾을 수 없다고 해서 옳은 이론이 되는 건 아닙니다. 법정에서 범죄를 처벌하지 못했다고 하더라도 범죄는 범죄니까요."[27]

힐베르트와 브라우어르 사이의 말싸움은 힐베르트가 규정에 의지해 브라우어를 〈수학 연보〉 편집진에서 쫓아내면서 더 큰 싸움으로 번졌다. 이에 대해 알베르트 아인슈타인은 '이놈의 개구리와 쥐 싸움7'이라며 불만을 표시했다.[28] 힐베르트와 동료들, 그리고 다른 편에는 브라우어르와 바일, 이 두 진영 사이에서 벌어진 논쟁은 지식의 본질을 둘러싼 기본적인 철학적 질문에 뿌리를 두고 있었다. 실제로 두 진영 모두 이마누엘 칸트의 사상에 크게 영향을 받았다. 그러나 철학적 논쟁과는 달리 힐베르트와 브라우어르가 갖고 있던 믿음은 분명한 형식을 갖고 있었고 특정한 문제에 연결되어 있었다. 그래서 그들의 믿음은 현실에서 반증하는 것이 가능했다.

브라우어르의 직관주의에서 가장 큰 문제는 주창한 프로젝트를 통해 기존의 수학을 재구성할 수 있는지 여부였다. 수학자들의 고전적

---

7 (옮긴이) 이솝우화에 나오는 이야기로 쥐를 시기한 개구리가 싸움을 벌여 쥐와 자기 자신 모두 독수리의 밥이 되고 만다.

방식인 실수의 연속성 이론 그리고 배중률의 법칙(어떤 명제와 그것의 부정 가운데 하나는 참) 없이도 그들이 이룩해 놓은 '가장 가치 있는 보물들'을 그대로 보존할 수 있는지에 답해야 했다. 그러나 브라우어르가 실제로 내놓은 직관주의의 결과는 훗날 바일의 표현에 의하면 '참을 수 없을 만큼 부자연스러운 것'이었고 큰 호응을 받지 못했다.[29]

브라우어르는 자신의 생각을 철회하지 않았지만 시간이 지날수록 고립되어 가는 것을 느꼈고 말년에는 '전혀 근거 없는 재정적인 걱정과 파산, 박해, 그리고 질병에 대한 편집증적인 걱정'에 시달렸다. 그는 1966년 85세에 집 앞 도로를 건너던 중 차에 치여 사망했다.[30] 얄궂게도 직관주의는 그가 의도한 수학의 새로운 방법론이 아니라 정규 논리 체계 연구에서 그의 아이디어를 채택하면서 어쨌든 살아남았다.[31] 실제로 이 논리 체계들 중 어떤 것은 정규적인 논리 연산을 실행하는 실제 컴퓨터 프로그램의 기초를 제공했다.[32]

물론 힐베르트의 프로젝트에서 가장 중요한 문제는 수학의 근원에 질문을 던지는 것, 즉 산술의 일관성에 대한 문제였다. 아커만과 폰 노이만은 이 문제를 연구했고 부분적으로 결과를 얻어 냈다. 사람들은 이제 조금 더 기술을 벼리면 완전한 증명이 가능할 거라고 믿었다. 1928년 힐베르트는 제자 아커만과 함께 논리학에 관한 얇은 교본을 출간했다. 이 소책자는 힐베르트가 (베르나이스의 도움을 받아) 1917년부터 강의한 내용을 바탕으로 했다. 이 책에서는, 지금은 1차 논리라 불리는 프레게의 개념 표기법의 기본적인 논리에 대한 두 가지 문제를 제시했다.

어떻게 보면 이미 알려진 지 어느 정도 된 문제들이었는데, 힐베르트의 통찰은 논리 체계를 외부에서 바라볼 수 있고 그럼으로서 그 논리 체계를 정밀하게 설명할 수 있다는 것이다. 문제 중 하나는, 외부에서 볼 때 참valid인 수식이라면 그 어떤 수식이라도 교본에 제시된 규칙만 사용해 시스템 내부에서 도출할 수 있는지 여부였다. 이를 증명하면 1차 논리가 완전하다는complete 결론을 얻는다.

두 번째는 힐베르트의 결정 문제Entscheidungsproblem, decision problem라 불리는데 1차 논리로 주어진 정규식을 한정된 수의 계산을 거쳐 그 정규식이 표현하는 것이 참인지를 결정하는 문제다.[8] 이 두 개의 문제, 특히 앞으로 7장에서 다룰 결정 문제는 20세기 수학자들이 풀어야 할 핵심적인 문제로 떠올랐다. 이 문제를 해결하면 17세기의 라이프니츠가 꿈꾸던 세상을 실현하는 것이었다.

1928년 교본을 출간한 그해 힐베르트는 볼로냐에서 열린 세계 수학자 대회에서 연설했다. 국제적으로 불안정한 상황을 제외하고 이 수학자 대회는 매 4년 주기로 열리고 있었다. 물론 1916년에는 1차 세계 대전으로 인해 열릴 수가 없었다. 1920년과 1924년에는 학회가 열렸지만 독일을 향한 큰 반감 때문에 독일의 수학자들은 초대받지 못했다. 독일의 수학자들이 1928년 열린 대회에 다시 초대받았을 때 이 초청을 받아들어야 한다고 주장한 사람은 힐베르트였다. 브라우어르나 (후에 나치가 되는) 루트비히 비버바흐는 베르사유 조약에 저항하는 의미로 참석을 거부하자고 주장했다.

그는 연설에서 1차 논리(즉, 프레게의 규칙들)를 자연수의 공리 체계에 적용한 논리 체계에서 발생하는 문제에 대해 설명했다. 현대에는

---

8 (옮긴이) 어떠한 문제든 컴퓨터 코드를 작성해서 문제의 참, 거짓 여부를 결정할 수 있다는 뜻이다.

이 체계를 페아노 산술Peano Artithmetic, 혹은 짧게 PA라고 부른다(이탈리아 논리학자 주세페 페아노에서 이름을 땄다). 힐베르트는 PA가 완전complete하다는 것을 증명하자고 제안했다. 즉, PA 체계 안에서 표현한 어떤 제안이라도 PA 체계 안에서 참 혹은 거짓 여부를 알 수 있음을 증명하자는 것이었다. 2년 후에 한 젊은 논리학자 쿠르트 괴델이 이 문제를 해결했으나, 결과는 힐베르트가 기대한 내용과 전혀 달랐다. 오히려 힐베르트의 전체 프로젝트를 뒤흔드는 결과가 나왔다.

파국

힐베르트의 전기 작가들은 힐베르트의 아내 케테를 지혜롭고 분별 있는 평생의 조력자라고 기록했다. 남편의 많은 논문이 그녀의 손글씨로 작성되었고, 늘 열려 있는 듯했던 힐베르트의 집을 방문하는 젊은 수학자들에겐 어머니 같은 사람이자 인생에 대한 조언자 역할을 했다고 한다.

힐베르트는 스스로 세속적인 사람이라 생각했고 최고의 휴가는 동료의 아내와 함께하는 거라는 농담을 즐겨 하곤 했다. 그는 기회가 생길 때마다 이성에게 접근했고 파티에서는 가장 예쁜 젊은 여성과 춤을 추곤 했다. 그의 바람기는 워낙 유명해서 어떤 생일 파티에서는 알파벳마다 '사랑하는 사람'의 이름을 매칭해서 시를 짓는 일도 있었다. 그러나 알파벳 'K'에 와서는 모든 사람들이 난처해 했다. 이때 그의 아내 케테Käthe는 이렇게 말했다. "최소한 나부터 생각해야 하는 거 아니에요?" 그러자 즉시 파티에 있던 사람들은 다음과 같은 시를 지었다. (이 책을 쓰며 내가 마음대로 번역한 것이다).

Gott sei Dank	오 하느님 감사합니다.
nicht so genau,	그녀가 화를 내지 않는군요.
Nimmt es Käthe	"상관 안 해요" 케테가 말했어요.
seine Frau	그래서 그의 아내인거죠.

그들의 아들 프란츠는 남편과 아내에게 (다른 의미에서) 걱정거리였다. 프란츠의 건장한 겉모습은 아버지를 닮았지만 정신적인 부분에서는 힐베르트와 달랐다. 부부는 문제가 아닐 거라며 오랫동안 외면했다. 그러나 프란츠에게 정신 질환이 있다는 게 분명해졌고 결국 정신 병원에 입원해야 했다. 힐베르트는 비극을 마주하고는 자신은 이제 아들이 없다는 식으로 반응했다. 그러나 아내는 아들을 포기하지 않았다.

1929년 괴팅겐 수학 연구소가 사용할 멋진 새 건물이 문을 열었다. 록펠러 재단과 독일 정부가 기부한 재원으로 지어졌는데 리하르트 쿠란트가 능숙하게 이끌어 낸 결과였다. 그러나 세계 수학 연구의 중심지로서의 괴팅겐은 이제 끝을 향해 가고 있었다.

힐베르트가 1930년 은퇴하면서 헤르만 바일이 그의 지위를 넘겨받았다. 같은 해에 힐베르트는 자신이 태어난 도시 쾨니히스베르크로부터 명예 시민의 영예를 선사 받았다. 그해 가을 쾨니히스베르크에서 과학자들과 의사들이 모이는 모임에 연사로 초대 받은 힐베르트는 모임에 알맞게 일반적인 주제를 선택했다. 자연 과학과 논리에 대한 주제였다. 다양한 주제를 넘나드는 연설에서 수학이 과학에 미치는 영향과 논리학이 수학에서 차지하는 역할에 대해 강조했다. 그는 평상시와 같은 긍정적인 톤으로 세상에는 해결이 불가능한 문제란 없다고 주장했다. 그리고 이런 말로 연설을 마쳤다.[33]

Wir mu üssen wissen   우리는 알아야 합니다.

Wir werden wissen   우리는 알게 될 것입니다.

힐베르트의 연설 바로 며칠 전 수학의 근본을 주제로 한 심포지움이 같은 도시 쾨니히스베르크에서 열렸다. 브라우어르의 제자이자 이론의 추종자인 아런트 헤이팅, 철학자 루돌프 카르나프, 그리고 (힐베르트의 증명 이론을 대표한) 존 폰 노이만이 연사로 나섰다. 행사를 마감하며 가진 원탁 토론에서 한 젊은이 쿠르트 괴델은 수줍어하며 (다음 장의 주제가 되는) 이론 하나를 발표했다. 그리고 그 의미를 이해하는 몇몇 사람은 수학의 근본에 대한 연구에 새로운 시대가 도래했다는 것을 깨달았다.

폰 노이만은 그 이론의 의미를 즉각 알아챘고 이것으로 끝났다고 결론 내렸다. 즉, 힐베르트의 프로젝트는 성공할 수 없는 것이었다. 괴델의 발표를 들은 힐베르트의 첫 반응은 분노였다. 그가 선언한 '우리는 알게 될 것입니다'에 대한 정면 공격이었기 때문이다. 그러나 훗날 베르나이스가 힐베르트의 증명 이론 업적을 1934년 그리고 1939년 두 권의 방대한 책으로 쓰게 되었을 때 괴델의 연구는 중요한 공헌을 했다.[34]

1932년은 힐베르트가 70세가 되던 해였다. 생일에는 새로 지은 수학 연구소 건물에서 업적에 걸맞는 축하연이 열렸다. 축배와 음악이 이어 졌고 춤 역시 빠질 수 없었다. 나이 많은 힐베르트는 거의 모든 음악에 맞추어 춤을 추었다. 1932년은 공황이 가장 극심하고 나치가 독일 국가 의회 선거에서 크게 이긴 해이기도 했다. 그다음 해 1월 히틀러가 수상 으로 등극하면서 곧이어 독일의 과학이 무너지기 시작했다. 유태인들 은 더 이상 가르칠 수 없었고 한두 사람씩 해외로 빠져나가기 시작했다.

리하르트 쿠란트는 1차 세계 대전 기간 독일군에서 복무한 전적이 있음에도 자신이 수많은 공헌을 한 괴팅겐 수학 연구소에서 쫓겨났다. 그리고 뉴욕 대학교로 옮겨 훗날 새로운 수학 연구소를 설립했다. 쿠 란트 연구소는 뉴욕시 그리니치 빌리지에 있는 멋진 건물에 자리잡았 다. 헤르만 바일은 아리안 민족이었지만 독일의 상황을 참을 수가 없 었고 프린스턴의 고등연구소로 자리를 옮겨 알베르트 아인슈타인과 합류했다.[9]

힐베르트는 새로운 정치적 상황에 혼란스러워 한 것으로 보인다. 한 편으로는 그런 행동이 점점 더 위험해지는 상황에서도 정권에 반대하 는 목소리를 내기도 했지만, 다른 한편으로는 자랑하던 법률 시스템이 개인들에 대한 공격을 막아 주지 못하는 상황을 이해하지 못했다. 한

---

9   운 좋게도 1940년대 대학원 시절 이 위대한 학자들 두 명의 강의를 들을 수 있었다. 두 사람 모두 과학 이론 해설을 그리 잘하지는 않았으나 그게 중요한 건 아니었다. 우리는 (고등연구소가 자리했던) 펄드관을 꽉 채우고 전설과 같은 이들의 강의를 듣곤 했다. 헤르만 바일은 일본인 수학자 고다이라의 강의를 소개했다. 가장 기억에 남는 장면은 그가 수학적 아이디어를 즐거워하며 강의했다는 점이다. 바일의 강의는 중구난방이었 던 반면 고다이라의 강의는 수학 전개 방식이 깔끔했다는 면에서 모범적이었다. 아인슈타인은 강의 도중에 '통일장 이론'에 쓰이는 방정식들이 변분 원리(variational principle)로부터 도출될 수 있다는 것을 생각해 냈다. 그는 시간 가는 줄 모르고 칠판에 적어 내려가다가 로버트 오펜하이머(고등연구소장)가 시간을 알렸을 때에서야 멈췄다.

모임에서 힐베르트는 그의 첫 박사 과정 학생이었던 블루멘탈에게 무슨 과목을 강의하는지 물었다. 강의가 금지됐다는 대답에 노인 힐베르트는 분개하면서 왜 블루멘탈이 법적인 대응을 하지 않았는지 이해할 수 없다는 반응을 보였다. 블루멘탈 그 자신은 곧 네덜란드로 이주했지만 1940년 독일이 네덜란드를 침공했을 때 갇히고 말았다. 그는 현재 체코 공화국 영토인 테레지엔슈타트의 악명 높은 강제 수용소에서 1944년에 사망했다.

힐베르트는 1943년 2차 세계 대전이 여전히 맹렬했던 시기에 사망했다. 케테는 그로부터 2년 후에 사망했다. 힐베르트의 무덤에는 다음과 같은 묘비명이 남아 있다.

우리는 알아야 합니다.
우리는 알게 될 것입니다.

6

완전한 계산의 꿈을 뒤흔든 괴델

Gödel Upsets the Applecart

쿠르트 괴델과 알베르트 아인슈타인
(리차드 아렌스의 사진)

아내 버지니아와 나는 1952년 가을부터 프린스턴 고등연구소에서 2년 동안 머물 예정이었다. 프린스턴에 도착한 직후, 연구소로 가기 위해 '올덴 도로Olden Lane'를 운전해서 내려가다가 우리 차 앞을 가로막고 있는 한 쌍의 노인을 발견했다. 둘 중 키가 큰 사람은 머리가 덥수룩했고 또 다른 한 명은 정장에 서류 가방을 든 채로 깔끔한 용모였다. 조심스럽게 둘을 지나면서 우리는 그 둘이 알베르트 아인슈타인과 쿠르트 괴델인 것을 알 수 있었다. "아인슈타인과 변호사네요"라고 버지니아가 농담을 했다.

이 절친한 두 노인의 차이는 입은 옷뿐만이 아니었다. 1952년 대통령 선거 후 아인슈타인은 이렇게 선언했다 "괴델은 완전히 미쳤어요. 아이젠하워한테 표를 던졌습니다."[1] 진보주의자 아인슈타인에게, 공화당 후보에게 투표한다는 건 상상조차 할 수 없는 일이었다. 철학의 몇몇 근본적인 문제를 바라보는 견해 역시 두 사람은 많이 달랐다.

아인슈타인은 특수 상대성 이론을 만드는 과정에서 회의적 실증주의자 에른스트 마흐의 영향을 받았다. 마흐는 우리가 인지하는 공간과 시간은 경험에 따른 관찰과는 별개라는 이마누엘 칸트의 주장을 공격했다.

괴델은 10대 때부터 칸트의 책을 읽었고 평생 동안 고전적인 독일 철학자들(특히 라이프니츠)의 연구에 매우 많은 관심을 보였다. 실제로 그가 사망한 후에 발견된 여러 미 출간 글에 따르면 괴델은 상대성 이론을 잘 이해하면 시간에 대한 칸트주의와 일맥상통하리라 생각하고 있었다.[2] 프레게와 칸토어가 실증주의의 한계에 대해 지적했던 것처럼 괴델 역시 그러한 실증주의적 생각을 거부함으로써 다른 논리학

자들이 간과했던 관계를 볼 수 있었고 중요한 발견들이 가능했다고 밝혔다.[3]

1978년 괴델이 사망한 후 쿠르트 괴델 학회가 빈에 설립되었다. 논리학과 컴퓨터 과학 내 관련 분야들의 연구를 발표하는 모임이었다. 1993년 8월에 열린 학회는 늘 개최하던 도시 빈이 아닌 괴델이 87년 전 태어난 체코 공화국의 브르노에서 열렸다.

브르노에서는 학술 발표 이후에 괴델의 유년 시절 집에 기념 명판을 헌정하는 기념식을 개최했다. 그날의 기념식이 생생히 기억난다. 우리는 비 내리는 쌀쌀한 초가을에 우산을 쓰고, 꼼짝없이 (체코어로) 이어지는 연설과 화려한 전통 의상을 입은 지역 악단의 연주를 들어야 했다.

괴델은 1906년 당시 오스트리아-헝가리 제국의 일부였던 브르노에서 태어났다. 버트런드 러셀은 무슨 이유에서인지 괴델이 유태인이라고 믿었다. 실제로는, 비록 괴델의 가족이 교회에 다니지는 않았으나, 어머니는 개신교 집안 태생이고 아버지는 구 가톨릭 계통이었다. 괴델이 다닌 학교는 모두 독일어로 가르치는 학교였는데, 그의 꼼꼼함과 아무것도 버리지 않는 습관 덕분에 학교 생활에 대해서는 잘 알려져 있다. 성적표는 모든 과목이 최고 점수로 채워져 있었고, 연습장에는 예습한 흔적으로 가득했다.

8세가 되던 해에 괴델은 류마티스성 열로 심하게 아팠지만 신체에 후유증이 남지는 않았다. 그러나 평생 건강 염려 망상증에 시달리게 되는데 아마도 어린 시절의 투병 때문일 가능성이 높다. 형 루돌프에 따르면 괴델은 어린 시절에도 이미 정신적 불안정의 징후를 보였다고 한다.[4]

1차 세계 대전의 결과로 오스트리아-헝가리 제국이 해체된 이후, 괴델의 가족은 새롭게 형성된 국가 체코슬로바키아에서 주로 독일어를 사용하는 소수 집단의 일원이 되었다. 독일어를 사용하는 빈은 브르노에서 남쪽으로 68마일밖에 떨어져 있지 않았고 훌륭한 대학교가 있었기 때문에 루돌프와 괴델은 빈에서 공부하고 싶어했다. 브르노의 엄격한 중등학교에서 거의 완벽한 성적을 받은 괴델은 1924년 가을 빈으로 옮겨 형과 아파트에서 함께 살았다. 당시 루돌프는 의과 대학 학생으로 빈에 살고 있었고, 괴델은 원래 물리학을 공부하려고 했다. 그러나 수 이론 강의를 듣고 정수에 숨겨진 아름다운 패턴을 알게 된 후 수학이 자신의 진짜 사명이라고 믿게 되었다.

1차 세계 대전 이후 오스트리아-헝가리 제국의 잔해 속에서 만들어진 오스트리아 공화국은 1938년 나치 독일에 흡수되기까지 겨우 20년밖에 유지되지 않았다. 그 짧은 시기는 혼란과 소동으로 가득했다. (사회민주주의로) '붉은' 도시 빈과 아주 보수적인 지방 도시 간의 갈등은 거의 내전 직전의 수준으로 치닫고 있었다. 그 유명한 '빈 학파'가 융성하던 시기는 바로 이런 격동의 시절이었다.

화이트헤드와 러셀은 수학을 위한 가상의 언어를 만들어 수학적 정의에 대한 증명을 순수하게 논리의 연산으로 표현했다. 빈 학파는 1924년 마흐와 헬름홀츠의 경험 실증주의 철학의 전통을 이어가고자 하는 철학자들과 과학자들에 의해 결성되었다. 칸토어와 프레게가 경험 실증주의에 대해 강력히 비판했음을 기억할 것이다(4장을 참고). 빈 학파는 전통적인 형이상학을 혐오했고, 화이트헤드와 러셀이 만든 것과 같은 기호 체계를 연구·발전시켜, 수학뿐 아니라 경험적인 과학에도 적용하는 게 철학의 중요한 목표라 믿었다.

빈 학파의 설립자 모리츠 슐리크가 1936년 정신 이상자였던 과거의 학생에게 살해당하자, 나치는 슐리크가 좌익 정치색을 가지고 있다는 이유로 사건을 정당화했다. 빈 학파의 여타 중요 인물들로는 프레게와 함께 연구했던 루돌프 카르나프[1]와 괴델의 지도 교수가 되는 한스 한이 있다.

괴델의 박사 학위 논문

러셀은 수학의 근본에 대한 아이디어를 3권짜리 방대한 분량의 책 《수학 원리》에서 완성했다. 반면 명석하고 돈키호테적 기질이 있었던 그의 학생 루트비히 비트켄슈타인은 75페이지로 된 얇은 책 《논리 철학 논고Tractatus Logico-Philosophicus》(책세상, 2020)를 세상에 선보였다. 이 두 명의 철학자가 갖고 있던 아이디어는 빈 학파의 모임에 중요한 토의 주제가 되었다.

괴델은 그의 교수였던 한의 초청으로 1926년부터 빈 학파 모임에 참석하기 시작했으나 모임에서 오가는 내용에 그리 동의하지 않았다. 그렇지만 러셀이 보여 준 사실, 즉 모든 수학을 정형화된 논리 체계 안에 포함시킬 수 있다는 발견과 언어 안에서 그 언어를 이야기하는 문제에

---

1 카르나프는 예나 대학교에서 박사 학위를 받았고 그곳에서 프레게한테 배웠다. 카르나프는 논리적 실증주의 철학의 핵심적인 인물이었다. 1935년부터 그는 미국 시카고 대학교 그리고 다음에는 UCLA에서 교수로 일했다. 괴델의 논문 지도 교수였고 수학 여러 분야에 중요한 업적을 남겼으며, 철학 문제에도 관심이 있었다.

대한 비트겐슈타인의 강조는 젊은 괴델의 연구 방향에 영향을 미쳤을 것이 분명하다. 비트켄슈타인의 이러한 입장은 힐베르트의 주장을 반복하는 것이었다. 즉, 정형화된 논리 체계의 안에서 수학적인 사고를 표현할 뿐 아니라 그 체계 바깥에서도 수학적인 방법을 사용해 해당 논리 체계를 검증할 수 있다는 생각이었다.

힐베르트는 괴팅겐에서 가르친 논리학 강의에서 프레게가 《개념 표기법》에서 제안하고 화이트헤드와 러셀이 《수학 원리》에서 응용한 논리 추론 규칙들을 사용했다. 그는 1928년에 만든 논리학 교본(제자 빌헬름 아커만과 공저)에서 이러한 논리 추론 규칙에 허점이 있는지 물었다. 즉, 연역적으로 추론하는 과정이 맞다 하더라도 명제로부터 결론을 이끌어 내기에 규칙이 충분하지 않은 경우를 말한다. 힐베르트는 그러한 허점은 없다고 믿었고, 그게 사실임을 증명해서 (프레게, 화이트헤드, 러셀의) 논리 추론 규칙은 완전하다는 것을 보이고 싶었다.

괴델은 이 문제를 자신의 박사 학위 주제로 선택했다. 그리고 곧바로 힐베르트가 원하던 결과를 얻는데 성공했는데 이 상황은 다소 역설적이었다. 당시 논리학자들에게 이미 잘 알려진 방법을 사용했기 때문이다. 바로 다음에서 다루는 내용처럼 당시 논리학자들은 그러한 방법이 수학 연구에 적절치 않다는 브라우어르와 바일의 비난 때문에 제한받고 있었다. 힐베르트 역시 자신의 메타수학을 증명하기 위해 일부러 제한된 방법만을 받아들였다.

논리적 추론은 전제에서 결론으로 이어진다. 프레게-러셀-힐베르트의 기호 논리에서는 각각의 전제와 결론을 기호들을 나열한 논리 공식으로 표현할 수 있다.[5] 어떤 기호들은 순수하게 논리적인 개념을 나타내고, 다른 것들은 단지 구두점으로 쓰이거나 특정한 대상을 가리키는 데 사용되기도 한다. 다음의 논리 추론 예제에서 처음 두 문장은 전제이고 세 번째 문장은 유도된 결론이다.

사랑하는 사람은 행복하다.
윌리엄은 수잔을 사랑한다.
_____
윌리엄은 행복하다.

3장에서 소개했던 논리 기호들을 사용해서 위의 문장을 다음과 같은 논리 언어로 표현할 수 있다.

$$(\forall x)((\exists y)L(x, y) \supset H(x)) \qquad (*)$$
$$L(W, S)$$
_____
$$H(W)$$

이 예제에서 사용한 논리 기호들은 ⊃ ∀ 그리고 ∃로, 기호들의 의미는 다음 표에서 다시 확인할 수 있다.

⊃	⋯ 이라면 ⋯ 이다(if ⋯ then ⋯)
∀	모든 것은(every)
∃	어떤 것들은(some)

문자 x와 y는 변수로 쓰이며 고려하는 집단에 속하는 임의의 개인을 상징한다. 문자 L, W, H, S는 다음과 같이 대상의 특정한 상태 혹은 의미를 표현한다.

$$L = \text{연애 중인 상태}$$
$$H = \text{행복한 상태}$$
$$W = \text{윌리엄}$$
$$S = \text{수잔}$$

그리고 이렇게 추론을 나타낼 수 있다.

모든 x에 대해서 x가 사랑하는 y가 존재한다면 x는 행복하다.

윌리엄은 수잔을 사랑한다.

윌리엄은 행복하다.

이러한 논리적 추론이 적합하다면 어떤 개인들로 이루어진 집단에 적용하더라도 이 추론은 타당해야 한다. 즉, L이 어떤 관계를 표현하거나 H가 어떤 상태를 상징하는지 그리고 W, S가 어떤 특정한 인물을 지칭하는지에 아무 상관없이 오로지 이 두 개의 전제가 참일 때 결론 역시 참이라고 항상 유도할 수 있다. 의미를 다시 확인하기 위해 같은 기호를 사용한 추론을 완전히 다른 상황에 적용해 보자.

사냥하는 동물predators에겐 날카로운 이빨이 있다.

늦대는 양을 사냥prey한다.

늦대에겐 날카로운 이빨이 있다.

이 예제가 158쪽 논리 언어(*)와 같은 기호 추론이라는 것을 확인하기 위해 x와 y를 임의의 포유류 중 하나로 가정하고 159쪽 표에서 소개한 기호의 의미를 이렇게 바꿀 것이다.

$$L = \text{한 동물이 다른 동물을 사냥하는 관계}$$
$$H = \text{날카로운 이빨을 갖는 상태}$$
$$W = \text{늦대}$$
$$S = \text{양}$$

따라서 기호 추론은 이렇게 나타낼 수 있다.

모든 x에 대해서 x가 사냥하는 y가 존재한다면 x는 날카로운 이빨이 있다.

늦대는 양을 사냥한다.

늦대에겐 날카로운 이빨이 있다.

이 설명과 같은 타당한 추론에 대해서 힐베르트는 프레게-러셀-힐베르트 규칙을 이용해 전제로부터 결론을 차례차례 유도할 수 있다는 증명을 원했다. 다시 말해 힐베르트가 원한 것은 주어진 논리적 추론이 다음의 조건을 만족한다면 프레게-러셀-힐베르트의 규칙을 이용해 전제로부터 결론을 유도할 수 있다는 증명이다.

> 조건: 식에서 쓰인 문자들에 어떤 의미를 부여하든지 상관없이 전제
> 가 참이라면 결론 역시 참이다.

괴델은 박사 학위 논문에서 힐베르트가 원한 이 증명을 성공적으로 이
끌어 냈다.

괴델의 증명은 직설적이고 명료했다. 다음 논문들에서도 이러한 특
징이 나타난다. 괴델의 이 결과는 시간이 지나며 그 중요성이 더 분명
해졌고 뛰어난 업적으로 남았다. 그런데 그가 사용한 방법은 동시대
논리학자들이 익히 알고 있었고 새로운 것이 없었다. 그래서 힐베르
트, 아커만, 베르나이스와 같은 뛰어난 수학자들이 왜 같은 방법으로
증명을 해내지 못했는지 의문이 들 수밖에 없다. 실제로 몇 년 후에 괴
델은 노르웨이의 논리학자 토랄프 스콜렘이 1923년에 낸 논문 결과를
사용하면 같은 정리를 '거의 당연하게 유도할 수 있다'고 설명했다. 스
콜렘의 논문은 괴델의 박사 학위 논문보다 6년 앞서 출간됐다(그러나
괴델과 논문을 지도한 교수 모두 그 논문에 대해서는 알지 못했다).
1967년 괴델은 한 편지에서 1920년 당시의 상황에 대해 '논리학자들이
눈이 멀어 있던 상황은 정말 놀랍다'고 적었다. 그러나 그는 계속해서
이렇게 얘기했다.

> 나는 상황을 이렇게 간단히 설명할 수 있습니다. 그 무렵에는 형이상
> 학과 무한을 활용한 논리에 접근할 때 꼭 필요한 인식론이 빠져 있
> 었습니다.[6]

(5장에서 다룬 것처럼) 브라우어르와 바일이 '무한을 사용한' 추론을 비판하고 힐베르트가 정의한 '메타수학'이 오직 유한한 추론만을 허용하는 상황에서는 '외부에서 바라보는' 논리 체계에 대한 연구는 브라우어르도 반대할 수 없는 오직 유한적인 방법으로 제한해야 한다는 것이 암묵적인 규칙이었다.[7] 그러나 실제 괴델의 완전성 정리는 무한의 방법을 사용하지 않으면 증명이 불가능하다. 힐베르트가 제시해 놓은 유한의 방법을 사용해야 하는 제한과 부딪치지 않으면서도 괴델은 왜 무한의 방법이 이 경우에 적절한지 이렇게 설명했다.

> … 이 문제들을 수면에 떠오르게 한 것은 수학의 근본을 둘러싼 논란이 아닙니다(그러나 예를 들어 수학의 일관성consistency의 경우엔 근본의 문제가 맞습니다). 대신 이 '단순한' 수학으로 표현한 내용이 맞는지를 묻는 것은 근본에 대한 질문 없이도 '단순한' 수학 안에서 정당합니다(일관성 문제와는 다르게). 그렇기 때문에 이 문제를 증명할 때 다른 모든 수학 문제들보다 더 심각한 제한을 가할 필요가 없습니다.[8]

결정불가능 명제들

힐베르트가 1900년 소개한 그 유명한 문제들 중 두 번째는 실수를 사용하는 산술arithmetic의 일관성에 대해 다루고 있다. 당시 누구도 이 증명이 어떤 방식으로 가능할지 예상할 수 없었다. 특히 증명이 어떻게 순환 논증의 오류, 즉 증명 안에서 그 증명이 정당화하려고 하는 바로 그 방법을 사용하는 것을 피할 수 있을지 상상할 수 없었다. 앞서 5장에서 이야기했듯이 1920년대 힐베르트는 메타수학을 소개했다. 일관성 있다고 증명하려는 공리는 정규 논리 체계 안에 담겨 있고 그 증명은 오직 한정된 수의 기호들을 배열하는 방식으로 이루어진다.

그렇다면 이 체계에 모순이 없다는 것을 증명하려면 힐베르트가 '유한적인 방법finitary methods'이라고 지칭한 방법을 사용해야 한다. 이는 브라우어르가 요구하는 것보다 더 제한된 방식이었다. 박사 학위 논문을 마친 괴델이 이 문제로 관심을 돌렸을 때, 힐베르트의 이 프로젝트는 성공을 앞둔 것처럼 보였다.

힐베르트는 1928년 볼로냐에서 있었던 세계 수학자 대회에서 지금은 페아노의 산술PA이라고 부르는 한 체계를 소개했다. PA 체계는 1, 2, 3, … 계속해 이어지는 자연수의 기본적인 이론을 압축한 것이다. 괴델이 힐베르트의 프로젝트에 대해 생각하기 시작할 무렵 힐베르트의 제자 아커만과 존 폰 노이만은 유한적인 방법을 사용해 PA 체계의 일관성 증명에 가까이 다가가고 있었다. 사람들은 기술적인 어려움만 해결한다면 최종적인 결과를 얻어 내는 건 시간 문제라고 생각했다.

괴델 역시 그렇게 믿었는지도 모른다. 그는 PA보다 더 강력한 체계들의 일관성을 증명하고자 시도했다. 체계들 사이의 일관성 관계에 대한 중요한 증명이 있었기 때문에 괴델의 이런 시도는 자연스러웠다. 괴델은 실수와 그 이상의 계산 문제를 해결하는 더 강력한 체계의 일관성을 PA의 일관성 문제로 유한한 방식으로 축소reduction하고자 했다. 이것은 힐베르트가 추구하던 것과 같은 방식이었다.

힐베르트는 유클리드 기하학의 일관성 문제를 실수 계산의 일관성으로 축소했는데 괴델은 여기서 한 단계 더 나아가는 축소법을 제안한 것이다. 만일 괴델의 축소 증명이 성공하고 힐베르트의 제자들이 PA 체계의 일관성을 증명한다면 실수의 산술이 일관적이라는 사실은 자동으로 증명된다. 바로 1900년 힐베르트가 제안한 두 번째 문제를 해결하는 것이었다. 그러나 그런 일은 일어나지 않았다. 괴델은 결과를 얻는 데 실패했을 뿐 아니라 그런 결과는 애초에 불가능하다는 것을 증명해 버렸다! 브라우어르-바일의 비판으로부터 수학을 지켜 내고자 하는 희망으로 시작한 괴델의 연구가 결국엔 힐베르트의 프로젝트를 파묻어 버리는 결과를 만든 것이다.

괴델은 이 문제에 대해 생각하면서 정규 논리 체계를 안이 아니라 밖에서 바라보는 게 무엇을 의미하는지 다시 고민하기 시작했다. 러셀과 화이트헤드는 모든 일반적인 수학을 논리 체계의 안에서 논리로 표현할 수 있음을 의심의 여지없이 증명했다. 힐베르트는 메타수학에서 몹시 제한된 방법만을 사용해서 논리를 체계의 밖에서 설명하는 방식을 제안했다. 그렇다면 왜 메타수학은 정규 논리 체계 안에서는 만들어질 수 없을까?

바깥에서 바라봤을 때 논리 체계는 기호로 구성된 문자열 간의 관계로 보여진다. 체계는 그 안에서 자연수와 같은 다양한 수학적 개체에 대한 명제proposition를 표현한다.[2] 그렇다면 문자열을 자연수로 나타내는 코드도 쉽게 상상할 수 있다. 아! 그렇다면 이러한 코드 기법을 사용하면 바깥에서 바라보는 논리 체계를 안으로 끌어들일 수 있는 것이

---

2 (옮긴이) 자연수라는 개념은 논리 체계의 안에 존재한다. 체계의 바깥에서는 특정 부호로 이루어진 문자열이 자연수를 설명한다는 사실을 모른다.

다. 그러한 코드를 어떻게 사용하는지 이해하기 위해 이 장 158쪽에 제시된 '사랑하는 사람은 행복하다'는 전제를 다시 한 번 살펴보자.

$$(\forall x)((\exists y)L(x, y) \supset H(x)) \qquad (\dagger)$$

이 전제를 표현하기 위해 우리는 서로 다른 기호 10개를 사용했다.

$$, \quad L \quad H \quad \supset \quad \forall \quad \exists \quad x \quad y \quad (\quad)$$

이제 각 기호를 자연수로 바꾸는 간단한 코딩 방법을 생각해 볼 수 있다. 예를 들면 아래와 같다.

,	L	H	$\supset$	$\forall$	$\exists$	x	y	(	)
↓	↓	↓	↓	↓	↓	↓	↓	↓	↓
0	1	2	3	4	5	6	7	8	9

앞의 전제(†)에 사용된 기호들을 이와 같은 코딩 방법을 사용해 변환하면 이러한 숫자 코드를 얻게 된다.

$$84698857918607932869 9$$

기호로 이루어진 문자열에서 숫자 코드를 얻는 것뿐 아니라 쉽게 그 반대의 방향, 즉 숫자에서 기호로의 변환도 가능하다. 기호가 10개 이상이라면 물론 다른 코딩 방법을 사용해야 하지만 특별히 어렵지는 않다. 예를 들어 기호 하나마다 숫자 2개를 사용해 코딩하면 100개의 서로 다른 기호를 변환할 수 있다. 본질적으로 이 방법은 모든 논리 체계에 적용할 수 있다. 밖에서 바라볼 때는 그저 기호의 문자열로밖에 보이지 않던 논리 표현들을 자연수로 코딩할 수 있는 것이다.[9]

괴델은 이와 같은 코딩 방법을 사용하면 정규 논리 체계의 메타수학을 그 체계의 바로 안에서 만들어 낼 수 있다고 확신했다. 그러나 이 과정에서 그는 빈 학파의 원칙에서 분명하게 금지하는 생각을 하기 시작했다. 괴델은 그러한 논리 체계의 바깥에서 봤을 때는 참이지만 안에서는 참으로 증명할 수 없는 명제가 있음을 발견한 것이다.

빈 학파의 추종자들에게 수학적 진리는 오직 증명할 수 있을 때만 의미가 있었다. 증명할 수 없는 수학은 관념적인 형이상학의 망상일 뿐이었다. 그러한 빈 학파의 원칙에 도전한 괴델은 수학적 진리라는 것은 존재하지 않는다는 놀라운 결과를 얻었다. 이 결과는 단순히 논리 체계로 표현하는 수학을 넘어서 더 깊은 의미가 있었다.

이 결론은 다양한 논리 체계에 적용될 수 있다. 비교적 약한 체계인 PA에 적용됐고 전통적인 수학 전체를 포괄한 화이트헤드와 러셀의 수학 원리Principia Mathematic, 줄여서 PM 체계에도 역시 적용된다. 어떤 체계에 적용하더라도 체계의 안에서는 참이라고 표현하지만 그 체계 안에서 증명할 수 없는 명제가 존재한다. 괴델이 1931년 발표한 유명한 논문 제목 〈수학 원리와 그에 관련된 체계에서 결정불가능 명제들에 관하여On Formally Undecidable Propositions of Principia Mathematica and Related Systems〉에서 드러나듯이 그는 이 결과를 PM에 적용해서 PM과 같은 강력

한 논리 체계도 전체 수학의 진리를 다 포괄할 수 없음을 증명했다.[10]

괴델의 증명에서 핵심적인 과정은 자연수로 PM 안에서 증명하고자 하는 명제를 코딩했을 때 PM 안에서도 그 코드를 이해할 수 있다는 것이다. 이 방법을 사용해 괴델은 특별한 PM의 명제를 만들었는데, 그 명제는 코드를 이해하는 사람이 읽을 경우 어떤 명제가 PM 안에서 증명이 불가능하다고 말하는 것이다. 다시 말해 앞에서 소개한 자연수 코드로 짜인 명제 A의 내용은 다른 명제 B가 PM 안에서 증명이 불가능하다는 선언이다.

이제 코딩 법을 모르는 사람에게 명제 A는 단순한 문자열로서 자연수에 대해 어떤 복잡하고 수수께끼 같은 명제를 표현한다. 그러나 코드를 이해한다면 수수께끼가 해결된다. 명제 A는 어떤 문자열로 구성된 또 다른 명제 B가 PM 안에서 증명이 불가능하다는 것을 표현한다. 일반적으로 A와 B는 서로 다른 명제다. 두 명제가 같다면 어떨까? 괴델은 이런 질문을 던졌고, 실제로 그게 가능했다. 괴델은 칸토어에게서 배운 수학적 기교, 즉 대각선 기법을 사용해 이것이 가능함을 보였다. 이 기법을 사용해서 증명이 불가능하다는 명제와 그러한 사실을 선언하는 명제가 같은 하나의 명제라는 것을 보일 수 있었다. 다시 말해 괴델은 U라고 부르는, 다음과 같은 성질을 갖는 놀라운 명제를 얻는 방법을 알아냈다.

- U는 어떤 특정한 명제가 PM에서 증명이 불가능하다고 말한다.
- 그 어떤 특정한 명제는 사실 U 자신이다.
- 그러므로 U는 'U는 PM에서 증명이 불가능하다'고 말한다.

빈 학파는 '진실'이라고 부를 수 있는 것들은 오로지 PM과 같은 체계에서 표현할 수 있는 명제로서 그 체계의 규칙을 따라 증명이 가능한 것이라고 규정했다. 그러나 명제 U의 성질은 이와 같은 믿음을 불가능하게 만들었다. PM 체계에 오류가 없고 PM의 규칙을 따라 증명이 가능한 것을 실제로 참이라고 믿는다면[11] 명제 U는 참이지만 PM에서 증명이 불가능하다. 더 구체적으로 이렇게 설명할 수 있다.

1. U는 항상 참이다. 반대로 거짓이라고 가정해 보자. 그럼 U가 선언하는 내용은 거짓이 된다. 그렇다면 U가 증명이 불가능하다고 말한 것은 거짓이다. 그럼 U는 증명이 가능하므로 참이 된다. 그런데 이것은 U가 거짓이라고 가정한 내용과 모순이다. 따라서 U는 항상 참일 수밖에 없다.

2. U는 PM에서 증명이 불가능하다. U가 참이면 선언하는 내용이 참이어야 하고, 따라서 그 내용은 PM에서 증명이 불가능하다.

3. U의 부정negation $\neg U$는 PM에서 증명이 불가능하다. U는 참이기 때문에 $\neg U$은 거짓이 돼야 하고 따라서 PM에서 증명이 불가능하다.

U는 명제 자신과 부정이 모두 PM에서 증명이 불가능하다는 이유 때문에 결정불가능 명제라고 부른다. 그러나 이렇게 불완전한 명제는 논리 체계 '안'에서 증명 가능 여부를 다룰 때 발생한다는 것을 강조하고 싶다. 그 체계의 외부에서 바라봤을 때 U는 분명히 참이다.[3]

---

3 괴델이 스스로 증명이 불가능하다고 선언하는 U와 같은 명제를 어떻게 만들었는지는 이 장 마지막의 부록을 참고하기 바란다.

이제 여기에서 의문이 생긴다. 우리는 명제 U가 비록 PM 안에서 증명이 불가능하더라도 참인 것을 알고 있다. 모든 일반적인 수학이 PM 체계 안에 포함되어 있는데도 왜 U가 참이라는 사실을 PM 안에서 증명하는 것이 불가능할까? 괴델은 거의 가능하지만 분명한 한계가 존재한다는 것을 깨달았다. PM 안에서 증명이 가능한 명제는 바로 아래와 같다.

PM에 일관성이 있다면 U가 성립한다.

즉, PM이 일관적consistent이라는 명제가 U를 PM 안에서 증명하는 것을 막는 것이었다. 우리는 U가 PM 안에서는 증명이 불가능하다고 알기 때문에 자연스럽게 PM의 일관성은 PM 안에서는 증명이 불가능하다고 결론 내릴 수밖에 없다. 그런데 힐베르트 프로젝트의 핵심은 PM이 일관적이라는 사실을 PM을 구성하는 몇 가지 '유한'한 기법을 사용해 증명하는 것이었다. 그리고 괴델은 PM의 어떤 방법을 사용해도 그 체계에 일관성이 있음을 증명할 수 없다고 증명한 것이다. 그래서 힐베르트가 처음 꿈꾸었던 프로젝트는 끝났다!⁴[12]

컴퓨터 프로그래머 쿠르트 괴델

1930년은 정보를 처리하고 프로그래밍이 가능한 범용 컴퓨터가 실제 기계로 나오기 수십 년 전이다. 그러나 현대의 프로그래밍 언어에 대

---

4 (옮긴이) 모든 수학 문제의 답을 알게 되리라는 꿈

한 지식이 있는 사람이 그해 출간된 괴델의 불완전성 이론 논문을 읽는다면 45개의 순차로 이루어진 공식이 컴퓨터 프로그램과 아주 유사하다는 것을 알 수 있다.

그 유사성은 우연이 아니다. PM의 문제를 해결하는 증명을 PM 안에서 코드로 쓰는 것을 보이기 위해 괴델은 프로그래밍 언어를 만들거나 그 언어를 사용하는 프로그래머가 겪는 문제를 해결해야 했다. 가장 근본적인 단계에서 현대의 컴퓨터는 기본적인 연산을 0과 1로 구성된 짧은 문자열들만 받아들여 처리한다.

고급 프로그래밍 언어를 만드는 사람들은 프로그래머들에게 익숙한 일상의 언어 구절을 사용해 매우 복잡한 연산들을 추상화하고자 한다. 사람들에게 익숙한 언어로 쓰여진 프로그램은 수행되기 전에 컴퓨터의 가장 기본적인 연산들로 나열된 기계어로 변환되어야 한다. 이러한 변환은 인터프리터 혹은 컴파일러라고 부르는 특별한 프로그램이 수행한다.[5]

괴델의 결정불가능 명제의 핵심은 PM 체계의 명제가 증명 가능한지 여부를 PM 안에서 쓸 수 있다는 것이었다. 괴델은 그의 이 혁명적인 결과를 의심이 많은 사람들에게 선보여야 한다는 것을 잘 알고 있었고 의심의 여지를 모두 없애고 싶었다. 그래서 PM 밖에서 볼 수 있고 공리와 추론을 담고 있는 코드를 연산하는 복잡한 단계를 작게 나누는 문제와 그 단계들을 PM의 기호 언어로 변환하는 두 가지 문제를 해결해야 했다.

---

5 인터프리터는 프로그램의 각 단계를 기계어로 변환한 후 다음 단계로 가기 전 곧바로 변환된 단계를 수행한다. 컴파일러는 전체의 프로그램을 기계어로 변환한다. 그래서 기계어로 구성된 전체 프로그램이 더 이상 컴파일러의 간섭 없이 한 덩어리로 돌아갈 수 있다. 현재 대부분의 상용 소프트웨어는 컴파일러로 만들어진다.

이 문제를 해결하기 위해 괴델은 특별한 언어를 만들어 연산들이 하나 하나의 단계로 표현될 수 있도록 했다.[13] 각 단계들은 수의 연산에 대한 정의로 만들어져 있고 괴델이 만든 코드를 통해 PM 안에서의 연산으로 매칭될 수 있었다. 괴델의 언어에서 연산에 대한 정의들은 그전 단계에서 정의한 다른 연산들로 구성되어 있다. 괴델은 이 언어를 각 단계의 정의들이 표현하는 연산이 PM 안에서도 적절히 표현될 수 있도록 특별하게 설계했다.

분명히 그 이전에 라이프니츠는 잘 정의된 가상의 언어를 만들어 사람들의 생각을 추론하고 계산할 수 있게 하자고 제안했다. 프레게는 그의 《개념표기》를 통해 수학에서 사용하는 논리적인 추론을 어떻게 표현할 수 있는지 보였다. 화이트헤드와 러셀은 실제 수학의 추론을 논리의 가상 언어에 모두 담는 데 성공했다. 힐베르트는 그러한 언어의 연구를 위해 메타수학을 제안했다. 그러나 괴델 전에 누구도 메타수학의 개념이 그 언어 자체에 담길 수 있음을 보여 준 사람은 없었다.[14]

괴델은 그의 언어가 결정불가능 명제 U를 도출한 것 말고도 일반적인 수학적 개념들을 표현하는 데도 쓰일 수 있다는 점을 보이고 싶었다. 이를 위해 괴델은 기초적인 수 이론 중 하나인 '중국인의 나머지 정리Chinese remainder'를 사용해 그의 언어가 담고 있는 연산들이 어떻게 자연수의 산술을 위한 기본적인 언어로 사용될 수 있는지 설명했다.[15] 자연스럽게 결정불가능 명제 U 또한 이 기본적인 언어로 표현이 가능했다. 이게 구체적으로 의미하는 바는, 명제 U를 오직 자연수, 연산자 $+$, $\times$, 등호($=$) 그리고 현대에 $\neg \supset \wedge \vee \exists \forall$로 표현하는 프레게 논리 체계의 기본 연산만을 값으로 갖는 변수를 사용해서 만들어 낼 수 있다는 것이다. 이렇게 값이 제한된 용어들만 사용해서도 PM에서 증명이 불가능한 명제를 만들어 낼 수 있다는 점이 놀라운 결론이었다.

쾨니히스베르크 학술회의

1930년 8월 26일, 빈의 라이크스라트 카페에서 당시 24세였던 괴델은 루돌프 카르나프와 10일 후에 열리는 과학의 인식론에 대한 쾨니히스 베르크 학술회의에 대해 이야기하고 있었다. 거의 마흔 나이가 되어 가는 카르나프는 빈 학파를 주도하는 학자로서 수학의 근본을 다루는 '논리주의자logicist' 프로그램에서 기조 발표를 할 예정이었다. 이 프로 그램은 화이트헤드와 러셀의 저서 《수학 원리》에 와서 절정에 이르렀 던 주제를 다루고 있었다.

카르나프의 일기에 따르면, 괴델은 그에게 수학의 근본 체계에서 증 명이 불가능한undecidable 자연수의 명제들이 존재한다는 깜짝 놀랄 만 한 발견을 이야기했다. 그후 이 두 사람은 (다른 논리학자들과 함께) 쾨니히스베르크로 떠났다.

학회 첫날 수학의 근본에 대해 세 시간에 걸쳐 발표가 있었다. 카르 나프는 논리주의자에 대해 발표하며 놀랍게도 괴델의 새로운 발견을 전혀 언급하지 않았다. 카르나프의 발표에 이어 브라우어르의 제자였 던 아런트 헤이팅이 브라우어르의 직관론에 대해 발표했다. 그날 마지 막 발표는 폰 노이만이 했는데, 힐베르트의 프로젝트가 주제였다.[16]

둘째 날에는 한 시간짜리 발표 세 개 외에도 20분짜리 발표 세 개가 더 있었다. 괴델도 20분짜리 발표자 중 한 명으로 프레게 규칙의 완전성에 대한 자신의 박사 학위 논문을 소개했다. 괴델의 폭탄선언은 세 번째 날 있었던 수학의 근본에 대한 원탁 토론에서 나왔다. 그는 다소 머뭇거리는 태도로 길게 일관성consistency 증명이 왜 수학 원리PM 같은 체계에 필요한지 설명했다. 그는 그러한 체계에 일관성이 있다 하더라도 그 체계 안에서는 자연수의 명제를 증명할 수 있지만 밖에서 봤을 때는 거짓인 명제가 존재한다고 주장했다. 그래서 단순히 논리 체계의 일관성 증명만으로는 그 체계 안에서 증명하는 것이 맞다고 보장하지 못한다는 설명이었다.

그의 설명에 대해 폰 노이만은 호의를 보였고 괴델은 더 길게 이야기를 할 수 있는 기회를 얻었다. 괴델은 계속해서 수학 원리와 같은 체계에서 일관성을 가정한다고 해도 참으로 판별할 수 있는 간단한 산술이지만 체계 안에서는 증명이 불가능한 '명제의 예제를 만들 수' 있다고 설명했다. '그러므로' 이렇게 그는 계속해서 이어 갔다. '수학 원리 체계에서 그러한 명제의 부정을 만들어 계속 이어 가면' 거짓된 명제를 증명이 가능케 하는 일관적인consistent 논리 체계를 얻게 된다고 설명했다.[17]

폰 노이만은 바로 그 자리에서 괴델이 말한 의미를 이해한 것으로 보인다. 실제 그는 회의를 마친 후에 따로 괴델을 찾아가 논의를 이어 갔다. 하지만 다른 참석자들 중 누구도 그 발표의 의미를 이해했다는 증거는 없었다. 폰 노이만은 이후에 계속해서 이 문제에 대해 생각했고 (위에서 설명한 대로) 괴델의 논리를 따르면 체계의 일관성은 증명이 불가능하며 이것으로 힐베르트의 프로젝트는 끝났다고 믿었다.

이런 생각을 담은 폰 노이만의 편지가 도착했을 때, 괴델은 이미 같은 결론을 담은 논문을 출판하기 위해 제출한 상태였다. 폰 노이만은 괴델에게 보낸 편지에서 논문의 초록을 보내 준 데 대해 감사하며 아마도 안타깝고도 분한 느낌ruefully을 담아 "당신이 이전에 얻은 결과를 계속 발전시켜서 일관성을 증명하는 게 불가능함을 보였기 때문에, 물론 나는 이 주제로 논문을 제출하지 않을 겁니다."[18]라고 말했다. 폰 노이만에게 논리와 수학의 근본은 중요한 관심사였다. 그는 괴델의 좋은 친구가 되었고 괴델의 결과에 대해 많은 강연을 했으며 그가 아리스토텔레스 이후 최고의 논리학자라고 소개했다.[19]

폰 노이만은 더 이상 논리학을 다루지 않았다. 십여 년 후 다시 논리학으로 관심을 돌렸을 때는 하드웨어에 들어가는 논리, 즉 범용 디지털 컴퓨터에 대한 것이었다.

폰 노이만과 훗날 컴퓨터에 대해 함께 연구했던 사람은 폰 노이만이 수학의 일관성 증명을 위해 얼마만큼 노력을 기울였는지 엿볼 수 있는 재미있는 일화를 소개했다.

하루 일과를 마치고 나면 (폰 노이만은) 침대에 누워 새로운 통찰을 얻을 때까지 깨어 있곤 했습니다. (수학의 일관성을) 증명하기 위해 계속해서 생각했지만 성공하지 못했던 겁니다! 어느 날 밤 그는 꿈속에서 걸림돌을 해결하는 방법을 발견해서 더 길게 증명을 이어갈 수 있었습니다. 그리고 다음날 아침 다시 증명에 매달렸지만 실패했습니다. 그리고 그날 밤 다시 침대에 누워 꿈을 꾸었습니다. 이번에는 정말로 그 걸림돌의 해결책을 찾은 겁니다. 그러나 아침에 깨었을 때는 … 여전히 문제점이 남아 있었습니다.

폰 노이만은 "세 번째 밤 역시 꿈을 꾸었다면 결과는 달랐을 것입니다!"라고 재치 있게 술회했다.[19]

쾨니히스베르크에서 괴델이 놀라운 발견을 발표한 학회는 같은 주간에 벌어진 독일 과학과 의학자 학술회의의 곁가지 학회였다. 괴델의 원탁 토론 다음날 있었던 주 학술회의의 개회사는 다비트 힐베르트가 담당했다. 이 발표에서 힐베르트는 그의 묘비명에 남은 '우리는 알아야 합니다. 우리는 알게 될 것입니다.wir müssen wissen; wir werden wissen'로 모든 수학 질문에 대한 답을 알아야 하고 알 수 있다는 자신의 확신을 선언했다.

괴델의 불완전성 정리는 수학을 PM과 같은 특정한 논리 체계 안에 포함되는 것으로 한정한다면 힐베르트의 이런 믿음은 공허하다는 것을 보였다. 어떤 형식을 사용하든 상관없이 그 체계를 초월하는 수학 질문이 있다는 것이다. 반면에 원칙적으로는 그러한 질문들은 그 질문에 답을 할 수 있는 더 강력한 체계로 이어진다. 그래서 올라갈수록 더 강력해지는 체계 간 계층이 있어서 그 전의 약한 체계에서 해결이 불가능한 문제가 다음 강력한 계층에서는 해결이 가능하다고 상상할 수 있다.

이런 상상이 논리로서는 반박의 여지가 없지만 어떤 의미로 실제 수학에서 쓰일 수 있는지는 불분명하다. 괴델이 후대의 수학자들에게 남긴 숙제는 이러한 강력한 체계를 사용해 현재 해결이 불가능한 문제들을 해결하라는 것이다. 몇몇 용감한 수학자들이 이러한 방향으로 연구를 계속해 왔지만 대부분 수학자들은 이 주제에 대해 잘 모르고 있고 몇몇 전문가들은 이 방향에 심각한 회의론을 제시했다.[20]

사랑과 혼란

빈에서 괴델의 동료 학생이었고 훗날 저명한 수 이론 학자가 된 올가 타우스키토트는 괴델의 능력이 학생들 사이에서도 잘 알려져 있었고 다른 학생들이 어려움을 겪을 때면 괴델이 기꺼이 자청해 도왔다고 말했다. 올가는 재미난 일화를 소개했다.

> 괴델이 이성에 관심이 많았다는 사실엔 의문의 여지가 없었고 괴델도 그 사실을 부인하지 않았어요. … 어느 날 도서관과 붙어 있는 작은 수학 세미나실에서 공부하고 있었는데요. 문이 열리고 아주 작고 어린 여학생이 들어왔어요. 예쁘장했고 … 제법 특이하고 사랑스러운 여름 옷을 입고 있었죠. 얼마 지나지 않아 쿠르트가 세미나실에 들어왔고 여학생은 자리에서 일어나 둘이 같이 나갔어요. 쿠르트는 분명히 사람들에게 그 여학생을 자랑하고 싶었던 거예요.[21]

괴델은 평생의 동반자가 되는 아내 아델레를 학창 시절 처음 만났고 둘은 대략 10년 후 결혼했다. 당시 아델레는 첫 남편과 여전히 결혼 상태였고, 댄서로 일하고 있었다.[6] 괴델의 부모는 아들의 선택이 탐탁지 않았다. 아델레는 괴델보다 6살 연상이었을 뿐만 아니라 로마 가톨릭을 따르고 있었기 때문이다. 그 시절 빈에서 여성 댄서는 어느 정도 돈을 지불하면 성을 매매한다고 소문이 나 있었기 때문이기도 했다.[22]

이런 이유 때문인지 괴델은 오랫동안 가깝게 지낸 아델레와의 관계

---

6 일화에 따르면 아델레는 이름에서부터 음습한 분위기를 풍기는 '나방(Der Nachfalter)'이라는 이름의 나이트클럽에서 댄서로 일했다고 한다. 발레 댄서였다는 다른 일화도 있다.

를 결혼 전까지 사람들에게 드러내지 않았다. 훗날 실제로 그들이 결혼 했을 때 괴델의 동료들은 아델레의 존재에 대해 크게 놀랐다고 전해진다.[23] (평생 독신으로 지낸) 형 루돌프는 괴델의 죽음 이후에 이렇게 말했다. "나는 동생 결혼에 대해 비판하고 싶지 않았습니다."[24]

연륜있고 현명하다는 사람들이 하는 결혼에 대한 조언은 자주 틀리기 때문에 행복한 결혼이란 여전히 미스테리라고 할 수 있다. 괴델의 경우가 이에 속했다. 괴델은 평생 행복하게 결혼 생활을 유지했다.

격동과 재난으로 표현할 수 있는 정치, 사회, 경제적인 사건들이 벌어지는 가운데 괴델은 오스트리아에서 수학자로 일하려고 했다. 1차 세계 대전 패배 후 오스트리아-헝가리 제국의 잔해로 세워진 오스트리아는 대부분의 사람들이 독일어를 사용했고 그중 대다수는 연합국이 금지한 독일과의 통일을 원하고 있었다. 독립된 민주주의 체제의 오스트리아는 그리 오래가지 못했다. 간헐적으로 지속되던 파시스트 우익 보국단Heimwehr과 사회민주주의당Schutzbund 간의 무력을 동원한 충돌은 1927년 절정에 이르렀다. 반동주의자들reactionary에 의해 노인과 아이가 살해당하고 판사가 살인자에 대한 기소를 거부하자 사회민주주의자들이 시위를 벌여 법무부 건물이 불타고 거의 100명이 사망했다.

1929년 말에는 공화국의 대통령에게 계엄령으로 통치할 수 있는 권한이 주어졌다. 그러나 (미국에서는 대공황으로 불린) 전 세계적인 경제 위기가 닥치며 정치적인 해결은 요원해 보였다. 1932년 선출된 돌푸스 정권이 전체주의로 돌아서면서 오스트리아에서 의회가 의미 있는 역할을 하는 체제는 사라졌다.

상황은 점점 더 나빠져갔다. 1934년 히틀러가 독일의 권력을 잡고 있을 때 오스트리아에서는 돌푸스의 조국 전선을 제외하고 모든 정당 활동이 금지되었다. 몇 달 후 돌푸스는 정권을 전복하려다 실패한 오스트리아 나치에 의해 살해당했다. 그의 후임자 슈슈니크는 무솔리니의 도움을 받아 히틀러의 진격을 저지했다. 그러나 결국 1938년 3월 오스트리아가 나치 독일에 흡수되며 끝이 났다.

괴델은 1933년 2월 강사로 임용되며 학교에서의 긴 경력을 시작했다. 그즈음 그는 논문 지도 교수 한의 논리학 세미나와 (빈 학파에서 활동한) 수학자 카를 멩거가 운영한 학회에서 활발히 활동했다.

괴델은 흥미로운 결과물들의 상당분을 이 시기에 만들었고 그중 몇몇은 아주 중요한 것이었다. 이 결과물들은 멩거의 학회 논문집에 간략하게 정리한 형태로 출간되었다.[25] 강사로서 괴델의 첫 수업은 1933년 여름 정치적으로 어려운 상황에서 열렸다. 나치의 행사 때문에 학교가 문을 닫는 날이 있었고 어떤 주간에는 빈 이곳 저곳에서 나치 테러리스트들이 저지른 폭탄 테러가 발생하기도 했다.

프린스턴 고등연구소로부터 1933~1934 학년도 동안 함께 연구하자는 제안이 들어왔을 때, 괴델의 형편은 이를 거절하기 힘들었다. 불안정한 시국을 피할 수 있을 뿐 아니라 아인슈타인이나 폰 노이만 같은 탁월한 학자들과 함께 일할 수 있는 기회이기도 했기 때문이다. 그러나 가족과 친구들(아마도 특히 아델레)로부터 1년간 떠나 있어야 한다는 생각이 신경 쇠약에 시달리는 젊은 괴델에게 걱정을 불러일으켰다. 대서양을 건너는 배를 타기 위해 집을 나섰다가 그는 열이 난다고 생각해서 발길을 돌려 집으로 돌아왔지만, 가족이 설득하여 간신히 다음 편 배에 탑승해 먼 길을 떠났다.

1930년대 프린스턴에서 수학을 둘러싸고 벌어진 일들

1930년대 (그리고 1950년대까지) 프린스턴의 수학과는 낮은 충수의 매력적인 붉은 벽돌 건물인 파인 홀Fine Hall에 입주해 있었다.[7] 그 시절 파인 홀에서는 프린스턴 대학교의 수학과 교수들뿐 아니라 고등연구소의 수학자들이 일하고 있었다. 나치 정권을 피해 미국으로 탈출한 과학자들이 대거 유입되었으며, 프린스턴에 모여 있는 수학자들의 재능은 1930년대에 이르러 괴팅겐과 견줄 만했고 곧 괴팅겐을 능가했다. 파인 홀의 복도에서는 바일, 아인슈타인, 폰 노이만과 같은 사람들을 마주칠 수 있었다. 이때의 폰 노이만은 수학의 근본에 관한 힐베르트의 프로젝트에서 아주 멀어져 있었다.

논리학자 알론조 처치 역시 프린스턴 대학교의 교수 중 한 명이었다. 또한 수학자로서 뛰어난 업적을 남긴 스티븐 클레이니와 버클리 로서가 처치의 박사 과정 학생으로 거기에 있었다.[8]

수학자들은 아주 오래 전부터 수를 계산하는 알고리즘을 다루어 왔다. 우리는 수를 더하고 곱하고 나누는 방법을 어린 시절에 배웠다. 처치는 이렇게 이미 익숙한 수학적 개념인 알고리즘을 표기하는 새로운 방법을 소개했으나, 스스로도 그것이 알고리즘과 관련해 완전히 새로운 길을 연다고는 상상하지 못했다. 그는 이 표기법을 사용해 알고리즘으로 가능한 게 무엇인지 연구했고 알고리즘으로 해결이 불가능하

---

7 오늘날 프린스턴 수학과가 있는 건물도 역시 파인 홀이라 불린다. 1마일 정도 떨어진 1번 고속 도로에서도 잘 보이는 콘크리트 건물이다.

8 알론조 처치(1903~1995)는 미국의 논리학 연구가 꽃피는 데 중요한 역할을 담당했다. 기호 논리학 저널을 창간했고 40년 이상을 편집자로 봉사했다. 처치에게 배운 31명의 박사 과정 학생 중에는 튜링이 있었고 어찌하다 보니 나 역시 포함되어 있었다.

다고 증명할 수 있는 예제를 만들어 냈다. 이 새로운 표기법은 수학의 함수에 관한 것이었다.

보통 함수는 한 개 혹은 여러 개의 글자를 포함하는 수식으로 나타낸다. 이 글자들이 수로 대치되면서 새로운 값이 계산되고 그 함수의 값이 된다. 그러나 함수 자체는 수식이 아니다. 단지 주어진 값과 계산된 결과 사이를 연결하는 수식의 표현일 뿐이다. 간단한 예로 수식 x^2 + 3을 살펴보자. 우리가 f를 사용해 이 수식을 표현한다고 가정하면 이렇게 쓸 수 있다.

$$f(x) = x^2 + 3$$

그러면 다음과 같이 계산된다. $f(1) = 4$, $f(3) = 12$ 등. 처치는 이러한 공식을 담는 함수를 표현하기 위해 새로운 표기법을 만들기로 했다. 그리스 문자 λ(람다)를 사용해 함수를 이렇게 썼다.

$$f = \lambda x[x^2 + 3]$$

처치는 자신이 만든 람다 표기법을 사용해 수학의 근본에 대한 완전한 논리 체계를 만들어 냈다. 그는 화이트헤드와 러셀이 만든 묵직한 개념의 수학 원리보다 자신의 체계가 훨씬 간단하다고 생각했다. 그리고 러셀이 프레게를 무너뜨린 것과 같은 역설을 피할 수 있으리라 생각했다. 그러나 판단 착오였다. 그의 제자 클레이니와 로서는 스승의 체계 역시 일관성이 없고 모순을 발생시킨다는 것을 증명했다.

이 상황은 셰익스피어 희극에서 율리우스 카이사르가 부르짖은 "브루투스, 너마저?"를 연상케 한다. 후견해 왔던 이가 자신을 찌른 공모자 중에 서 있었으니. 그러나 프레게와는 달리 처치는 자신이 만든 체계가 비일관적이라는 것에 좌절하지 않았다. 무너진 잔해 속에서 건져 낼 만한 가치가 람다(λ) 표기법에 담겼다고 생각했고 그가 맞았다. 처치는 목표를 좀 더 줄여 수정한 체계인 람다 대수Lambda calculus를 만들었고 그 체계는 일관적이라는 것을 증명했다.[9]

간단한 체계인 람다 대수가 수학의 근본을 모두 담아 내는 것은 분명 불가능하다. 그렇다면 람다 대수가 수학의 개념을 얼마나 담아낼 수 있는지 궁금해질 것이다. 언어로서 람다 대수는 변수를 표현하는 글자, (마침표 등의) 구두점, 그리고 물론 기호 람다(λ)로 구성되어 있다. 그런데 숫자, 심지어 자연수를 표현하는 방법이 분명하지 않았다. 물론 자연수는 여러 가지 다른 방식으로 표기할 수 있다. 우리에게 아주 익숙한 아라비아 숫자 체계에서는 이렇게 자연수를 표현한다.

$$1, 2, 3, 4, 5, 6, 7, 8, 9, 10, 11, \cdots, 99, 100, \cdots$$

그리고 로마 표기법을 따르면 이렇게 표현한다.

$$I, II, III, IV, V, VI, VII, VIII, IX, X, XI, \cdots, IC, C \cdots$$

9 (옮긴이) 처치의 람다 대수는 후에 LISP 같은 함수형 프로그래밍 언어의 모델로 쓰였다. 20세기에는 함수형 언어가 명령형 언어 C에 비해 대중적인 인기를 얻지 못했다. 그러나 2000년대 이후 컴퓨터 구조에 멀티 코어가 많이 쓰이면서 병렬 알고리즘을 표현하는 데 더 적절한 함수형 언어가 다시 퍼지기 시작했다. 현재는 자바, C# 같은 널리 쓰이는 언어들에서 함수형 언어 표현을 지원한다.

수를 다루는 알고리즘은 수가 어떤 표기법으로 표현되는지에 따라 확연히 달라진다. 두 수를 곱할 때는 아라비아 표기법이 로마 표기법보다 훨씬 쉽다! 또한 기호를 무한하게 반복적으로 사용해 수를 표기할수도 있다. 처치와 클레이니는 람다 대수 언어의 제한된 표기법을 사용해서 자연수를 표현하는 다음과 같은 방법을 생각해 냈다.

$$1 \quad \rightarrow \quad \lambda x[\lambda y[x(y)]]$$
$$2 \quad \rightarrow \quad \lambda x[\lambda y[x(x(y))]]$$
$$3 \quad \rightarrow \quad \lambda x[\lambda y[x(x(x(y)))]]$$
$$4 \quad \rightarrow \quad \lambda x[\lambda y[x(x(x(x(y))))]]$$
$$. \quad \rightarrow \quad \cdots$$
$$. \quad \rightarrow \quad \cdots$$
$$. \quad \rightarrow \quad \cdots$$

위의 식이 복잡해 보이긴 하지만 패턴은 분명하다. 이제 람다 대수에서 2 + 3을 계산하기 위해서는 두 개의 수 $\lambda x[\lambda y[x(x(y))]]$와 $\lambda x[\lambda y[x(x(x(y)))]]$로 시작한다.

그리고 다음과 같은 결과를 얻어 내야 한다.

$$\lambda x[\lambda y[x(x(x(x(x(y)))))]]$$

그런데 람다 대수에서 덧셈, 곱셈 그리고 다른 연산을 위한 알고리즘을 만드는 것은 까다로웠다. 클레이니는 람다 대수를 계산하는 방법을 자신의 박사 학위 논문 주제로 선택했다. 뺄셈이 특히 어려워 보였다. 수년 후, 클레이니는 치과 의자에 누워 있을 때 1을 빼는 람다 대수 알고리즘을 떠올렸다고 설명하며 웃었다.

처치와 클레이니는 람다 대수 알고리즘이 존재하는 함수를 람다 정의 가능λ-definable이라고 부르기로 했다. 초반기 어려움 이후에 클레이니는 람다 대수 알고리즘을 만드는 데 아주 익숙해졌고 자연수에 관련된 거의 대부분의 함수가 람다 정의 가능하다고 증명할 수 있었다. 그리고 처치는 이런 방식으로 얼마나 많은 문제를 해결할 수 있을지가 궁금해졌다.[26]

연인 아델레를 뒤로 한 채 빈을 마지못해 떠난 괴델은 1933년 가을 미국에 도착했다. 1934년 봄 그는 프린스턴에서 결정불가능 명제에 관련된 강의를 여러 차례 했다. 클레이니와 로서는 그 강의를 들으며 노트에 훌륭하게 정리했고 아마도 처치 역시 강의를 들었을 것이다.

메타수학의 개념(예를 들어 증명에 사용하는 숫자로 된 코드)과 연결 지어서 괴델은 자연수를 정의하는 함수들을 소개하고 그 함수들을 '재귀적recursive'이라고 불렀다. 그가 함수들을 재귀 함수라고 이름 지은 이유는 이런 함수들이 초기 인풋 값을 정의한 후 그 함수에서 산출된 값이 함수 자신의 다음 입력값으로 사용되는 것을 정의하기 때문이다. 그는 강의에서 재귀 함수들이 그 결과를 '한정된 절차'를 통해 계산하는 중요한 성질을 갖는다고 말했다. 이 한정된 절차는 바로 우리가 지금 알고리즘이라고 부르는 것이다.

그는 더 나아가 재귀 함수의 분류를 더 크게 확장할 수 있다고 설명했다. 자연수를 다루는 모든 함수를 전부 재귀 함수 알고리즘으로 만들 수 있다는 설명이다. 그리고 좀 더 나아가 그는 이러한 재귀 함수의 집단을 '일반 재귀general recursive'라고 불렀다.

그즈음 처치는 자신이 '실제적으로 계산 가능한 것'이라고 부른 문제들, 즉 현재 우리가 알고리즘으로 계산할 수 있는 문제들에 대해 괴델과 대화를 나눴다. 괴델은 모든 실제로 계산 가능한 함수들이 그가 강의에서 정의한 일반 재귀 함수들과 일치하는지 알고자 했다. 처치는 그 이전에 클레이니에게 람다 정의 가능 여부가 실제적으로 계산 가능한 문제들과 동일한 것일 수 있다고 설명했다. 그리고 이번엔 괴델에게 이 가능성을 제안했다. 당시에 괴델은 일반 재귀 함수나 람다 정의 가능 함수들이 실제 계산이 가능한 함수와 동일한지의 여부에 확신이 없었다. 클레이니는 이 주제로 연구를 이어갔다.

괴델의 일반 재귀 함수에 대해 좀 더 연구한 후 클레이니는 람다 정의 가능 함수들이 괴델이 기존에 좁게 분류했던 재귀 함수들과 관련이 있음을 발견했고 그 재귀 함수를 원시적 재귀 함수primitive recursive functions로 부르기로 했다.[27] 곧이어 그는 람다 정의 가능 함수들과 일반 재귀 함수들이 정의된 방법은 다르지만 실제로는 똑같은 함수들인 것을 증명했다.

이런 결과들을 토대로 처치는 출간된 논문에서 이러한 함수들이 정확하게도 실제 계산이 가능한 함수들과 맞아떨어진다고 선언했다. 이 주장은 처치의 논지Church's Thesis라고 부른다. 처치는 두 가지 서로 다른 개념이 같은 종류의 함수로 판명된 놀라운remarkable 사실이 이 논지를 입증한다고 강조했다. 이 논지에 근거해서 처치는 특별한 한 가지 문제를 고안해 내는데 이 문제는 람다 정의 가능한 알고리즘으로는 (혹은 일반적 재귀 절차로는) 풀 수가 없는 문제라고 선언했다. 그는 자신의 논문에 논쟁을 불러일으킬 만한 제목 〈기초 수 이론의 해결 불가능한 문제An Unsolvable Problem of Elementary Number Theory〉을 붙였다.[28] 한편 대서양의 반대편에서는 젊은 튜링이 독자적으로 같은 문제에 대해 연구하고 있었다. 튜링의 기계를 사용하는 방식(다음 장에서 다룬다)이 일반 재귀와 람다 정의 가능과 동일한 것으로 판명 났을 때 처치는 그의 논지가 맞다는 더 큰 확신을 얻었다.

빈으로의 회귀

빈으로 돌아온 후 몇 달이 지난 1934년 6월 괴델은 신경 쇠약을 겪게 되고 '부유층 대상의 온천, 치료, 요양 생활'을 위해 만든 푸르커스도르프 요양원에서 시간을 보내며 노벨상 수상 경력의 정신과 의사 율리우스 바그너 야우레크에게 진료를 받았다.[29]

괴델이 돌아왔을 당시 오스트리아는 극심한 혼란 상태였다. 나치가 정권의 전복을 시도하고 돌푸스를 암살한 것은 7월 말에 있었던 일이다. 바로 전날엔 괴델의 박사 학위 지도 교수 한이 암 수술 후유증으로 사망했다. 학교에서도 상황이 나빠지고 있었다. 학교의 직원들은 파시스트 정당 조국 전선에 강제로 가입해야 했고 정치적으로 좌파라고 여겨지는 교수들, 심지어는 정치적으로 중립적인 유태인 학자들 역시 파면되기 시작했다. 이러한 일련의 사태들이 괴델의 신경 쇠약에 어떤 영향을 미쳤는지는 자세히 알 수가 없다.

돌이켜 보면 파시즘의 꾸준한 발전이 얼마나 위협적인 일이었는지 쉽게 알 수 있을 것이다. 그러나 당시에 어떤 일이 벌어질지 알 수가 없어 미처 탈출하지 않은 사람들에게는 문제가 복잡해졌다. 사람들은 그저 상황이 나아지기만을 바랐다. 괴델의 형은 가족들 중 누구도 '정치에 아주 관심' 있는 사람이 없었다고 적었다. 그래서 히틀러가 1933년 독일에서 집권했을 때도 얼마나 심각한 상황인지 알지 못했다. 그러나 괴델의 형은 이렇게 적기도 했다.

> 두 가지 사건이 우리 눈을 번쩍 뜨이게 했다. 돌푸스 수상이 살해당했고, (국가사회주의 학생에 의해) 철학과 교수 슐리크가 살해당했다. 슐리크의 그룹에는 내 동생도 속해 있었다.[30]

미래의 가능성을 염두에 두고 프린스턴 고등연구소와 연락을 주고 받으면서도 괴델은 빈의 학교에서 계속 경력을 쌓아 갔다. 1935년 5월에는 대학교에서 두 번째 강의를 시작했고 그해 9월에는 두 번째로 프린스턴에서 방문 학자 자리를 얻었다. 이번에는 미국에서 그리 오래 머물지 않았다. 깊은 우울증에 시달린 그는 방문 학자 직을 사직하고 예정보다 빨리 12월에 집으로 돌아갔다.

괴델은 훗날 슐리크가 암살당한 1936년을 인생 최악의 해로 꼽았다. 정신 건강이 계속 악화되었고 많은 시간을 요양원에 머물러야 했다. 하지만 1937년이 되자 상황이 아주 많이 좋아졌다. 6월에 대학교에서 집합론에 대한 강의를 하며 힐베르트의 유명한 1900년 문제 목록 중 첫 번째인 칸토어의 연속체 가설에 관한 중대한 발견을 했다(이후에 계속 소개한다).

1938년 3월 히틀러의 독일은 오스트리아를 침공해 흡수했고 그해 10월 괴델은 아내 아델레를 남겨둔 채 미국으로 세 번째 방문을 떠났다. 결혼 2주만의 일이다.[10] 이번 미국의 방문 과정에서는 아주 많은 일을 했다. 프린스턴에서 칸토어의 연속체 가설 관련해 그가 한 발견에 대해 강의하며 가을 학기를 보낸 후 봄 학기에는 오랜 동료 카를 멩거가 빈을 떠나 자리 잡은 노터데임 대학교Notre Dame University에서 방문 교수로 일했다. 그러나 두 학기가 모두 끝나자 1939년 6월 느즈막히 빈으로 돌아가 아델레와 재회했는데, 이는 2차 세계 대전을 촉발시킨 독일의 폴란드 침공이 있기 두 달 조금 전이었다.

괴델이 돌아왔을 때의 빈은 나치 독일의 핵심 도시가 되어 있었고 히틀러의 '신질서New Order'에 따라 체계적으로 재편되고 있었다. 대학교에서는 강사 제도가 폐지되었고 '신질서의 강사Dozent neuer Ordnung' 직위가 새로 만들어졌다. 새 직위는 급여는 작았지만 지원서를 새로 써야 했고, 지원자들은 정치적인 성향과 순수한 인종인지 여부를 검열받아야 했다. 2차 세계 대전이 시작된 후 얼마 지나지 않은 9월 괴델도 지원을 했으나 놀랍게도 승인되지 않았고, 괴델은 이에 분개했다. 심사를 맡은 관료가 학장에게 보낸 교원 신청서 기록에는 괴델이 '유태인 교수 한'과 함께 연구했고, '유태인 자유주의자 그룹'과 어울렸다고 보고되어 있다. 다른 한편으로 괴델이 자기 입으론 '국가사회주의'에

---

10 갓 결혼한 이 커플이 프린스턴으로 함께 떠나려고 계획했다고 생각할 수 있는 이유들도 있다. Dawson(1997, pp. 128-129)을 참고하기 바란다.

반대하는 어떤 말도 한 적이 없다고 알려져 있었다. 이런 정황에서는 지원서를 승인할 수도 거절할 수도 없었다. 현실 세계의 결정불가능 명제였던 것이다!

몇 달 기다리는 사이 또 다른 큰 문제가 찾아왔다. 괴델에게 군 복무에 적합한지 결정하기 위한 신체 검사를 받으라는 통지가 도착한 것이다. 그리고 후에 다시 한 번 놀랐다. '수비대 근무'에 적합하다고 판정을 받은 것이다. 이런 와중에도 11월 그와 아델레는 교외 임대 주택에서 새로 구입한 도시 안의 아파트로 이사했다.[31] 자신을 둘러싸고 벌어지는 일들을 안중에 두지 않는 듯한 이런 모습은 병적 방어 기제의 작동이라고밖에 설명하기 어렵다.

괴델의 이런 모습은 빈 학회 일원이고 유태인이었던 구스타프 베르그만이 전하는 일화에서 잘 드러난다. 베르그만은 미국에 도착한 유태인 난민 행렬 중 한 명이었다. 1938년 10월 미국에 도착한 지 얼마 지나지 않은 베르그만을 당시 프린스턴을 방문 중이던 괴델이 점심 식사에 초대했다. 그리고 괴델의 질문에 깜짝 놀랐다 "베르그만 선생은 미국엔 왜 오신 건가요?"[32] 결국 괴델이 자신이 처한 불안정한 상황을 깨달은 것은 이사한 후 얼마 지나지 않아 길거리에서 난폭한 무리에게 맞아 안경이 부서진 사건 이후였던 것으로 보인다.[33]

독일이 폴란드를 빠르게 점령한 후 1939~1940년의 겨울은 '가짜 전쟁' 기간이라고 알려져 있다. 서유럽을 굴복시키고 프랑스를 무너뜨린 진격이 시작되기 몇 달 전이다. 러시아에 대한 공격은 이후 1941년 6월 말부터 시작됐다. 실상 독일은 소련과 불가침 조약을 체결했고, 스탈린이 지배하는 러시아는 독일군에 군수품을 공급하고 있었다.

1939년 12월에 와서야 괴델은 마침내 유럽을 떠나기 위해 총력을 기울이기로 결심했다. 출국을 위해서는 독일 정부에서 아델레와 자신의 출국 허가증을 받고 미국에서는 비자를 받아야 했다. 둘 다 쉬운 일이 아니었다. 프린스턴 고등연구소의 새 연구소장 프랭크 아이델로트가 이 일을 가능하게 만든 주인공이었다. 그는 미국 국무부에 과장된 이야기를 서슴지 않았다. 그는 국무부에 보낸 서류에 '괴델 교수'라고 적었는데 괴델이 아직 교수가 아니란 사실을 잘 알고 있었다. 연구소에서 괴델이 어떤 과목을 가르칠 것인가에 대한 질문에 아이델로트는 태연하게 "괴델 교수는 강의를 하게 되지만, 고급 내용이므로 기존 강의 형식을 따르지 않을 것"이라고 거짓말했다.

그리고 아이델로트는 워싱턴의 독일 대사관에 보낸 편지에서 괴델이 '아리아인'으로 세계에서 위대한 수학자 중 한 명이라고 강조했다. 모든 게 잘 먹혀 들었다. 필요한 문서가 곧 모두 도착했고 괴델은 떠날 수 있었다. 그러나 대서양 횡단은 너무나 위험한 상황이라고 판단했기에[11] 먼 길을 돌아서 갔다. 시베리아를 거쳐 일본, 그리고 태평양을 지나 프린스턴에 기차로 도착했을 때는 3월 중순이었다.[34]

괴델을 처음 반긴 사람 중 한 명은 오스카르 모르겐슈타인으로 훗날 괴델과 가장 친한 친구가 되었다. 경제학자 모르겐슈타인은 빈 학파의 일원으로 괴델과 어울렸으며 오스트리아의 빈 대학에서 해고당한 후 프린스턴 대학의 교수로 자리를 옮겼다. 현재 빈의 상황에 대해 심각하게 질문하던 그는 "빈의 커피 맛이 엉망이 됐어요"라는 괴델의 말에 아연실색할 수밖에 없었다.[35]

---

11 (옮긴이) 2차 세계 대전 초기 독일의 유보트(U-boat)가 대서양의 제해권을 장악하고, 오가는 배들을 무차별적으로 침몰시키고 있었다.

힐베르트의 사상

힐베르트가 1900년에 제시한 문제들 중 첫 번째는 칸토어의 연속체 가설에 관한 것이었다. 실수의 집합이 작고 큰 두 가지 다른 크기로 나뉜다는 문제다. '작은' 실수의 무한 집합은 무한한 자연수의 집합 {1, 2, 3, …}과 1 대 1로 매칭될 수 있는 집합을 의미한다. '큰' 무한 집합은 모든 실수의 집합과 1 대 1로 매칭 될 수 있는 집합을 의미한다. 연속체 가설은 실수의 무한 집합은 반드시 이 두 가지 크기 중 한 가지여야만 한다는 것이다. 즉, 두 크기 사이의 다른 크기를 갖는 집합은 존재하지 않는다. (칸토어의 초한 기수를 사용해 정의하면 모든 실수의 무한 집합의 기수는 $\aleph_0$와 C 둘 중 하나다.)

힐베르트는 1900년 연설에서 연속체 가설은 "아주 그럴듯하다. 그러나 최선의 노력에도 불구하고 누구도 증명하지 못했다"라고 말했다.[36] 힐베르트는 연설한 지 25년이 지난 후에 이 문제로 돌아가 자신의 메타수학을 사용해 연속체 가설을 증명할 수 있다고 주장했다. 그러나 결국 꿈으로 끝났다. 폴란드 수학자 바츠와프 시에르핀스키는 1934년에 출간한 논문집 전체를 연속체 가설과 동일하거나 비슷한 관계가 있다고 확인된 명제를 소개하는 데 할애했다. 그러나 이 모든 '불굴의 노력'에도 불구하고 연속체 가설의 참, 거짓 여부는 결론이 나지 않았다.

괴델은 연속체 가설은 수학의 근본을 다루는 논리 체계 안에서는 증명이 불가능하다고 믿었다. 그러한 체계는 러셀과 화이트헤드의 PM Principia Mathematica뿐 아니라 집합론의 공리를 바탕으로 한 모든 체계를 이야기한다. 괴델은 부분적으로 그의 믿음을 증명할 수 있었다. 1937년에 이러한 체계 안에서 연속체 가설의 부정(가설이 거짓)을 증명하는 것이 왜 불가능한지를 찾아냈다.[37] 그는 마찬가지로 이러한 체계들 안에서 연속체 가설이 참이라는 증명 역시 불가능하다고 믿었지만 증명해 내지는 못했다. (25년이 지난 후에 폴 코언은 강력한 새 방법으로 이러한 체계들 안에서 실제 연속체 가설을 증명하는 게 불가능함을 증명해서 괴델이 옳았음을 입증했다.)

힐베르트는 1900년 파리의 연설 그리고 1930년 쾨니히스베르크에서 한 은퇴 연설에서 거듭 모든 수학 문제를 해결할 수 있다는 그의 믿음을 선언했다. 동시대 수학자들이 칸토어의 연속체 문제를 해결하지 못했다는 사실은 간접적으로 힐베르트가 틀렸음을 시사했던 것일까? 괴델이 발견한 자연수와 관련된 결정불가능 명제들은 논리 체계 안에서는 증명이 불가능하지만 이전에 다루었던 것처럼 체계의 밖에서는 분명히 참이었다.

그러나 연속체 가설은 달랐다. 괴델의 연구는 가설의 참 거짓 여부를 가리는 데 힌트를 주지 못했다. 이때까지 괴델은 기존 체계의 좁은 정의에 구속 받지 않고 어떤 수학 방법을 사용해서라도 원하는 결과를 얻어 낼 수 있었다. 그러나 이제는 그 자신이 만들어 낸 결과가 어떤 철학적인 의미를 내포하는지를 생각해야만 했다.

수학자들이 일반적으로 다루는 실수들, 예를 들어 π나 $\sqrt{2}$와 같은 것들은 PM과 같은 논리 체계 안에서 정의할 수 있다. 그러나 칸토어가 밝혀낸 것처럼 그러한 체계 안에서 가능한 정의들의 모든 집합의 기수는 $\aleph_0$로 제한되었지만 모든 가능한 실수 집합의 기수는 그것보다 큰

C였다. 그렇다면 대부분의 실수는 정의가 없다는 의미다. 즉, 정의 불가능한 수가 존재하는 것이다.

이는 두려운 이야기다. 무엇인지 정의를 할 수 없는 것들을 어떻게 셀 수 있을까? 집합 안의 어떤 수들은 정의 불가능한데도 실수의 집합에 대해 이야기 하는 게 말이 될까? 어쩌면 (괴델이 추측하고 훗날 폴 코언이 증명한) 연속체 가설의 불완전성이 이야기하는 것은 문제 자체가 모호해서 명확한 의미가 없다는 뜻일지도 모른다. 이러한 문제를 다루려면 수학에서 실제적 무한의 역할은 무엇인가라는 질문과 마주해야 한다. 바로 프레게가 예측했던 '중대하고 결정적인 전투'로 돌아가는 것이다.[38]

괴델이 가설에 관련된 첫 결과를 얻어 낸 뒤 얼마 지나지 않아 만든 강의 노트에서는 그에게 확신이 없었음이 드러난다. 그는 연속체 가설이 '완전히 증명 불가능'하다고 판명될 수 있으며, 모든 수학 문제가 해결되리라는 힐베르트의 꿈이 수포로 돌아갈 것이라는 생각을 내비쳤다. 1940년대 초반 괴델은 철학을 주제로 한 연구로 관심을 돌렸다. 이유 중 하나는 무한 집합에 대한 관점을 확실히 하기 위해서였음이 분명하다. 그는 특히 라이프니츠에게 많은 관심을 기울였는데 고전 철학자들 중 그의 작업이 가장 비슷하다고 느꼈기 때문이다.

고등연구소의 사람들에게는 강의나 학생 지도, 심지어는 논문을 내는 일조차 의무가 아니었다. 괴델은 이런 너그러운 환경을 누리며 특별한 초청에서만 강의를 하거나 글을 썼다. 그런 초청 중 하나는 '살아 있는 철학자 도서관Library of Living Philosophers'이라는 주제로 현존하는 철학자들에 대한 책을 편찬하는 것이었다. 각 권은 저명한 철학자들의 아이디어에 대한 초청 에세이와 해당 철학자 자신이 답변하는 글로 꾸며져 있었다.

괴델은 그중, 버트런드 러셀, 알베르트 아인슈타인, 그리고 루돌프 카르나프에 헌정된 책 세 권의 에세이 저자로 초청받았다. 1944년 러셀에 헌정된 책에서 괴델은 다소 충격적인 에세이를 썼다. 러셀의 수학 논리에 대한 예리한 논의 이후에 괴델은 집합과 개념들이 어쩌면 "실제 존재하는 개체들로 인식 될 수 있는 … 우리의 개념이나 이해와 별개로 존재하는 … 우리가 개체들이 물리적으로 존재한다고 가정하는 것처럼 집합도 가정할 수 있으며 집합이 실제로 존재한다고 믿을 근거가 있다"라고 선언했다. 이건 모호함과는 확연히 거리가 멀었다!

그는 3년 후 연속체 가설을 설명하는 초청 글에서 다시 한 번 무한 집합이 실제 존재한다는 자신의 믿음을 피력했다. 그리고 현존하는 근본적인 논리 체계들은 불완전하지만 확장이 가능하므로 새로운 공리들이 세워지면 연속체 가설이 거짓임이 확실하게 증명되리라 예측했다.[39]

연속체 가설 전까지 괴델은 자신에게는 분명해 보이지만 다른 사람들이 이해하지 못하는 철학적 문제들을 그저 무시해 왔다. 그러나 이제 그는 깊은 철학의 물결에 발을 담그고 있었다. 도대체 수number란 무엇인가? 그저 사람이 만들어 낸 의미인가 아니면 실제로 존재하는 개체인가? 2 + 2 = 4는 지구에 사람이 존재하기 전에도 참이었는가? 이 주제는 수 세기에 걸쳐 논쟁이 벌어져 온 것이다. 추상적인 개체(예를 들어 수나 수들의 집합)가 객관적으로 존재하고 사람들은 그것들의 특성properties을 만들어 내지 못하며 오로지 '발견'할 수 있다는 주의는 플라톤으로 거슬러 올라간다. 그래서 플라톤주의라고 부른다. 괴델이 이 '주의'를 지지했다는 건, 그의 견해에 분명한 변화가 있었음을 보여준다.

1933년 매사추세츠 케임브리지에서 열린 한 강연에서 그는 플라톤주의가 '어떤 지적인 생각'도 만족시키지 못한다고 주장했었다.[40] 20세기 후반의 집합론 연구자들은 괴델이 남겨 놓은 조언을 따라 새로운 공리를 찾는 데 몰두했다. 그러나 흥미로운 여러 연구 결과가 나왔음에도 연속체 가설은 여전히 미지의 문제로 남아 있다.

괴델이 러셀에 헌정한 책에 기고한 글에서 가장 놀라운 대목은 라이프니츠가 작은 프로젝트pet project로 다룬 보편적 언어Universal Characteristics에 관한 것이었다. 라이프니츠가 죽은 뒤 200년이 넘어 쓰는 글에서, 괴델은 그러한 언어가 만들어져 수학의 방식을 혁명적으로 바꿀 수 있다는 희망을 드러냈다.

> 그러나 희망을 버릴 이유는 없습니다. 라이프니츠가 말한 보편적 언어 프로젝트는 상상 속 세계가 아닙니다. 그는 논리 추론 계산법을 상당 부분 만들었고, 출판과 함께 이게 비옥한 땅에 떨어진 씨앗 역할을 하리라 기대했습니다. 그는 심지어 소수의 재능 있는 수학자들이 언제쯤 완성할 수 있을지 예측하기도 했습니다. 라이프니츠는 "인류는 생각reason의 힘을 크게 키워 줄 새로운 종류의 기기를 갖게 될 것입니다. 그리고 그것은 인류의 시각 능력을 확장한 그 어떤 광학 기기optical instrument보다 더 강력한 능력을 가질 것입니다."라며 5년의 기간을 명시하기도 했습니다. 그리고 그의 방법은 당시의 수학이나 철학보다 배우기 어렵지 않을 거라 주장했습니다.[41]

라이프니츠가 시도했던 '생각의 계산법'이 당시에는 놀라웠지만 불과 프레게가 훗날 만들어 낸 결과에 비하면 너무나 초라했다는 사실은 이전 장들을 통해 다루었다. 괴델은 무슨 생각을 했을까? 어쩌면 사람들이 라이프니츠의 사상을 숨기려 한다는 음모론을 믿었을지도 모른다. 괴델은 여러 가지 주제에 대해 이상한 믿음을 갖고 있었고 거의 치료가 필요한 망상의 단계에 이르렀다. 그러나 논리학자들 사이에 그의 명성은 워낙 높았기에 사람들은 여전히 그의 생각들을 심각하게 받아들였다. 괴델의 정신적 질병에 대해서는 이후에 더 다룬다.

괴델이 '살아 있는 철학자 도서관' 시리즈에 쓴 아인슈타인에 대한 초청 에세이에서는 아인슈타인의 상대성 이론과 칸트의 철학을 비교했다. 그는 일반 상대성 이론 방정식들(아인슈타인의 중력 이론)을 기존의 물리학자들이 상상한 것과는 매우 다른 방식으로 풀 수 있다는 점을 발견했다. 놀랍게도 이러한 방정식들을 푸는 괴델의 방식은 매우 빠르게 오랫동안 이동한다면 과거에 다다른다는 우주관을 내포한다.

당연히 그러한 우주관은 과학 소설을 읽어 본 사람이라면 잘 알 수 있는 시간의 역설과 마주쳐야 한다. 예를 들어 누군가 과거로 여행해 당시 어린이인 자신의 할아버지를 살해할 수 있을까? 괴델이 딜레마를 해결한 방법은 놀랍게도 비 철학적이다. 그는 그러한 시간 여행은 너무나 많은 연료를 소모하기에 불가능하다고 지적했다.

괴델은 자신의 글을 꼼꼼하게 여러 차례 반복해서 수정하고 스스로 완전히 만족할 때까지 출간을 허락하지 않았다. 심지어 출판 후에도 기회가 있을 때마다 수정판을 발간하곤 했다. 이런 성향 때문에 마감일이 계속 미뤄지면서 편집자들은 심한 스트레스를 겪어야 했다. 괴델이 약속했던 루돌프 카르나프에 관한 초청 에세이의 경우엔 결국 괴델의 에세이가 빠진 채《Library of Living Philosophers(살아 있는 철학자 도서관)》가 출판됐다.

그러나 카르나프의 논리와 수학에 대한 생각을 비평하는 그의 에세이가 여섯 개의 다른 버전으로 훗날 괴델의 논문들과 함께 발견되었고 철학 전집Collected Works의 편집자들은 그중 두 개를 출간했다. 발견된 원고들 중에는 1951년 크리스마스 주간 동안 로드아일랜드 주 프로비던스에서 한 강연의 원고도 포함되어 있었다.[12] 원고는 직접 손으로 쓴 초안(문장이 삽입되고 지워지거나 각주로 채워진)이었다. '수학의 근본과 의미에 대한 몇 가지 기본 정리'라는 제목으로 한 강연에서 괴델은 힐베르트의 모든 수학적인 질문을 해결할 수 있다는 사상이 인간의 생각하는 방식에 어떤 의미를 주는지 다루었다. 괴델은 근본적으로 사람의 사고가 컴퓨터와 동일한가라는 질문을 던졌다. 인공 지능을 둘러싸고 여전히 격렬하게 논쟁이 벌어지는 질문이다.

그 질문에 답을 하지는 않지만 (그러나 훗날 괴델의 답은 '아니다'라는 것이 분명해졌다) 괴델은 어떤 답이라도 '유물론적 철학에 분명히 반대되는 것'이라고 주장했다. 사람의 사고 전부를 기계가 따라 할 수 있다면 괴델 자신의 결정불가능 명제, 즉 자연수에 대한 명제들이 참이지만 인간은 절대로 증명할 수 없다는 사실을 기계 역시 확인할 수 있다는 것이다.

---

12 1년에 한 번 미국 수학 학술회의에서 주최하는 명예로운 초청 강연이다. 나는 운이 좋게도 그 강연을 들을 수 있었고 강연은 수학의 근본에 대해 나 스스로의 생각을 정립하는 데 큰 영향을 주었다.

이는 힐베르트주의에 반하는 것이다. 그러나 괴델은 인간이 이해하지 못하는 자연수의 객관적인 존재를 가정하기 위해서는 이상주의적 철학이 필요하다고 말했다. 반면 물질로 구성된 두뇌 자체는 기계로 환원이 가능하다고 말할 수 있다. 그리고 사람의 모든 생각을 기계가 대체하는 것이 불가능하다고 믿는다면 (실제 괴델이 믿은 것처럼) 사람의 정신은 물질적인 실체를 초월한다는 의미가 된다. 그리고 이 역시 유물론적 철학에 반대되는 것이다. 괴델의 이러한 주장들이 완전히 설득력 있지는 않다. 그러나 이론 논리, 생리학, 컴퓨터의 가능성 그리고 근원적인 철학을 모두 아우르는 주장을 통해 괴델은 완전히 새롭고 예측 불가능한 방향으로 생각하는 눈부신 사고 능력을 보여 줬다.[42]

불가사의한 인물의 슬픈 마지막

은퇴가 가까워지자 괴델은 자신의 고등연구소 자리를 예일 대학교의 논리학자 에이브러햄 로빈슨이 대신하기 원했다. 그러나 로빈슨은 얼마 지나지 않아 치료가 불가능한 췌장암에 걸려 사망하고 만다. 로빈슨의 생애 마지막 날 즈음 괴델은 다음과 같은 편지를 보냈다.

> 내가 작년에 자네와 나눈 대화를 미루어 (로빈슨이 고등연구소로 옮기는 것), 개인적으로나 논리학과 고등연구소의 미래를 생각할 때 내가 자네의 투병을 얼마나 안타까워하는지 알 것이네.

알다시피 나는 많은 것에 대해 특이한 생각을 갖고 있다네. 두 가지를 말해 주고 싶군.

1. 나는 의학적 진단이 100% 맞는다고 생각하지 않는다네.
2. 우리 의식이 단백질 분자로 이루어졌다는 건 세상에서 가장 말도 안 되는 이야기라네.

나는 최소한 자네가 나의 두 번째 생각에 동의했으면 하는 바람이야. 투병 중에도 수학과에서 여전히 시간을 보낼 수 있다는 말을 들어서 다행이군. 병으로부터 생각을 돌릴 수 있어서 좋을 거야.[43]

바로 이 편지가 괴델의 상태를 가장 잘 설명해 준다. 그가 의학 진단을 다 믿지 않는다는 말은 실제보다 약한 표현이었다. 전립선 비대증으로 요로가 완전히 막혀 고생하면서도 진단을 거부했을 뿐 아니라 섭취하던 변비약을 더 먹으면 치료될 것이라고 주장했다. 당시 이미 변비약에 꽤 의존하고 있는 상태였다. 어떤 때는 화를 내며 몸에 삽입된 도뇨관을 뽑아내기도 했다. 막힌 요로를 완화시켜 주는 수술을 거부하다가, 마침내 도뇨관을 허락하고 평생 달고 살았다.

로빈슨을 위로하기 위해 사람의 의식이 '단백질 분자' 이상이라고 말한 것은 사후 세상이 있으리라는 것을 암시하는 또 다른 전형적인 표현이었다.

괴델은 특이한 철학과 병적인 망상의 경계를 넘나들었다. 모르겐슈타인은 괴델이 유령의 존재를 진지하게 믿고 있다는 사실을 알고 놀랐다. 더 중요하게는 괴델이 프린스턴의 여러 아파트에 있는 냉장고와 난방기가 유해 가스를 내보낸다고 믿었고 이 때문에 아델레와 함께 여러 차례 이사를 했다. 결국 그는 문제가 되는 가전 제품들을 모두 처분했고 아파트는 '겨울마다 아주 불편한 집'이 되어 버렸다.

괴델은 시민권을 취득하며 판사 앞에서 보는 형식적인 미국 헌법 시험을 평소 습관대로 철저하게 분석했다. 게다가 헌법이 모순된다는 결론에 다다른 후 몹시 불편해 했다. 시민권 심사에 입회인 역할을 한 아인슈타인과 모르겐슈타인은 뉴저지주 주도인 트렌턴으로 함께 차를 타고 가며 괴델에게 그의 '발견'을 잊게 하려고 노력했다. 그런 논쟁이 문제를 일으킬 것이라고 걱정했기 때문이다. 그러나 판사가 괴델에게 미국에서도 독일과 같은 독재가 가능하냐고 질문하자 지원자였던 괴델은 '발견'에 대해 설명하기 시작했다. 다행히 판사는 그가 어떤 사람을 상대하고 있는지 금방 판단했고 답변을 중단시키면서 모든 것이 행복하게 끝났다.

이런 괴짜스러운 일화를 들으면 사람들은 웃어 넘길지도 모르겠다. 그러나 모두 다 그렇게 재미있지만은 않다. 그는 자신에게 주어지는 음식이 안전한지에 대해 심한 망상에 빠졌고 아내가 너무 아파서 병원에 입원해 있을 때 말 그대로 굶어서 죽었다. 1978년 1월 14일 20세기 최고의 지성 중 한 명인 괴델은 그렇게 삶을 마쳤다.[44]

부록: 괴델의 불완전 명제

PMPrincipia Mathematica 체계는 여기에서 모두 다룰 수 없을 정도로 복잡하다. 대신 결정불가능 명제를 만들어 내기 위해 좀 더 간단한 PA Peano Arithmetic 체계를 이용하려고 한다. PA 체계는 다음 16개의 기호로 구성되어 있다.

$$\supset \quad \neg \quad \vee \quad \wedge \quad \forall \quad \exists \quad \underline{1} \quad \oplus \quad \otimes \quad x \quad y \quad z \quad (\quad) \quad ' \quad \doteq$$

$1, +, x, =$를 변형한 기호들은 기존의 기호가 갖는 수학적 의미를 어느 정도 담고 있으면서도 단지 기호로서의 역할만 한다는 점을 강조한다. 문자 x, y, z는 변수로 사용되며 자연수의 범위를 표현한다. 세 개 이상의 변수가 필요한 경우가 있기 때문에 기호 $'$를 변수에 붙여서 필요한 수만큼 변수를 생성할 수 있다. 따라서 y' 와 z'''는 모두 가능한 변수다. 기호가 10개 이상이므로 우리는 각각의 기호가 두 개의 십진수로 변환되는 코딩을 사용한다.

$\supset$	$\neg$	$\vee$	$\wedge$	$\forall$	$\exists$	$\underline{1}$	$\oplus$	$\otimes$	x	y	z	$($	$)$	$'$	$\doteq$
↓	↓	↓	↓	↓	↓	↓	↓	↓	↓	↓	↓	↓	↓	↓	↓
10	11	12	13	14	15	21	22	23	31	32	33	41	42	43	44

각 자연수는 수사numeral라고 부르는 이러한 기호들로 구성된 문자열로 표현할 수 있다.

수사	표현된 자연수	코드
1	1	21
(1 ⊕ 1)	2	4121222142
((1 ⊕ 1) ⊕ 1)	3	414121222142222142
(((1 ⊕ 1) ⊕ 1) ⊕ 1)	4	41414121222142222142222142
…	…	…

소개한 16가지 기호로 구성된 대부분의 문자열은 아무 의미가 없다. 예를 들어 다음 문자열을 보자.

$$\exists \oplus \otimes x \, \forall \, \neg \text{과} \; \doteq \supset \underline{1}\,{}' (\,)$$

이것은 모두 아무 의미 없는 문자열이고 이들의 괴델 코드는 1522233 11411과 441021434142가 된다.

　그러나 어떤 문자열들은 자연수에 관해 참과 거짓을 판단할 수 있는 명제를 표현한다. 그리고 그렇게 의미 있는 문자열은 문장sentence이라고 부른다. 예를 들어 다음과 같은 문장을 보자.

$$((\underline{1} \oplus \underline{1}) \otimes (\underline{1} \oplus \underline{1}) \doteq (((\underline{1}\oplus\underline{1}) \oplus \underline{1}) \oplus \underline{1}))$$

이 문장의 괴델 코드는 다음과 같고 이 표현은 명제 '2 곱하기 2는 4'를 표현하는 것이다.

$$4141212221422341212221424441414121222142222142222214242$$

또한 아래 문장을 살펴보면 '2 곱하기 2는 3'이라는 거짓 명제를 표현한다.

$$((\underline{1} \oplus \underline{1}) \otimes (\underline{1} \oplus \underline{1}) \doteq ((\underline{1} \oplus \underline{1}) \oplus \underline{1}))$$

그리고 다음 문장을 살펴보면,

$$(\forall x)(\neg(x \doteq \underline{1}) \supset (\exists y)(x \doteq (y \oplus \underline{1})))^{13}$$

괴델 코드는 아래와 같다.

$$411431424111413144214210411532424131444132221424242$$

그리고 이 명제는 1을 제외한 모든 자연수는 선행하는 자연수가 존재한다는 의미다.

PA 체계를 설명하기 위해서는 어떤 문장들은 공리로 지정해야 하고 또한 공리에서 증명이 가능한 문장을 도출하는 추정의 원칙 역시 특정 문장으로 표현해야 한다. 공리에서 시작해 PA에서 증명이 가능한 문장으로 끝나는 각 단계들을 문장의 증명이라고 부른다. PA 체계의 모

---

13 (옮긴이) 이 논리 문자열은 영어로 이렇게 읽을 수 있다. 'For all x if x is not 1, then there exists y such that x is $y + 1$.'

든 세부적인 문장을 다 다루기보다 우리는 다음과 같은 간단한 예제를 생각해 볼 수 있다.

$$(\forall x)\neg(\underline{1} \doteq (x \oplus \underline{1}))$$

위의 문장은 1보다 작은 자연수는 없다는 전제를 표현한다.[14] 이 문장은 공리로 채택될 수도 있다. 예제처럼 기호 $\forall$로 시작하는 문장들은 모든 자연수가 어떤 특별한 성질을 포함한다고 선언한다. 추론 규칙을 따라 자연스럽게 x를 다른 수사numeral로 대체할 수 있다(전체 한정자 $(\forall x)$를 없앤 후에 대체한다). 즉, 일반적인 사실을 서술하는 문장으로부터 특정한 개체에 대한 문장을 만드는 것이다. 간단하게 예를 들면 다음과 같다.

$$\frac{(\forall x)\neg(\underline{1} \doteq (x \oplus \underline{1}))}{\neg(\underline{1} \doteq (\underline{1} \oplus \underline{1}))}$$

PA에서 증명할 수 있는 이 결과 문장은 x를 $\underline{1}$로 대체할 때 얻어지고 1과 2는 서로 같지 않다는 사실을 말한다.

전제를 표시하는 문자열에 더해서 자연수의 집합을 정의하는 단항unary이라 불리는 문자열도 있다. 그런 문자열들은 기호 x를 포함하지만 $(\forall x)$와 $(\exists x)$ 같은 한정자는 포함하지 않는다(그러나 x를 제외한

---

14 (옮긴이) 영어로 이렇게 표현할 수 있다. 'For all x, there is no x such that $x + 1 = 1$.' 이 전제가 참인 이유는 0은 자연수가 아니라고 가정하기 때문이다.

다른 변수, 즉 y나 x''에 대해서는 한정자를 포함할 수 있다). 여기에 더해 단항 문자열은 한 가지 특별한 속성을 포함한다. 문자열의 모든 x가 다른 서수로 대체되어 나오는 문자열은 문장sentence이 된다는 것이다. 단항 문자열의 한 가지 예는 다음과 같다.

$$(\exists y)(x \doteq ((\underline{1} \oplus \underline{1}) \otimes y))$$

그리고 그 문자열의 괴델 코드는 다음과 같다.

$$41153242413144414121222142233 24242$$

x가 $(\underline{1} \oplus \underline{1})$로 대체된다면 참이 되는 다음과 같은 문장을 얻는다.

$$(\exists y)((\underline{1} \oplus \underline{1}) \doteq ((\underline{1} \oplus \underline{1}) \otimes y))$$

이번에는 $\underline{1}$로 대체한다면 거짓이 되는 이런 문장을 얻는다.

$$(\exists y)(\underline{1} \doteq ((\underline{1} \oplus \underline{1}) \otimes y))$$

위의 단항 문자열은 그래서 짝수들의 집합을 정의한다고 말할 수 있다.

이제 조금 더 복잡한 다음 단항 문자열은

$$(\forall y)(\forall z)((x \doteq (y \otimes z)) \supset ((y \doteq 1) \vee (y \doteq x)))$$

다음과 같은 괴델 코드를 갖게 되고

411432424114334241413144413223334242104141324414212413244314242

1과 모든 소수를 포함하는 집합을 정의한다.

단항 문자열 A와 어떤 자연수 n에 대해서 $[A:n]$이라는 표기는 문자열 A에서 변수 x를 자연수 n에 해당하는 서수로 대체해서 얻어지는 문장을 의미한다. 예를 들어 다음 단항 문자열

$$[(\exists y)(x \doteq ((\underline{1} \oplus \underline{1}) \otimes y)) : 2]$$

은 아래와 같은 문장을 나타낸다.

$$(\exists y)((\underline{1} \oplus \underline{1}) \doteq ((\underline{1} \oplus \underline{1}) \otimes y))$$

이제 괴델이 PA에서 증명할 수 없는 문장 U를 어떻게 만들어 냈는지 설명할 준비가 끝났다. 단항 문자열에 할당된 괴델 코드 번호를 코드의 크기 순으로 정렬할 수 있다. 이와 같은 정렬에서 가장 작은 코드에 해당하는 단항 문자열은 $(x \doteq 1)$이고 코드는 4131442142로 40억이 넘는 수이다. A_1은 이러한 단항 문자열을 나타내고 모든 문자열이 괴델 코드의 크기 순으로 이렇게 정렬되어 있다고 가정할 수 있다.

$$A_1, A_2, A_3, \cdots$$

이것들은 단항 문자열이므로 앞에 설명한 것처럼 자연수 n, m에 대해서 문자열 $[A_n : m]$은 문장이 된다. 이 문장들 중 어떤 것은 PA 안에서 증명이 가능하고 어떤 것들은 불가능하다. 각 n에 대해서 $[A_n : m]$이 '증명되지 않게 하는' m의 값들 집합을 생각해 볼 수 있다. 칸토어의 대각선 논법을 기억한다면 그러한 집합은 n이라는 라벨이 붙은 상자라는 이미지로 상상할 수 있다.

대각선 논법을 사용하면 상자 안에 있는 원소와 그 원소에 해당하는 라벨을 함께 묶어서 나타낸다. 그리고 $[A_n : n]$이 PA 안에서 증명 가능하지 않은 모든 n을 원소로 하는 집합 K를 구성한다. PA에서 증명 가능한지 여부 그 자체가 PA 안에서 정의할 수 있다는 사실 때문에 (그리고 이것이 가장 어려운 부분이다) 이 집합 K를 정의하는 단항 문자열 B를 얻어 낼 수 있다. 그럼 이제 $B = A_q$를 만드는 자연수 q가 존재해야 한다. 왜냐하면 모든 단항 문자열은 $A_1, A_2, A_3, \ldots$의 나열 안에 포함되어 있어야 하기 때문이다. 그러므로 모든 자연수 n에 대해서 문장 $[A_q : n]$은 이런 전제를 표현하게 된다.

$[A_n : n]$은 PA에서 증명 가능하지 않다.

특별히 n의 값을 q라고 설정하면 $[A_q : q]$는 이런 전제를 표현하는 것을 알 수 있다.

$[A_q : q]$는 PA에서 증명 가능하지 않다.

그러므로 $[A_q : q]$는 PA에서 문장 자신이 증명 가능하지 않다고 제안하는 PA의 문장이 된다.

7

범용 컴퓨터를 생각해 낸 튜링

Turing Conceives the All-Purpose Computer

앨런 튜링
(© 런던 국립 초상화 미술관)

찰스 배비지는 이미 1834년에 자동 계산기를 상상했었다. 그가 제안했지만 결국 실현되지 못했던 해석 기관analytical engine은 최대한 다양한 종류의 계산을 실행하기 위한 것이었다.[1] 자신이 설계한 엔진의 능력을 강조하려고 배비지는 농담처럼 "컨트리댄스 빼고는 모든 걸 다할 수 있다"고 말하곤 했다.[1] 아마 배비지는 '계산을 위해 만든 기계가설마 댄스까지 만들지는 않겠지'라고 생각했을 게 분명하다. 그러나오늘날 그 정도는 당연히 할 수 있는 일이 되었다. 실제로 현대 컴퓨터는 컨트리댄스를 만들도록 프로그래밍할 수 있다(물론 그 댄스가 얼마나 멋있는지는 모르겠지만). 지금도 사람들은 비슷한 질문을 던지곤한다.

컴퓨터는 모든 걸 다 할 수 있다. 다만 …

그러나 오늘날 컴퓨터의 능력과 기능을 보자면 이 문장을 끝맺기가 그리 쉽지 않다. 기호, 숫자, 문자 들을 다루는 거의 모든 일을 컴퓨터가이미 할 수 있거나 전문가들에 따르면 곧 가능하다고 한다. 어떤 사람들은 이런 주장을 할 수도 있다. "컴퓨터는 모든 걸 다 할 수 있지만 우리 생각을 읽지는 못하잖아요" 아니면 "컴퓨터는 모든 걸 다 할 수 있지만 천사와 대화할 수는 없죠."

1　찰스 배비지는 1791년 12월 런던에서 태어났다. 뛰어난 수학자였던 그는 유럽 대륙의 최신 수학 개념을 영국의 대학교들에 소개하는 그룹에 소속되어 있었다. 특히 기계식 계산기에 관심이 많아 수학 공식 값의 표를 쉽게 만들 수 있는 '차분 기관(difference engine)'에 대한 아이디어를 생각해 냈다. 이어서 더 야심 찬 계획인 해석 기관(analytical engine)을 제안했다. 이러한 계획이 결국 완성되지 못한 것을 안타까워하며 1871년 생을 마감했다.

분명히 우리가 생각하는 연산computation의 정의는 급격하게 변했다. 연산의 정의를 이렇게 넓힐 수 있도록 한 개념적 토대는 1935년 앨런 튜링이 힐베르트의 논리 수학 문제를 해결하는 과정에서 만들어졌다.

배비지는 계산기를 순수하게 톱니바퀴와 같은 기계 부품으로 만들고자 시도했지만 제안된 장치의 복잡성을 감안할 때 실패는 놀라운 일이 아니었다. 1930년대 와서야 전자 계전기relay를 채용한 전기 기계식 계산기가 만들어지면서 배비지가 상상한 수준까지 도달할 수 있었다. 그러나 1930~1940년대 이러한 기계 개발자 중 누구도 그 기계들이 단순한 수식 계산 이상의 일을 하리라 상상하지 않았다. 나중에 살펴 보겠지만 배비지의 비전을 처음으로 실현해 낸 사람은 하워드 에이컨이었다. 그는 이렇게 썼다.

> 미분 방정식을 푸는 계산기와 백화점 영수증을 발행하는 데 쓰이는 기계의 기본적인 원리가 같다면, 나는 내가 만난 가장 놀라운 우연의 일치라 여기겠다.[2]

에이컨은 1956년에 와서야 이런 주장을 했는데, 이미 두 가지 일 모두를 처리하는 상용 컴퓨터가 팔리던 시점이었다. 에이컨이 20년 전 출간된 앨런 튜링의 논문의 의미를 이해했다면 절대로 그렇게 엉뚱한 말을 남기지는 않았을 것이다.

대영 제국의 아이

앨런 튜링의 아버지 줄리어스 튜링은 대영 제국의 공무원으로 인도에서 근무하며 높은 자리에까지 올랐다. 1907년 봄, 그는 10년 이상 근무한 후 잠시 영국으로 떠날 준비를 마쳤다. 태평양을 항해해 집으로 돌아오던 배에서 훗날 튜링의 어머니인 에델 사라 스토니를 만났다. 에델은 인도 마드라스(첸나이의 옛 이름)에서 태어나 아일랜드에서 자랐고 파리에서 6개월의 시간을 보낸 후 인도에서 살고 있었다. 선상의 로맨스는 빠르게 진행되어 둘은 미국 대륙을 함께 건너며 옐로스톤 국립 공원을 여행했다. 에델 아버지의 허락을 받은 후 둘은 그해 가을 더블린에서 결혼하고 겨울에 다시 인도로 돌아갔다.

앨런 튜링의 형 존은 1908년 9월에 태어났다. 아버지 줄리어스는 인도 남쪽 지방을 다방면으로 다녀야 하는 임무를 맡고 있었고, 종종 에델과 아기를 동행하고는 했다. 이런 순시 도중인 1911년 가을 에델은 앨런을 임신했다. 줄리어스는 다시 휴가를 얻어 가족은 함께 배를 타고 영국으로 갔다. 그리고 앨런 매시슨 튜링은 1912년 6월 23일 런던에서 태어났다.[3]

대영 제국을 유지하기 위한 일들은 끝이 없었기 때문에 튜링의 가족이 함께 살기는 쉽지 않았다. 아버지의 임지였던 인도는 열대 지방의 전염병이 만연해 아이들에게 특히 위험했고 교육 환경도 좋지 않았다. 어머니는 인도와 영국을 오가며 남편과 함께 지내거나 아이들을 돌봐야 했고, 아버지가 휴가를 얻었을 때에만 모두 함께 지낼 수 있었다. 어머니가 인도로 돌아가 있는 동안 튜링과 네 살 된 그의 형 존을 영국의 퇴역 대령 부부에게 맡기기로 했을 때, 튜링은 고작 15개월이었다.

1915년 튜링의 어머니는 몇 달 동안 두 형제와 시간을 보낼 수 있었고 1916년 봄에는 부모가 모두 영국의 집으로 돌아왔다. 그러나 이번에는 튜링의 아버지만 인도로 돌아갔다. 독일의 잠수함 때문에 위험했기에, 어머니는 아이들과 영국에 남게 되었다. 그래서 암울한 전쟁이 튜링에게는 어머니와 함께 있는 시간을 더 만들어 주었다. 튜링은 조숙하면서 쾌활한 아이였고 친구를 쉽게 만들곤 했다. 그러나 세련되거나 단정한 아이는 아니었다. 여섯 살짜리 어린 아이들도 기숙 학교에 보내는 일이 드물지 않던 시절이었지만, 튜링의 어머니는 집에서 아이를 키우며 가까운 동네의 학교에 보내 라틴어를 배우게 했다. 거기에서 튜링은 긁히는 소리를 내는 펜과 자꾸 새는 만년필 때문에 힘들어했고, 악필로 고생했다.

1919년 어머니가 인도로 다시 돌아가면서 일곱 살이었던 튜링은 대령 가족의 집으로 다시 들어갔다. 거의 2년의 시간이 지난 후 어머니가 돌아왔을 때는 튜링 상태가 예전과는 달라져 있었다. 떠날 때만 해도 밝고 명랑한 아이였는데 이제는 내성적이고 '사회성 없는' 그리고 기초 교육도 제대로 못 받은 아이가 되어 있었다. 최선을 다해 아이를 준비시킨 후 어머니는 이미 형 존이 다니고 있는 작은 기숙 학교에 튜링을 입학시켰다. 두 형제는 몇 달간 함께 지냈지만 곧 형 존은 '공립 학교[2]'로 전학을 갔다. 그래서 여름 방학 후 튜링은 홀로 남겨져 기숙 학교 생활에 적응해야 했다. 자신을 학교에 남기고 떠나는 부모의 자동차를 울면서 따라간 어린 튜링을 통해, 그가 어떤 마음이었을지 짐

---

2   아마 많은 독자가 눈치챘겠지만 영국의 '공립' 학교는 사실은 엘리트 계층을 위한 사립 교육 기관이었다. 학교 진학은 중산층 직업을 가질 수 있는 성공의 첫 걸음이었다.

작할 수 있다.

열네 살이었던 튜링이 쉐르본 공립 학교에서 기숙사 생활을 시작할 때에는 과학과 수학에 대한 열정이 확실한 상태였다. 그러나 쉐르본의 학교는 경쟁적인 스포츠를 중요하게 생각할 뿐 수학은 전혀 강조하지 않았다.[3] 어떤 선생님은 과학은 천하고 잔망스러운low and cunning 과목으로 수학은 교실에 나쁜 냄새를 가득 채우는 과목이라고 말하기도 했다.[4]

사람들은 튜링의 천재적인 수학 재능을 이미 알고 있었지만 무시했다. 그의 부모는 튜링이 한낱 학문의 전문가scientific specialist가 될 수도 있다는 충고를 들었다. 지저분한 데다 갈겨 써 거의 읽을 수 없는 그의 필체 역시 도움이 되지 않았다. 다른 아이들과 잘 어울리지도 못하고 수업에 관심도 없던 (그러나 좋은 성적을 받았던) 튜링은 혼자 수학 공부를 해 나갔고 아인슈타인의 상대성 이론을 공부하기도 했다.

튜링에게 인생이 바뀌는 계기는 친구, 아니 친구 그 이상인 사람을 만나게 되면서부터였다. 크리스토퍼 모르콤은 튜링처럼 과학과 수학을 좋아했다. 그러나 튜링과 다른 점이 있다면 크리스토퍼가 다른 과목들 역시 열심히 공부했고 노트 정리가 아주 깔끔했다는 점이다. 튜링은 크리스토퍼에게 끝없이 감탄했고 그를 닮기로 마음먹었다.

언제부터 앨런 튜링이 자신의 동성애 성향을 알았는지는 분명하지 않다. 그러나 크리스토퍼와 지내면서, 적어도 튜링은 그에게 사랑의 감정을 느꼈다고 추측해 볼 수 있다. 튜링의 전기 작가는 그가 튜링에

---

3 위털루 전투를 승리로 이끈 웰링턴 공작은 자신의 승리가 "이튼 경기장에서 만들어졌다"고 했다고 한다. 이튼은 공립 학교 중 최고의 엘리트 학교로 꼽힌다.
(옮긴이) 영국군의 승리는 공립 학교에서 남학생들이 배운 강인함으로 가능했다는 얘기다.

게 '첫사랑'이었다고 말했고 실제로 둘 사이는 그렇게 가까웠다. 둘의 관계가 어떻게 발전했을지, 크리스토퍼를 향한 튜링의 마음이 계속되었을지는 다가온 비극으로 인해 알 수 없게 되었다. 튜링은 몰랐지만 크리스토퍼는 폐결핵을 앓고 있었고 1930년 2월 사망하고 만다. 튜링의 마음에 크리스토퍼는 완벽함의 상징으로 남게 되었다.[5]

쉐르본 졸업 무렵 튜링의 학업 성과는 매우 뛰어났기에 케임브리지 대학교 킹스 칼리지 장학생으로 선발되었다. 이에 더해 기숙사뿐 아니라 매년 80파운드의 장학금까지 지급받았다. 그 금액은 당시 숙련 노동자가 받는 급여의 절반에 가까운 금액이었다.[6] 쉐르본에서는 수학이 나쁜 냄새를 풍기는 과목이었다면 케임브리지는 튜링이 수학적 재능을 꽃피울 수 있는 환경이었다.

케임브리지에는 뛰어난 수학자 고드프리 해럴드 하디G. H. Hardy (1877~1947)가 있었다. 그의 《Course of Pure Mathematics(순수 수학 과목)》는 1908년 출간된 대표적인 수학 교재로 수많은 다음 세대의 수학자들이 극한의 근본 개념을 배우는 데 사용된 책이다. (지금 이 글을 쓰는 시점에도 여전히 팔리고 있다.) 하디는 수학 천재 라마누잔과의 관계로 유명한데, 라마누잔은 인도 마드라스에서 우체국 직원으로 일하며 독학하다 그의 눈에 띄어 빛을 발했다. 둘 사이의 관계는 텔레비전 프로그램과 영화로도 나와 인기를 끌었다.

튜링이 수강할 수 있었던 과목 중엔 하디 외에도 수리물리학자mathematical physicist이자 천문학자였던 아서 에딩턴 경의 강의가 있었다. 에딩턴 경은 1919년 서아프리카로 원정을 떠나 태양의 개기 일식 과정 중 별빛이 태양 주위를 통과하는 것을 관찰해 아인슈타인이 일반 상대성 이론에서 예측한 현상을 처음으로 확인했다. 태양의 중력으로 인해 빛이 굽어지는 현상이었다.

에딩턴은 강의에서 왜 수많은 통계적 관찰이 모두 비슷하게 종 모양, 즉 정규 분포를 그리게 되는지에 대해 의문을 던졌다. 또한 그의 과목들은 당시 물리학에서 새로운 그리고 곧 혁명을 불러일으킨 양자 이론을 다루기도 했다. 그러나 튜링이 진지하게 관심을 가졌던 이 분야 연구는 가까운 시일 전에 출판된 존 폰 노이만의 양자 역학의 수학적 기초에 관한 책이었는데, 튜링이 쉐르본에서 상으로 받은 것이었다. (폰 노이만에 대해서는 5, 6장에서 다루었고 계속해서 이야기할 것이다.)

많은 통계적 관찰들이 종 모양의 정규 분포를 그린다는 에딩턴의 강의는 튜링을 매료시켰고 그는 이러한 현상에 대한 수학적 설명을 찾기 시작했다. 곧 그는 다양한 통계 분포들이 '극한으로 가면' 정규 분포로 수렴된다는 증명을 만들어 냈다. 미적분의 극한을 훌륭하게 통계 문제에 적용한 것이었다. 그러나 튜링은 이게 새로운 발견이 아니라는 사실은 몰랐다. 이 결과는 사실 '중심 극한 정리central limit theorem'로 잘 알려진 것이었다. 그럼에도 튜링은 스스로 만들어 낸 이 훌륭한 증명으로 인해 학교에서 '펠로우' 직위를 얻게 되었다. 보통은 무언가 새로운 결과를 만들었을 때 얻는 자리임에도 말이다.

튜링은 이제 케임브리지에서 매년 300파운드를 지급받는 '우등생don'이 되었다. 3년 임기이고 자동으로 3년이 더 연장되는 자리였다. 펠로우는 특별하게 수행해야 하는 의무가 없었고 저녁 식사 자리에서는 말 그대로 '상석high table'에 앉아 다른 학생들을 내려다 볼 수 있는 위치였다. 원한다면 다른 학부생들에게 개인 교습tutor을 하며 더 많은 급여를 받을 수 있었다. 보통 이 지위는 자연스럽게 대학교 교수직으로 이어지는 자리였다.[4]

쉐르본에서는 수학에서 나쁜 냄새가 나고 학생들이 '학문의 전문가'가 되는 걸 조심해야 한다던 훈계가 졸업생 앨런 튜링의 성공을 축하하는 가운데 잊혀졌다. 학생들에겐 반나절의 휴가가 주어졌고 뻔뻔하게도 이런 말이 학생들 사이에 퍼졌다.

> 튜링은
> 분명 대단했나 봐
> 그렇게 어린 나이에
> 우등생don의 자리라니.[7]

튜링은 펠로우 직위를 받은 후 얼마 지나지 않아 처음으로 자신만의 새로운 수학적 발견을 논문으로 출간했다. 첫 성과는 '개주기 함수al-most periodic function'라는 아주 특정한 분야에서 폰 노이만이 이미 증명한 정리를 좀 더 개선한 것이었다. 이런 식으로 계속해 나가면 튜링은 성공적인 수학자가 될 터였다. 하나 그 업적은 전문가의 영역에서만 관심을 가질 것이었다. 그리고 나서 튜링은 1935년 봄 케임브리지에서 수학의 근본에 대한 강의를 수강했고 그곳에서 결정 문제Entschei-dungsproblem를 접했다.

---

4 프랑스, 독일, 미국에서는 교수가 되려면 일반적으로 박사 학위가 필요했지만 영국에서는 2차 세계 대전 이전 시기까지 학위를 요구하지 않았다.

힐베르트의 결정 문제

라이프니츠는 사람의 논리적 사고를 강력한 기계 엔진이 대체해 계산해 내는 미래를 상상했다. 프레게는 사람의 모든 연역적 사고를 포괄할 수 있는 논리 계산의 규칙을 처음으로 만들었다. 괴델은 1930년 박사 학위 논문에서 프레게의 규칙이 완전하다고 증명하며 힐베르트가 바로 2년 전에 질문한 문제에 답했다. 힐베르트는 더 나아가 전제와 결론이 '1차 논리'로 주어졌을 때 프레게의 규칙을 사용하면 전제에서 결론을 유도할 수 있는지 알고 싶어 했다. 그리고 결과의 참, 거짓 여부를 항상 정확히 결정할 수 있는 계산 방법을 찾아내고 싶어 했다.[8]

힐베르트의 결정 문제라고 알려진 문제는 바로 그러한 계산 방법을 찾아내는 것이다. 물론 어떤 문제를 푸는 계산의 규칙을 찾아내는 건 늘 해오던 일이다. 실제 고전적인 수학은 알고리즘이라고도 알려진 그러한 계산법들에 대해 다루고 있다. 우리는 덧셈, 뺄셈, 곱셈과 나눗셈의 알고리즘을 배운 후 방정식을 푸는 알고리즘, 그리고 계속해서 미적분학에서는 라이프니츠가 만든 알고리즘에 대해 배운다.

그러나 힐베르트가 제시하는 문제는 이전과는 차원이 다른 영역이다. 이론적으로 그의 결정 문제에 대한 알고리즘은 모든 인간의 논리적 사고를 기계적인 계산으로 대체하는 것이다. 크게 봐서는 라이프니츠의 꿈을 실현하는 알고리즘이라고 얘기할 수 있다.

흔히 수학자들은 어려운 문제를 해결할 때 두 가지 방향을 모색하곤 한다. 한 방향은 일반적인 문제의 특별한 경우들을 해결해 보는 것이다. 다른 한편으로는 일반적인 문제를 특별한 경우로 축소reduce하는 방향으로 움직여 본다.[5] 모두 잘 풀리면 두 가지 접근은 중간에서 만나게 되고 일반적인 문제의 해결 방법이 된다.

사람들은 힐베르트의 결정 문제 역시 이와 같은 방식으로 접근했다. 알고리즘이 존재하는 특별한 경우들이 밝혀졌고 일반적인 문제들이 축소될 수 있는 경우의 수가 좁혀졌기 때문에 사람들은 조금만 더 진전이 이루어진다면 두 방향의 간극이 좁혀지며 힐베르트가 찾고자 했던 바로 그 알고리즘을 발견할 것이라고 꿈꿨다.[9] 이러한 희망에 회의를 가진 사람 중 하나는 케임브리지의 하디였다. 그는 이렇게 분연히 말했다. "물론 그런 정리는 존재하지 않습니다. 그리고 다행입니다. 왜냐하면 그 정리는 모든 수학 문제에 답을 제시하는 기계적인 규칙이 있다는 뜻이고 그럼 수학자들이 할 일은 이제 다 사라지는 거니까요."[10] 하디와 같은 대가는 (최초는 분명 아니었지만) 자신의 능력을 단지 기계가 대체할 거라는 생각을 받아들일 수가 없었다. 그리고 바로 그 수학의 대가가 옳았음이 밝혀졌다!

또 다른 케임브리지의 우등생 막스 뉴먼은 튜링보다 나이가 15살 더 많았고 세인트 존스 칼리지의 펠로우였다. 그는 튜링이 학교에서 경력을 쌓아 가는 데 계속해서 중요한 도움을 줬다. 뉴먼은 새롭게 시작되던 수학 분야인 위상 수학topology의 정립에 공헌을 했다. 대략적으로 설명하면 위상 수학은 아무리 잡아당겨도 찢기지만 않는다면 성질이 변하지 않는 기하학 형태에 대한 연구다.

---

5 (옮긴이) 축소(reduce)는 흔한 증명의 방법 중 하나로 특별한 경우가 해결될 때 일반적인 문제 역시 모두 해결될 수 있는 문제들 간의 연결 고리를 찾는 방법이다. 예를 들어 NP-Complete 문제는 특별한 경우, 즉 NP-Complete로 알려진 문제가 하나만 풀리면 모든 NP문제(계산이 현실적으로 불가능한 문제들)가 풀려진 문제로 축소되어 P(계산 가능) 시간에 다 해결될 수 있는 정리다.

케임브리지에서 뉴먼이 강의한 위상학은 많은 젊은 수학자를 새롭게 떠오르는 이 분야로 끌어들였고 그는 이 주제로 훌륭한 교과서를 써냈다. 뉴먼은 1928년 볼로냐에서 개최된 세계 수학자 대회에 참가했을 때 힐베르트가 주창한 원대한 목표에 대해 들었다. 그리고 그 목표는 젊은 쿠르트 괴델에 의해 2년 만에 불가능하다고 결론이 났다. 이러한 연구 결과에 자극 받은 뉴먼은 1935년 봄 수학의 근본을 주제로 하는 강의를 개설하고 그 정점에서 괴델의 불완전성 정리에 대해 소개했다. 이 강의에서 튜링은 힐베르트의 결정 문제에 대해 알게 됐다. 하디와 같은 수학자들이 갖고 있던 불신과 별개로, 괴델의 증명 이후 힐베르트가 원했던 그런 알고리즘이 존재한다고 믿기는 어려웠다. 앨런 튜링은 그런 알고리즘이 존재하지 않는다는 것을 어떻게 증명할 수 있을까 생각하기 시작했다.

튜링이 분석한 계산의 과정

튜링은 알고리즘이란 순차적으로 적힌 규칙으로 사람들이 요리책의 레시피를 따라 하듯이 기계적으로 정확하게 따라 하는 것이라는 사실을 잘 알고 있었다. 그러나 규칙 자체보다는 사람들이 규칙을 따라 할 때 어떤 일들이 벌어지는지에 관심을 가졌다. 중요하지 않은 세부 사항을 연속적으로 제거하는 과정을 통해 사람의 역할을 몇 개의 아주 간단한 기본적인 행동들로 제한한다 하더라도 계산의 결과는 동일하다는 것을 보일 수 있었다.

튜링의 다음 단계는 기계로 사람을 대체해 사람과 동일하게 기본적인 일들을 하게 만드는 것이었다. (사람과 동일한 원리로) 기본적 계산을 수행하는 기계가 프레게 체계에서 어떤 명제로부터 결론이 도출되는지 여부를 결정할 수 없다고 증명함으로써 결정 문제는 불가능함을, 그런 알고리즘은 존재하지 않는다는 결론을 내릴 수 있었다. 증명의 부산물로 그는 범용 컴퓨터 기계의 수학적인 모델을 찾아냈다.

튜링이 생각한 방식을 따라 하기 위해 계산이 이루어지는 과정을 우리가 관찰한다고 가정해 보자. 사람이 계산을 할 때 어떤 일들이 벌어질까? 관찰 대상 여성은 (1930년대 계산을 수행하던 사람은 대부분 여성이었다) 공책에 계산 과정을 기록할 것이다.[6] 좀 더 관찰하면 그 여성은 그동안 공책에 적었던 기록들과 지금 또 적게 되는 결과 사이에서 왔다 갔다 하면서 생각을 반복할 것이다.

튜링은 이러한 설명에서 불필요한 세부 사항은 빼고 싶었다. 그 여성은 일하면서 커피를 마실까? 물론 불필요하다. 글씨를 쓸 때 연필을 쓸까 펜을 사용할까? 이 역시 전혀 상관이 없다. 종이 크기는 어떨까? 글쎄 종이 크기가 작다면 그전 페이지를 좀 더 자주 참고해야 할지도 모른다. 그러나 튜링은 이 역시 편의의 문제이지 필요성의 문제는 아니라고 쉽게 결론 내렸다. 주어진 종이가 기호들을 아래에 쓸 공간이 없을 정도로 짧다 하더라도 기본적인 과정에는 변화가 없었다. 즉, 공책이 아니라 정사각 괘선이 수평으로 이어진 둘둘 말린 종이 테이프에 계산 과정을 기록한다고 보아도 괜찮았다. 좀 더 간단한 설명을 위해 다음과 같은 곱셈식을 계산한다고 생각해 보자.

---

6 실제 그 시절 '컴퓨터'의 의미는 계산을 수행하는 사람(보통 여성)을 의미했다.

$$
\begin{array}{r}
4231 \\
\times\ 77 \\
\hline
29617 \\
296170 \\
\hline
325787
\end{array}
$$

핵심을 전혀 빠뜨리지 않으면서 그 여성이 종이 테이프에 다음과 같은 계산의 과정을 기록한다고 상상할 수 있다.

| 4 | 2 | 3 | 1 | × | 7 | 7 | = | 2 | 9 | 6 | 1 | 7 | + | 2 | 9 | 6 | 1 | 7 | 0 | = | 3 | 2 | 5 | 7 | 8 | 7 |

튜링은 이러한 1차원 테이프를 사용해 계산을 수행하는 방식이 다소 성가시지만 결정적인 문제는 아니라고 확신했다. 이제 이렇게 두루마리 종이 테이프를 사용해 계산이 이루어지는 과정을 계속해서 살펴보자. 우리는 관찰 대상이 테이프를 옆으로 왔다 갔다 하면서 빈칸에 기호들을 쓰거나 때로는 칸의 기호들을 지우고 새로운 기호를 덮어쓰는 과정을 지켜볼 수 있다. 그 여성이 다음에 어떤 기호를 기록할지 여부는 지금 다루고 있는 기호와 현재 생각 상태에 따라 결정된다. 위에서 다루는 간단한 곱셈의 예제에서도 여성이 현재 곱셈을 수행하는지 아니면 덧셈을 하는지, 즉 그녀의 생각 상태에 따라 다음 기호가 결정된다. 계산을 시작할 때는 테이프가 이렇게 생겼을 것이다.

$$4\;2\;3\;1\;\times\;7\;7\;=$$

테이프 1과 7 위의 화살표(⇓)는 현재 여성이 다루고 있는 기호를 나타 낸다. 두 숫자를 곱한 결과 7을 테이프 위에 적는다.

$$4\;2\;3\;1\;\times\;7\;7\;=\;7$$

그리고 이제 기호 3과 7로 주의를 돌려 두 개의 숫자를 곱한다. 그러고 나서 순서대로 숫자들의 짝을 곱한 다음 곱셈의 중간 결과를 더하는 과정이 남아 있다.

$$4\;2\;3\;1\;\times\;7\;7\;=\;2\;9\;6\;1\;7\;+\;2\;9\;6\;1\;7\;0\;=$$

우선 7과 0을 더해서 다음과 같은 테이프를 얻는다.

$$4\;2\;3\;1\;\times\;7\;7\;=\;2\;9\;6\;1\;7\;+\;2\;9\;6\;1\;7\;0\;=\;7$$

그다음으로는 1과 7을 더해서 8을 얻는다. 여기에서 주목할 것은 이 단계에서 여성이 다루는 숫자 1과 7은 계산을 처음 시작했을 때 다루던 두 숫자와 동일하다는 점이다. 그러나 다루는 숫자가 같다 하더라도 현재 생각의 상태는 다르기 때문에 두 숫자를 더하는 결과를 얻게 된다.

이 간단한 예제는 모든 계산의 핵심적인 요소들을 밝혀 준다. 산수, 방정식, 미적분, 그리고 어떤 다른 분야의 수학이라 할지라도 계산을 수행하는 사람은 다음과 같은 제한을 갖는 것이다.

- 계산의 각 단계에서는 오로지 한정된 개수의 기호만을 다루게 된다.
- 각 단계에서 취하는 행동은 오직 현재 다루고 있는 기호들과 계산을 하는 사람의 생각 상태에 따라 결정된다.

사람이 동시에 다룰 수 있는 기호는 몇 개나 될까? 그리고 정확한 계산을 위해서는 얼마나 많은 기호를 동시에 다루어야 할까? 첫 번째 질문에 대한 답은 사람에 따라 다를 것이다. 그러나 누구든지 간에 그렇게 많은 수를 한 번에 다룰 수는 없다. 두 번째 질문에 대한 답은 1이다. 왜냐하면 여러 개의 기호를 동시에 다루는 계산은 한 번에 한 개씩 연속해서 여러 개의 기호를 계산하는 방식으로 대체할 수 있기 때문이다.[11]

그리고 한 칸에서 멀리 떨어져 있는 다른 칸으로 주의를 돌리려면 테이프의 오른쪽이나 왼쪽으로 한 칸씩 이동하는 동작을 여러 번 반복하면 된다. 이런 분석을 통해 모든 형태의 계산은 다음과 같은 방식으로 가능하다고 결론 내릴 수 있다.

- 계산은 기호를 종이 테이프의 칸에 기록하는 것으로 이루어진다.
- 각 단계에서 계산을 수행하는 사람은 오직 테이프의 한 칸에 쓰여 져 있는 기호 하나에만 집중한다.
- 여성이 다음으로 수행하는 일은 테이프의 현재 기호와 생각의 상 태에 따라 결정된다.
- 다음 수행하는 일은 현재 집중하고 있는 칸에 새로운 기호를 적거 나 경우에 따라 주의를 테이프의 바로 왼쪽이나 오른쪽 칸으로 돌 리는 것으로 구성된다.

이제 계산하던 사람을 기계로 대체하는 모습을 쉽게 상상할 수 있다. 기호들, 즉 정보의 코드가 쓰여 있는 자기 테이프가 기계 안에서 좌우 로 이동하는 그림을 머릿속에 그릴 수 있다. 계산하는 사람의 생각 상 태는 기계 안에 달라지는 설정으로 나타낼 수 있다. 그 기계는 각 단계 에서 테이프에 적혀진 오직 한 개의 기호만을 읽도록 설계되어 있다.

현재 기계 내부의 설정configuration과 스캔한 기호에 따라서 기계는 테이프 위에 (방금 스캔한 것을 대체하는) 기호를 적고 현재 칸을 다시 스캔하거나 테이프의 바로 왼쪽이나 오른쪽으로 한 칸 이동한다. 이 기계를 어떻게 만들지, 어떤 재료를 사용해야 하는지는 계산에서 중요 하지 않다. 오직 중요한 것은 기계에 서로 다른 설정(상태라고 부르기 도 한다)이 가능해야 하고 각 설정에서 필요한 동작을 정확히 수행해 야 한다는 점이다.

핵심은 이러한 기계, 즉 튜링 기계Turing Machine를 실제로 만들자는 게 아니다. 이 기계는 결국 수학적인 추상화abstraction일 뿐이다.[7] 중요한 점은 튜링이 우리가 계산이라고 부르는 과정을 분석한 결과 모든 계산이 가능한 것들은 튜링 기계에서 동작하는 알고리즘으로 표현할 수 있다는 사실이다. 그래서 어떤 특정한 문제를 튜링 기계에서 수행할 수 없다고 증명한다면 그러한 문제를 해결하는 알고리즘은 존재하지 않는다고 결론 내릴 수 있다. 그리고 이게 튜링이 결정 문제를 해결하는 알고리즘이 존재하지 않는다고 증명한 방식이다. 이 과정에서 튜링은 알고리즘이 존재하는 모든 문제를 계산할 수 있는 튜링 기계를 어떻게 만드는지를 보였다. 바로 범용 컴퓨터의 수학적 모델을 만든 것이다.

튜링 기계의 동작

튜링의 분석은 사람의 모든 계산이 튜링 기계라는 아주 제한된 방식으로 동작하는 장치로도 가능하다고 결론 내렸다. 몇 가지 예를 들어 보는 게 좋겠다.

어떤 특정한 튜링 기계를 설명하려면 무엇이 필요할까? 우선 기계의 가능한 모든 상태를 담은 리스트가 필요하다. 그리고 각각의 상태와 그 상태에서 마주치는 테이프 위의 기호에 따라 기계는 어떤 행동을 취하는지 설명해야 한다. 다시 말하자면 기계가 취할 수 있는 행동은 현재 테이프 칸의 기호를 바꾸거나 왼쪽이나 오른쪽으로 한 칸 이동하

---

7 튜링은 그의 추상적인 발명을 a기계라고 불렀다. 'a'는 '자동(automatic)'을 나타낸다.

고 기계의 상태를 바꾸는 것이다. 대문자 알파벳을 사용해 기계가 갖는 상태를 표현하면 다음과 같은 문장으로 기계의 동작을 설명할 수 있다.

상태 R에 있는 기계가 테이프 위의 기호 a를 읽을 때 a를 b로 교체하고 오른쪽으로 한 칸 이동한 후 상태를 S로 바꾼다.

그리고 이 문장을 $R\,a:b \rightarrow S$라는 간단한 식으로 표현한다. 동일한 동작인데 테이프의 왼쪽으로 이동하는 동작은 $R\,a:b \leftarrow S$로 표현한다. 마지막으로 테이프의 위치를 바꾸지 않고 현재 테이프 위의 기호만 바꾸는 동작은 $R\,a:b \star S$라는 식으로 표현한다. 5개의 기호로 구성된 이런 식을 보통 '5튜플quintuples'이라고 부른다(콜론(:)은 포함하지 않는다). 모든 튜링 기계는 이러한 5-튜플식을 나열해서 설명할 수 있다.

주어진 자연수가 홀수인지 혹은 짝수인지를 시험하는 튜링 기계를 한번 만들어 보자. 숫자는 우리가 잘 알고 있는 십진수를 사용해 1, 2, 3, 4, 5, 6, 7, 8, 9, 0의 문자열로 주어질 것이다. 물론 수가 홀수인지 짝수인지를 알아내는 것은 한 번 훑어보는 것만으로도 가능할 만큼 아주 간단하다. 제일 마지막 숫자만 보면 된다. 1, 3, 5, 7, 9일 경우 홀수이고 그 나머지는 짝수다. 그러나 우리가 다루는 기계는 문자열의 제일 왼쪽에 있는 숫자부터 읽을 수 있다. 튜링 기계는 한 번에 오직 한 숫자만 읽을 수 있고 한 칸만 이동할 수 있기 때문에 어떻게 이 기계가 동작하는지 설명하는 건 그리 단순하지 않다. 입력된 수는 테이프에 다음과 같은 식으로 쓰여 있을 것이다.

테이프에는 검사하게 될 입력 수 94383이 쓰여 있고 기계는 초기 상태 Q에 위치해 있으며 테이프의 가장 왼쪽부터 읽기 시작한다. 기계가 테이프의 가장 끝에서 한 칸 더 오른쪽으로 이동하려고 할 경우에는 새롭게 비어 있는 칸이 필요하다. 비어 있는 칸은 특별한 기호 □로 표현한다.

우리의 튜링 기계는 항상 테이프의 가장 왼쪽에서 상태 Q에서 시작한다. 주어지는 입력 수에 상관없이 기계가 계산을 끝냈을 때에는 테이프는 한 칸을 제외하고는 모두 비어 있다. 입력된 수가 짝수일 때 그 한 칸에는 0이, 홀수일 때는 1이 기록되어 있다. 이 기계는 Q, E, O, F로 표현하는 네 가지 서로 다른 상태를 포함한다. 말한 대로 Q가 제일 초기 상태다.

기계는 현재 어떤 상태이든지 상관없이 짝수의 숫자를 읽으면 그 숫자를 지우고(즉, 공백 기호를 쓰고) 한 칸 오른쪽으로 이동한 후 상태 E로 바뀐다. 비슷하게 홀수를 읽었을 때는 그 칸을 지우고 오른쪽으로 이동한 후 상태 O로 바뀐다. 최종적으로 입력된 수의 모든 칸들을 지운 후 마지막에 비어 있는 칸에 다다른다. 이 시점에 상태 E에 있을 때는 테이프에 0을 쓰고 O에 있을 때는 1을 쓴다. 그리고 한 칸 왼쪽으로 다시 이동한 후 동작을 마친다. 이 튜링 기계의 전체 5-튜플식은 표에서 확인할 수 있다.

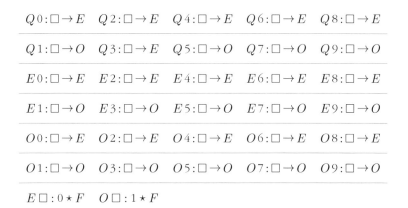

$$Q\,0:\square \to E \quad Q\,2:\square \to E \quad Q\,4:\square \to E \quad Q\,6:\square \to E \quad Q\,8:\square \to E$$

$$Q\,1:\square \to O \quad Q\,3:\square \to E \quad Q\,5:\square \to O \quad Q\,7:\square \to O \quad Q\,9:\square \to O$$

$$E\,0:\square \to E \quad E\,2:\square \to E \quad E\,4:\square \to E \quad E\,6:\square \to E \quad E\,8:\square \to E$$

$$E\,1:\square \to O \quad E\,3:\square \to O \quad E\,5:\square \to O \quad E\,7:\square \to O \quad E\,9:\square \to O$$

$$O\,0:\square \to E \quad O\,2:\square \to E \quad O\,4:\square \to E \quad O\,6:\square \to E \quad O\,8:\square \to E$$

$$O\,1:\square \to O \quad O\,3:\square \to O \quad O\,5:\square \to O \quad O\,7:\square \to O \quad O\,9:\square \to O$$

$$E\,\square:0 \star F \qquad O\,\square:1 \star F$$

튜링 기계의 전체 5-튜플식

아래 그림은 입력값 94383으로 시작하는 기계의 동작을 보여 준다.

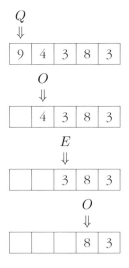

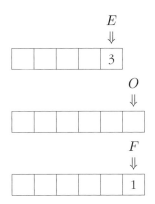

기계는 상태 Q에서 시작해 테이프의 숫자 9를 읽는다. 이때 적용하는 5-튜플식은 표의 2행 마지막 열에서 찾을 수 있다(Q 9 : □ → O). 이 5-튜플식은 테이프에서 숫자 9를 지우고 한 칸 오른쪽으로 이동한 후 새로운 상태 O로 들어간다. 상태 O에서는 4를 읽고 5행 3열의 5-튜플식을 적용한다.

이제 기계는 4를 지우고 한 칸 오른쪽으로 이동한 후 상태 E로 들어간다. 그다음 상태 E에서는 3을 읽고 표 4행 2열의 5-튜플식을 따라서 3을 지운 다음 오른쪽으로 이동하고 상태 O로 들어간다. 그리고 표의 5행 마지막 열의 5-튜플식대로 상태 O에서는 8을 읽고 지운 후에 오른쪽으로 이동해 상태 E로 들어간다. 다시 한 번 더 표의 4행 2열을 따라 E 상태에서 3을 읽고 지운 후에 한 칸 오른쪽으로 이동한 후 상태 O로 변한다.

상태 O에서는 테이프에서 빈칸을 읽게 되고 이제 표의 마지막 행 2열의 식을 적용한다. 빈칸은 1로 바뀌게 되고 테이프는 움직이지 않은 채 기계의 상태가 F로 바뀐다. F 상태에서 테이프의 빈칸을 읽으면 더 이상 적용할 수 있는 5-튜플식이 남아 있지 않다. 이제 기계는 동작을 멈춘다. 이 계산의 끝에는 테이프에 오직 하나의 숫자 1만 남아 있게 된다. 입력값이 홀수였기 때문에 이 계산이 정확하다는 것을 알 수 있다.

튜링 기계는 물리적 기계가 아닌 순수하게 수학적 상상력으로 만들어진 추상적 기계다. 그래서 사용할 수 있는 테이프의 길이에 제한이 없다. 한 개의 5-튜플식으로 이루어진 튜링 기계를 생각해 보자.

$$Q\,\square : \square \to Q$$

이 기계는 빈칸에서 시작해서 계속해서 테이프에 공백 기호를 적어가며 '무한하게' 오른쪽으로 이동한다.

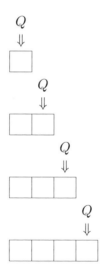

테이프가 제한되어 있어도 한정된 위치만을 반복해 이동하며 튜링 기계는 멈추지 않고 '무한하게' 동작할 수 있다. 예를 들어 다음과 같은 두 개의 5-튜플식으로 구성된 튜링 기계를 생각해 보자.

$$Q\,1 : 1 \rightarrow Q\,,\,Q\,2 : 2 \leftarrow Q$$

입력값 12를 가지고 이 기계는 영원히 두 상태를 이렇게 반복한다.

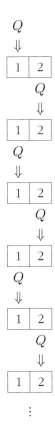

기계의 동작은 입력값에 따라 다르다. 예를 들어 입력값이 13일 경우 계산은 다음과 같이 이루어진다.

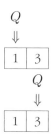

상태 Q에서 3을 읽었을 때 더 이상 적용 가능한 3-튜플식이 없기 때문에 기계는 멈추게 된다.

요약하면 어떤 튜링 기계는 특정한 입력값을 받아 최종적으로 멈춘다. 그러나 그렇지 않은 경우도 있다. 튜링은 칸토어의 대각선 논법을 사용해 튜링 기계로 해결할 수 없는 문제를 만들어 냈고 이것으로 결정 문제가 해결 불가능하다는 것을 증명해 냈다.

칸토어의 대각선 논법을 적용한 튜링

결정 문제를 앨런 튜링에게 알게 해준 막스 뉴먼의 강의는 그 절정에 이르러 괴델의 불완전성 정리에 대해 다루었다. 자연스럽게 튜링은 튜링 기계의 5-튜플식을 자연수를 사용해 코딩하고 칸토어의 대각선 논법을 사용하는 것에 대해 생각하기 시작했다. 우리는 튜링이 어떻게

생각을 발전시켰는지 따라가 보기 위해 그가 고안한 코드와 비슷한 예
제를 사용해 볼 것이다.

튜링 기계를 구성하는 연속된 5-튜플식을 세미 콜론(;)을 사용해 하
나의 코드로 만드는 기법을 생각해 보자. 따라서 다음과 같은 두 개의
5-튜플식으로 구성된 튜링 기계는 '$Q\,1:1 \rightarrow Q\,;\,Q\,2:2 \leftarrow Q$'라고 코
딩할 수 있다.

$$Q\,1:1 \rightarrow Q$$
$$Q\,2:2 \leftarrow Q$$

그리고 코드의 각 기호를 다음 표의 코드법을 따라서 십진수로 변환해
보자.

- 시작과 끝이 8로 되어 있고 중간에는 숫자 0, 1, 2, 3, 4, 5로 구성된
  코드를 사용해 테이프 위의 기호를 표현한다. 다음 표는 테이프의
  십진 숫자와 그 외의 기호들($\rightarrow \leftarrow \star : ;$)을 표기하는 방법을 보여
  준다.

기호	코드	기호	코드	기호	코드	기호	코드
0	8008	4	8048	8	8538	$\leftarrow$	626
1	8018	5	8058	9	8548	$\star$	636
2	8028	6	8518	□	8558	:	646
3	8038	7	8528	$\rightarrow$	616	;	77

- 시작과 끝이 9로 되어 있고 중간에 숫자 0, 1, 2, 3, 4, 5로 쓰여진 코드를 사용해 기계의 상태를 표현한다. 특별하게 시작 상태 Q는 코드 99로 표기한다.

그래서 바로 이전 두 개의 5-튜플식으로 구성된 튜링 기계를 코드로 표현하면 998018 646 8018 616 99 77 998028 646 8028 626 99가 된다. 그 이전의 홀수와 짝수를 구분하는 튜링 기계의 경우 상태 E, O, F를 각각 919, 929, 939 코드로 나타낼 수 있다. 튜링 기계 전체의 코드는 이렇게 쓸 수 있다.

99800864685586169	77	99802864685586169	77	99804864685586169	77
99851864685586169	77	99853864685586169	77	99801864685586169	77
99803864685586169	77	99805864685586169	77	99852864685586169	77
99854864685586169	77	919800864685586169	77	919802864685586169	77
919804864685586169	77	919851864685586169	77	919853864685586169	77
919801864685586169	77	919803864685586169	77	919805864685586169	77
919852864685586169	77	919854864685586169	77	929800864685586169	77
929802864685586169	77	929804864685586169	77	929851864685586169	77
929853864685586169	77	929801864685586169	77	929803864685586169	77
929805864685586169	77	929852864685586169	77	929854864685586169	77
919855864680086369	77	929855864680186369			

이렇게 코드로 나타내면 아주 큰 자연수가 되는데 각 5-튜플식을 구분

하기 위해 숫자 중간에 간격을 두었다. 코드로부터 각각의 5-튜플식을 복원하는 것은 사실 아주 간단하다. 우선 각 5-튜플식을 구분하는 코드 77(';'에 해당)을 찾고 각 5-튜플식을 해독하면 된다. 예를 들어 코드 92985386468558616919는 929 8538 646 8558 616 919처럼 구간별로 나눌 수 있고 이것은 이전의 표를 참고해 $O\,8:\square \rightarrow E$로 해독된다. 물론 이 외에도 다양한 코딩 기법이 있을 수 있지만 기본적으로 이러한 코딩 기법에서 해독decoding이 가능해야 한다는 점이 중요하다.[8]

위 예제들을 통해서 모든 튜링 기계들은 처음 시작할 때 테이프에 쓰여져 있는 수의 가장 왼쪽부터 한 숫자씩 읽는 것을 알 수 있다. 테이프에 쓰인 수(입력값)에 따라서 이 기계는 최종적으로 멈추거나 아니면 무한하게 진행한다. 주어진 튜링 기계를 멈추게 하는 수의 집합을 정지 집합halting set이라고 부르도록 하자. 튜링 기계의 정지 집합을 하나의 상자라고 생각하고 숫자 코드는 상자에 붙여진 라벨이라고 상상할 수 있다. 그러면 대각선 논법을 적용할 수 있는 일반적인 구성을 갖추게 된다. 즉, 라벨이 붙어 있는 상자가 있고 각 라벨은 상자 안의 내용물과 같은 종류, 바로 자연수다.[9] 이제 대각선 논법을 사용하면 튜링 기계의 모든 정지 집합과 다른 새로운 자연수 집합(D라고 부른다)을 이렇게 만들어 낼 수 있다.

---

8 이러한 코딩 기법은 십진 숫자들, □, 그리고 문자열 81118 등 다양한 기호들을 처리할 수 있다. 그래서 테이프 위의 칸을 특정한 기호로 표시해 놓고 계산 중에 기계가 그 기호가 표시되어 있는 칸으로 돌아갈 수 있게 해 준다. 그렇게 기호를 계속해서 추가하는 게 튜링 기계의 기본적인 능력을 바꾸지 못한다는 것은 증명이 되어 있다. 또한 10진수를 사용하는 것이 튜링 기계의 기본적인 능력에는 영향을 주지 않는다는 내용 역시 증명되어 있다. (Davis et al., 1994, pp. 113-168)
9 대각선 논법을 다시 보기 위해서는 이 책의 4장 98쪽을 참고하면 된다.
   (옮긴이) 상자 안의 내용물은 튜링 기계를 멈추게 하는 데이터의 집합이고 상자의 라벨은 자연수로 코딩한 튜링 기계, 즉 프로그램이다. 프로그램과 데이터 모두 자연수로 만들 수 있기 때문에 대각선 논법이 가능하다.

집합 D의 원소는 튜링 기계의 코드들이다. 각각의 튜링 기계에 대해 어떤 코드 숫자가 그 기계의 정지 집합에 포함되어 있지 않은 경우에만 그 코드 숫자는 집합 D에 포함된다.[10]

그러므로 어떤 튜링 기계의 코드 숫자가 정지 집합에 포함되어 있는 경우 그 코드 숫자는 집합 D에 포함되지 않는다. 반대로 코드 숫자가 튜링 기계의 정지 집합에 포함되어 있지 않은 경우에는 집합 D에 포함된다. 따라서 집합 D는 해당 튜링 기계의 정지 집합과는 같을 수가 없다. 그리고 이 규칙을 모든 튜링 기계에 적용하기 때문에 이렇게 결론 내릴 수 있다.

집합 D는 어떤 튜링 기계의 정지 집합과도 같지 않다.

하지만 잠깐! 이게 정말 맞는 이야기인지 확인해 보기 위해 의심 많은 사람(의심쟁이)과 모든 걸 알고 있는 작가와의 가상 대화를 살펴보자.

의심쟁이: 지금 이 논리를 이해하기가 참 어렵네요. 그러나 난 내가 정지 집합이 D인 튜링 기계를 만들 수 있다고 생각합니다. (종이를 보여 주며) 여기 보세요.

---

10 (옮긴이) 컴퓨터 프로그램(튜링 기계)은 자연수를 데이터로 받아 실행한다. 그런데 프로그램을 자연수로 코딩할 수 있기 때문에 프로그램의 코드 자체를 데이터로 입력하는 게 가능하다. 코드 자신을 데이터로 입력해 실행했을 때 프로그램이 멈추면 정지 집합에 포함되고, 무한하게 반복하면 정지 집합에 포함되지 않는다. 집합 D는 코드 자체를 데이터로 실행했을 때 무한 반복하는 코드의 모음이다.

작가: 그렇군요. 그럼 그 기계의 코드 숫자를 계산해 주실래요?

의심쟁이: 물론이죠. 어디 보자… 그 코드 숫자는 99803864685586169
2977……7792985286468558616929네요. (아주 방대한 숫자를
보여 준다.)

작가: 좋아요. 그런데 이 숫자가 그 기계의 정지 집합에 포함되어 있
나요?

의심쟁이: 잠시만요. 생각 좀 해 보고요. 아니요. 이 숫자는 기계의
정지 집합에 포함되어 있지 않아요.

작가: 자, 잘 들어 보세요 의심쟁이씨! 우리가 D를 정지 집합에 포함
되지 않는 숫자들이라고 정의했죠? 그럼 이 숫자가 당신 기계의
정지 집합에 포함되어 있지 않으니까 D에 포함되어 있어야 돼요.
그렇죠? 그리고 이 숫자가 D에 포함되어 있는데 당신 기계의 정
지 집합에는 없으니까 두 개의 집합은 서로 다른 집합이에요.

의심쟁이: 잠깐만요. 다시 생각 좀 해 보고요. 아 이런, 내가 실수를
했네요. 바보 같이 참. 그 숫자는 내 튜링 기계의 정지 집합에 포
함되어 있는 게 맞아요. 실수해서 미안합니다.

작가: 또 틀린 겁니다! D는 정지 집합에 포함되지 않는 숫자들이라
고 했잖아요. 당신 기계의 코드 숫자가 정지 집합에 포함되어 있
다면 그럼 D에는 없어야 돼요. 그러니까 D와 당신 기계의 정지
집합은 다른 겁니다.

의심쟁이: 당신 말이 이제 좀 이해가 가네요. 이렇게 당신 논리가 증
명이 됐다면 그럼 난 더 이상 의심하지 않을 겁니다.

해결할 수 없는 문제

자연수 집합 D는 어떤 튜링 기계의 정지 집합과도 다른 집합이라고 정의했다. 그런데 이게 결정 문제와 어떤 관련이 있을까? 힐베르트는 결정 문제를 해결한다면 모든 수학 문제를 결정 내릴 수 있는 알고리즘을 만들게 될 것이라고 설명했다. 이 설명은 하디가 결정 문제는 절대로 해결할 수 없다고 확신한 이유였다. 즉, 알고리즘으로 해결할 수 없는 수학 문제의 예를 보여 준다면 결정 문제는 해결할 수 없는 것으로 결론이 난다는 의미다. 그리고 집합 D가 바로 그 예제다.

다음 문제를 생각해 보자.

> 주어진 자연수가 집합 D에 포함되는지 아닌지를 결정하는 알고리즘을 찾아라.

이게 바로 어떤 알고리즘도 풀 수 없는 문제다. 그러한 알고리즘이 불가능함을 보이기 위한 첫 단계로 튜링은 계산의 절차를 분석해 튜링 기계를 고안했다. 만일 그러한 알고리즘이 존재한다면 그 문제를 푸는 튜링 기계를 만들 수 있다는 뜻이다. 홀수와 짝수를 구분하는 튜링 기계의 예처럼 그러한 기계는 초기 상태 Q에서 시작해 테이프의 가장 왼쪽에 있는 숫자를 이렇게 읽을 것이다.

비슷하게 우리는 이 기계가 숫자 하나를 제외하고는 모두 공백인 테이프 채로 최종적으로 멈추기를 바랄 것이다. 만일 입력된 수가 D에 포함되면 1이 테이프의 유일하게 남은 칸에 기록되고 D에 포함되어 있지 않다면 0이 테이프에 남는다. 끝으로 이 기계는 상태 F에서 정지할 것이다. 왜냐하면 5-튜플식 중 상태 F에서 시작하는 식은 없기 때문이다.[11] 예를 들어 다음과 같다.

이제 다음 두 개의 5-튜플식을 우리가 상상한 튜링 기계에 더한다고 상상해 보자.

$$F\,0 : \square \rightarrow F \quad , \quad F\,\square : \square \rightarrow F$$

D에 속하는 입력값을 주고 기계를 돌리면 결과는 전과 같을 것이다. 최종적으로 테이프에 1을 출력하고 기계는 멈춘다. 그러나 D에 포함되지 않는 입력값을 받으면 이 기계는 영원히 테이프의 오른쪽으로 이동한다. 즉, 이 기계의 정지 집합은 위에서 정의한 집합 D와 동일해진

---

11 D의 원소와 비 원소를 구분할 수 있는 알고리즘이 정말로 존재한다면 특정하게 입력 값과 출력 값을 만드는 방법에는 영향을 받지 않을 것이다. 입력 수를 알고리즘을 갖고 있는 사람에게 전달해서 수행하게 하면 그만이고 출력 결과 역시 그 사람에게 결과를 테이프에 우리가 원하는 형식으로 출력해 달라고 하면 된다.

다.[12] 그러나 이는 불가능하다. 왜냐하면 D는 대각선 논법을 사용해 모든 튜링 기계의 정지 집합과는 다른 집합이라고 정의했기 때문이다. 그러므로 D의 원소와 비 원소를 구분하는 알고리즘이 있다는 가정은 잘못된 것이다. 그런 알고리즘은 존재하지 않는다! D의 원소와 비 원소를 알고리즘으로 구분하는 문제는 해결할 수 없다!

앞에서 설명했듯이 힐베르트와 하디 모두 결정 문제에 대한 알고리즘이 있다면 모든 수학 문제가 그 알고리즘에 의해 결정되리라 믿었다. 그래서 알고리즘으로 해결이 불가능한 수학 문제가 있다면 결정 문제가 불가능하다는 것을 유도할 수 있다. 집합 D와 결정 문제를 어떻게 연결시키는지 보이기 위해 자연수 n으로 전제와 결론을 만들어 보자.

전제: 자연수 n은 어떤 튜링 기계의 코드 숫자이고 이 코드 숫자 n이 테이프의 가장 왼쪽에 놓여져 있다.

결론: 이렇게 시작한 튜링 기계는 최종적으로 멈출 것이다.

1차 논리 언어를 사용해 이 두 가지 문장 모두 논리적인 표기로 바꿀 수 있다. 그리고 프레게의 규칙을 전제에 적용해 자신의 코드 숫자가 테이프에 쓰인 튜링 기계가 멈출 때에만 결론이 성립됨을 증명할 수 있다. 그리고 이 결론은 오직 숫자 n이 집합 D에 속하지 않을 때에만 참이 된다.

---

12 (옮긴이) 집합이 동일한 이유는 이 기계가 D에 속하는 모든 입력값에는 정지하고 D에 속하지 않는 값에는 정지하지 않기 때문이다. 즉, D가 이 기계의 정지 집합이다. 그런데 D는 어떤 튜링 기계의 정지 집합과도 같지 않다고 정의했었다. 그래서 모순이 발생한다.

따라서 우리에게 결정 문제를 해결하는 (즉, 모든 수학 문제를 해결하는) 알고리즘이 있다면 그것으로 D의 원소 여부를 결정할 수 있다. 즉, 주어진 자연수 n에 대해 결정 문제를 해결하는 가상의 알고리즘을 사용해서 전제로부터 결론이 유도되는지를 확인하는 것이다. 가상의 알고리즘이 결론이 참이라고 판단하면 우리는 n은 D에 속하지 않음을 알게 된다. 반대로 알고리즘이 결론이 거짓이라고 판단하면 n은 D에 속하게 된다. 따라서 결정 문제는 알고리즘으로 해결할 수 없다.[12]

추가 설명
옮긴이

튜링의 정지 문제를 조금 더 직관적으로 이렇게 이해할 수 있다. 정지 문제를 해결하는 알고리즘, 즉 주어진 코드에 대해서 그 코드가 최종적으로 멈추는지 아니면 영원히 계속되는지 결정할 수 있는 알고리즘이 있다고 가정하자. 그 가상의 알고리즘을 HAHalting Algorithm라고 부른다. 그리고 우리가 새로운 프로그램(P)을 만들어 그 가상의 알고리즘을 서브루틴으로 호출한다고 가정하자. 이 프로그램 P의 입력으로는 어떤 프로그램의 코드와 프로그램을 수행할 입력값이 주어진다. 이렇게 주어지는 코드와 입력값을 S라고 부르자. 이 프로그램 P는 주어진 코드(S)가 멈추는지 무한 루프를 영원히 반복하는지 가상의 알고리즘을 호출해 결정한다. 다음 장에 나오는 그림과 같이 표현할 수 있다.

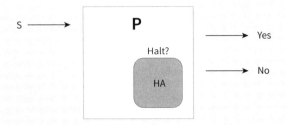

이제 이 프로그램 *P*를 약간 수정한다. *HA*를 호출해서 Yes(*S*는 정지)라는 답이 나오면 무한 루프를 돌리고 No(*S*는 무한 반복)라는 답이 나오면 바로 프로그램을 정지시킨다. 그림으로는 이렇게 표현할 수 있다.

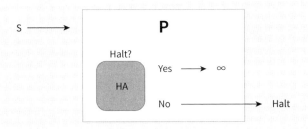

이제 가장 흥미로운 실험을 할 차례다. *P*의 코드 자체를 입력값 *S*로 만들어 *P*에게 준다고 가정해 보자. 즉, 프로그램 *P*는 자신이 멈추는지 여부를 자기 자신에게 묻는 것이다. 그럼 이 프로그램 *P*는 멈출까 아니면 영원히 반복될까? 결론은 어떤 것도 불가능한 논리적 모순이다. 우선 *P*가 멈춘다고 가정해 보자. 그런데 위에서 가상의 *HA* 알고리즘을 호출해서 코드가 멈춘다는 결과가 나오면 *P*는 강제로 무한 반복하게끔 수정했다. 그럼 *P*는 영원히 반복된다! 반대로 *P*가 영원히 반복된다고 가정해 보자. 가상의 *HA* 알고리즘은 No(무한 반복)라고 이야기할 것이고 이 경우에 *P*는 곧바로 멈추도록 위에서 수정했다. 프로그램 *P*가 멈추는지 아닌지 어떤 결론도 낼 수가 없다. 즉, 가상의 알고리즘 *HA*는 존재가 불가능한 알고리즘인 것이다.

튜링의 범용 기계

튜링의 증명은 그리 유쾌한 결과는 아니었다. 그는 결정 문제를 해결하는 튜링 기계는 존재할 수 없음을 증명했다. 다시 말해 결정 문제에 대한 알고리즘은 존재하지 않는다는 것이다. 튜링은 증명을 위해 인간이 계산을 수행할 때 벌어지는 일을 분석하고 설명했다.

튜링은 튜링 기계가 사람이 할 수 있는 모든 종류의 계산을 수행할 수 있다고 말했다. 이것을 어떻게 믿을 수 있을까? 튜링은 주장에 좀 더 힘을 싣기 위해 다양한 종류의 복잡한 계산을 튜링 기계가 어떻게 수행하는지 보였다.[13] 그러나 가장 강력하고 중요한 아이디어는 그가 증명을 검증하고자 보여 준 범용 기계Universal Machine였다.

튜링 기계의 테이프에 빈칸을 사이에 두고 쓰여진 두 가지 (십진수로 쓰여진) 자연수를 생각해 보자. 첫 번째 수는 어떤 튜링 기계의 코드이고 두 번째 수는 그 기계에 주어지는 입력값이다.

---

13 예를 들어 그는 실수 *e*와 π를 0과 1의 이진법으로 나타내 주는 튜링 기계를 만들었다. 그는 또한 일반적으로 수학에서 다루는 다양한 실수들 역시 이진법으로 만드는 기계를 보여 줬다. 여기에는 정수를 계수로 갖는 다항식의 근과 심지어 베셀(Bessel) 함수의 실제 0의 값도 포함된다.

| 튜링 기계 M의 코드 번호 | M의 입력값 |

이제 누군가에게 이런 임무가 주어진다고 생각해 보자. 테이프 처음에 쓰여진 코드 번호에 해당하는 튜링 기계에 테이프의 뒤쪽에 쓰여진 입력값을 주었을 때 어떤 계산이 수행되는지 알아내는 일이다. 이것을 알아내는 건 간단하다. 그 사람은 테이프 앞쪽에 코드로 쓰여진 것을 다시 5-튜플식으로 해독해 낸다. 그리고 나서 튜플식으로 표현된 기계를 그저 흉내 내면 된다. 즉, 5-튜플식이 하는 명령을 테이프에 그대로 따라 하면 되는 것이다.

튜링은 사람에게 가능한 모든 계산 작업은 튜링 기계로도 수행이 가능하다는 것을 보였다. 이제 이 아이디어를 새로운 임무에 적용을 해 보면 한 튜링 기계가 테이프에 쓰여진 또 다른 튜링 기계 M의 코드와 그 기계에 주어지는 입력값을 가지고 튜링 기계 M이 입력값을 가지고 수행했을 작업을 따라 하는 상상을 할 수 있다. 하나의 튜링 기계만으로 모든 다른 튜링 기계들의 계산을 수행하는 것이다. 튜링은 이 놀라운 생각을 직접 이 '범용' 튜링 기계의 5-튜플식을 보이는 것으로 증명했다. 몇 쪽에 걸친 5-튜플식, 즉 지금은 우리가 코드라고 부르는 식을 통해 그는 이 놀라운 생각을 보여 준 것이다.[13][14]

사람들은 라이프니츠 시대 혹은 그 이전부터 계산하는 기계에 대해 생각해 왔다. 튜링 전에는 그러한 기계에는 세 가지 다른 요소가 필요

---

14 (옮긴이) 튜링 기계는 알고리즘이고 범용 튜링 기계는 어떤 알고리즘이든 수행할 수 있는 컴퓨터로 볼 수 있다. 그 이전까지 개별적인 알고리즘마다 서로 다른 계산 기계가 필요했다면, 튜링은 단 한 개의 계산 기계로 모든 알고리즘을 수행하는 개념을 만든 것이다. 이 범용성이 컴퓨터와 소프트웨어를 만들어 냈다.

하다고 생각했다. 그것은 기계, 프로그램, 그리고 데이터였고 이 요소들은 완전히 분리된 개념이었다. 기계는 오늘날 우리가 하드웨어라 부르는 물리적인 개념이었다. 프로그램은 계산을 수행하는 계획이었고 흔히 천공 카드나 배선반配線盤, plugboard에 케이블을 연결하는 방식으로 만들어졌다. 마지막으로 데이터는 숫자로 된 입력값이었다. 튜링의 범용 기계는 이렇게 개념을 구분하는 게 착각이었음을 보여 줬다. 튜링 기계는 애초에 물리적인 부품으로 만들어지는 하드웨어라고 상상했다. 그런데 범용 기계의 테이프에 쓰여진 코드는 프로그램으로서의 역할을 수행한다. 즉, 목표하는 계산을 얻기 위해 범용 기계가 실행해야 할 명령어를 자세히 나열한 것이다. 끝으로 범용 기계는 계산을 수행하는 과정에서 기계어 코드를 그저 하나의 데이터로 읽어 가며 계속 수행해 나가는 것이다.

이 세 가지 서로 다른 개념을 상황에 따라 역할을 바꾸는 것은 현대 컴퓨터의 가장 핵심적인 아이디어다. 현대 프로그래밍 언어로 쓰여진 프로그램은 인터프리터나 컴파일러에게 데이터로 주어져서 명령어들이 실제로 실행되게끔 만든다. 실제로 튜링의 범용 기계는 인터프리터라고 부를 수 있다. 왜냐하면 그 기능은 5-튜플식을 해석interpret하고 튜플식이 명령하는 것들을 실행하기 때문이다.

튜링의 분석은 계산에 대한 고전적인 인식에 새롭고 깊은 통찰을 제공했다. 컴퓨터의 계산은 이제 단순한 산수와 미적분을 넘어서 훨씬 더 다양한 가능성을 수용했다. 동시에 이론적으로 모든 계산 가능한 것을 처리할 수 있는 범용의 계산기에 대한 비전이 생겼다. 튜링이 만든 튜링 기계의 코드는 프로그래밍이란 새로운 작업의 본보기가 되었다. 특별히 그의 범용 계산기는 인터프리터의 첫 예라고 할 수 있다. 그의 범용 계산기는 '저장된 프로그램stored program'의 모델을 또한 제공했다. 테이프에 코드로 기록된 5-튜플식은 저장된 프로그램의 역할을 하고 기계에게 무엇이 프로그램이고 무엇이 데이터인지에 대한 명확한 구분이 없어졌다. 마지막으로 범용 기계 모델은 5-튜플식으로 표현한 기계, 즉 하드웨어의 움직임이 동일한 일을 하는 소프트웨어로 대체될 수 있다는 것을 보여 줬다. 범용 기계의 테이프에 기록된 코드는 기계가 해야 할 5-튜플식과 동일했기 때문이다.

결정 문제에 대한 알고리즘은 존재하지 않는다는 증명을 하는 동안 튜링은 같은 결론의 증명이 대서양 반대편에서 이루어지고 있다는 사실은 몰랐다. 뉴먼이 튜링의 논문 초고를 받았을 때는 미국 수학회 저널에 실린 알론조 처치의 논문 〈기초 수 이론의 해결 불가능한 문제〉가 이미 케임브리지에 도착해 있었다. 이전 장에서 살펴보았듯이 처치는 알고리즘으로 해결 불가능한 문제가 있다는 것을 이미 증명했다. 그의 글에서는 기계에 대한 언급은 없었지만 람다 정의 가능의 개념과 재귀 함수를 통해 일반적인 계산이 가능한지 여부를 직관적으로 소개했다. 처치와 튜링의 개념은 곧 동일한 것으로 증명됐다. 처치가 소개한 불가능한 문제는 튜링 기계를 통해서도 불가능한 것이다.

그 논문에서 처치는 직접적으로 힐베르트의 결정 문제를 해결한다고(불가능하다고 증명) 말하지는 않았다. 그러나 〈기호 논리학 저널〉의 1권(1936) 1장에서 처치는 결정 문제의 해결 여부에 대해 짧게 설명했다. 튜링은 곧바로 그의 계산 가능 모델이 처치의 람다 정의 가능 모델과 동일하다는 사실을 증명했고 프린스턴에서 연구를 하기로 마음을 먹었다.

시기적으로 튜링이 증명한 결과는 미국에서 이미 발견한 결과를 다시 확인하는 데 불과했다. 그러나 계산에 대한 분석과 범용 기계에 대한 발견은 완전히 새로웠다. 그의 개념은 그 자체로 프린스턴에서 만든 결과의 수준을 훨씬 뛰어넘는 것이었다.[15] 쿠르트 괴델은 처치의 논문에 대해 완전히 수긍하지 않았다. 그리고 수년 후에 그는 튜링의 분석 때문에 그 결론을 받아들일 수 있었다고 말했다.[14]

프린스턴에서의 앨런 튜링

튜링이 1937년 9월 29일 프린스턴에 도착했을 때, 프린스턴은 지난 3년 사이 많이 달라져 있었다. 괴델은 빈으로 돌아갔고 클레이니와 로서는 학업을 마친 후 각자의 길을 걸으며 자신의 경력을 시작했다. 그리고 프린스턴엔 알론조 처치만 남았다. 대체로 영국에서는 수학자들이 박사 학위 취득에 관심이 없었지만 튜링이 프린스턴에 머무는 데에는 대학원 학생 신분이 가장 편리했다. 그가 이미 이루어 낸 업적을 생각하면 이례적인 신분이었다. 튜링은 프린스턴에서 2년간 머물며 주목할 만한 박사 학위 논문을 썼다(알론조 처치가 지도 교수 역할을 했다). 괴델의 명제는 밖에서 보았을 때는 참이지만 주어진 논리 체계 안에서는 결정이 불가능했다. 이를 자연스럽게 확장해, 그러한 명제를

---

15 기호 논리학 저널에 결정 문제에 대한 처치의 증명이 나왔을 때 같은 저널에는 미국의 논리학자 에밀 포스트가 쓴 짧은 논문이 포함돼 있었다. 포스트는 논문에서 튜링의 개념과 아주 비슷한 개념을 소개했다(Davis(1965, pp. 289-291)). 포스트는 뉴욕 시티 칼리지 학부생 시절 나를 가르친 교수였다.

주어진 논리 체계 안에 하나의 공리로 추가한 새로운 논리 체계를 만들어 내서 이전에 결정 불가능했던 명제가 이제 결정이 가능해지는 방법을 생각할 수 있다. 물론 괴델의 방법을 적용하면 새로운 체계는 그 안에 결정 불가능한 명제를 포함한다고 볼 수 있다. 튜링은 자신의 박사 학위 논문에서 이 방식을 반복해 논리 체계의 계층을 만들어 냈다.

그가 학위 논문에서 고안한 새로운 개념은 튜링 기계를 변형시켜 계산의 중간에 멈추고 외부의 정보를 찾는 것이었다. 이 기계를 사용해 결정이 '너욱더' 불가능한 문제와 기존의 불가능한 문제를 분리시킬 수 있었다. 논문에 담긴 이러한 아이디어들은 후세의 연구자들에게 연구의 기초를 제공했다.[15]

케임브리지는 튜링에게 펠로우십이 제공하는 얼마간의 장학금을 지급했고, 프린스턴에서의 첫해 동안 튜링은 그걸로 생활을 해야 했다. 숙식이 제공되는 케임브리지에서는 이 금액으로도 충분했었다. 그러나 그는 2년 차에 이르러 꽤 여유롭게 생활할 수 있었다. 저명한 프락터 펠로우십을 수여받았기 때문이다. 그가 펠로우십을 지원했을 때 포함된 한 추천서에는 이렇게 쓰여 있다.

1937년 6월 1일

안녕하십니까.

앨런 튜링 씨가 프린스턴의 프락터 방문 펠로우십을 1937~1938년 기간에 신청한다고 내게 알려 주었습니다. 나는 튜링 씨를 몇 년 전부터 아주 잘 알아 왔고 그의 지원서를 지지한다고 알려 드리고 싶습니다. 저는 1935년 케임브리지에서 방문 교수로 일하면서 그리고

1936~1937년 튜링 씨가 프린스턴에 있는 동안 그의 학문 연구를 가까이서 지켜봐 왔습니다. 튜링 씨는 내가 관심을 갖고 있는 수학 분야인 개주기 함수almost periodic function와 연속군 이론theory of continuous groups에서 좋은 성과를 거두었습니다.

나는 그가 프락터 펠로우십에 가장 적합한 지원자라고 생각하며 귀하께서 그에게 펠로우십을 수여한다면 아주 기쁠 것입니다.

존 폰 노이만 드림[16]

폰 노이만이 수학의 근본에 대한 힐베르트의 프로젝트에 깊이 관련되어 있었다는 걸 생각하면 결정 문제가 해결 불가능하다고 증명한 튜링의 업적을 이 편지에 전혀 언급하지 않았다는 사실은 매우 놀랍다. 폰 노이만이 모를 리 없기 때문이다.

나는 여기에서 폰 노이만을 이해할 수 있는 표현은 '내가 관심을 갖고 있는 수학 분야'라고 생각한다. 20세기 최고의 수학자 중 한 명인 폰 노이만은 방대한 분야에 식견이 있었고 한 번 본 건 거의 완벽히 기억하는 천재였다. 그러나 그는 괴델이 이 분야에서 한 그의 작업 다수가 무의미하다는 걸 보여 준 후 다시는 논리학에서 무언가를 더 얻으려 하지 않았다. 심지어 1931년 괴델의 결과 후에는 다시는 논리학 논문을 읽지 않았다고 전해진다.[17] 이 문제는 2차 세계 대전 중 그리고 전후에 튜링의 연구가 폰 노이만의 컴퓨터에 대한 생각에 어떤 영향을 주었는지 살피는 데 필요하기에, 얼마간 중요하다 할 수 있다.

폰 노이만의 친구이자 동료인 스타니스와프 울람이 튜링의 전기 작가 앤드류 호지스에게 쓴 편지에서 약간의 증거 자료를 얻을 수 있다.[16] 그의 편지에서는 1938년 여름 울람과 함께 유럽을 여행하던 폰 노이만이 제안한 한 가지 게임에 대해 언급한다. '종이에 가능한 한 가장 큰 수를 적는 게임인데 튜링 기계의 방식과 비슷한 방법으로 만들어 내는 것'이었다. 울람의 편지는 또한 '폰 노이만은 1939년 정규 수학 체계를 기계로 만들어 내는 방법에 대해 이야기하며 튜링의 이름을 여러 차례 언급했다'고 적었다. 울람의 편지는, 이전에 어떤 일이 있었든 2차 세계 대전이 발발하던 1939년 9월 즈음에는 폰 노이만이 튜링의 계산 가능성 연구에 대해 잘 알고 있었다는 사실을 분명히 보여 준다.[18]

튜링의 범용 기계는 모든 가능한 알고리즘을 다 수행할 수 있는 놀라운 개념의 기계였다. 그런데 실제로 그것을 만들어 낼 수 있을까? 그 기계가 이론적으로 할 수 있는 것은 일단 접어 두고 어느 정도 빠르게 동작하고 조달 가능한 수준의 자원만을 사용하는 기계를 만들어 실제 세계의 문제들을 해결할 수 있을까? 그런 생각은 처음부터 튜링의 머릿속에 있었다. (런던의) 타임지에 실린 추도 기고문에서 튜링의 스승 막스 뉴만은 이렇게 썼다.

순전히 이론적인 목적으로 '범용의' 계산 기계에 대해 설명했지만, 모든 종류의 실제적인 실험에도 깊이 관심 가졌던 튜링은 당시에도 이 기계를 실제로 어떻게 만들어 낼 수 있을까에 대해 생각했습니다.[19]

16 스타니스와프 울람(1909~1984)은 뛰어난 순수 그리고 응용 수학자로 다양한 수학 분야에 업적을 남겼고 폰 노이만의 가까운 친구였다. 그의 아이디어 중 하나는 집합론의 일반적인 공리를 확장하는 데 중요한 기여를 했는데, 이는 괴델이 연속체 가설 관련한 결과를 얻는 데 중요한 역할을 했다. 그러나 울람의 가장 중요한 업적을 모든 사람이 좋아하지는 않았다. 그는 수소 폭탄의 기본을 설계했다.

튜링은 이러한 가능성을 단순히 생각만 하는 데서 그치지 않았다. 가능한 기술에 대해 알고자 전기 기계식 계전기relay를 이용해 이진수로 쓰인 수를 곱하는 기계를 만들며 어려움을 겪기도 했다. 이를 위해 그는 물리학과 대학원생들의 작업실을 드나들었고 다양한 부품들을 제작해 계산에 필요한 계전기를 자신이 직접 만들었다.[17]

앨런 튜링의 전쟁

튜링은 1938년 여름 케임브리지로 돌아갔다. 전쟁이 발발하기까지 앞으로 1년 이상이 더 지나야 했지만 튜링은 독일 군대의 통신에 사용하는 암호를 깨기 위한 프로젝트에 선발됐다. 튜링과 괴델 모두 연구에 코드를 다루고 있었다. 그러나 그들이 사용한 코드들은 증명 과정을 설명하기 위해 쉽게 해독할 수 있었지만, 독일군이 사용한 암호 코드는 해독을 불가능하게 하는 것이 목적이었다. 실제로 독일은 전쟁이 끝날 때까지도 자신의 코드가 해독이 불가능하다고 믿었다.

세상을 놀라게 한 나치 독일과 공산주의 러시아 사이의 협정 이후에 독일군은 1939년 9월 1일 폴란드를 침공했다. 조약을 지키기 위해 영국과 프랑스는 며칠 후 독일에 전쟁을 선포했고 9월 4일 튜링은 블레츨리 파크로 들어갔다. 블레츨리 파크는 런던 북쪽에 위치한 빅토리아 시대의 정원과 저택으로 대부분 학교 연구자 출신들로 구성된 작은 팀이 적국의 메시지를 읽고 있었다. 그러나 곧 팀은 커질 수밖에 없었다.

---

17 편리하게도 그 작업실은 수학과 건물 파인 홀 바로 옆의 팔머 물리학 연구소에 위치해 있었다. 심지어 두 건물을 바로 이어 주는 통로도 있었다.

전쟁의 마지막 무렵에는 정원에 여러 개의 막사가 지어져 그 안에서 암호 해독과 메시지 분석을 위한 다양한 업무가 이루어졌다. 고위직 인원들(물론 군인들)을 비롯하여 '여군'들이 많이 복무하고 있었는데 이들은 해군 지원 부대에 입대했다가 튜링과 동료들이 제작한 기계를 운영하는 역할을 맡게 되었다.

독일군은 통신에 원래 에니그마라고 불린 상업용 암호 기계를 개조해 사용하고 있었다. 이 기계에는 알파벳 키보드가 있었고 특정 문자를 누르면 작은 창에 암호화된 형태로 글자가 나타났다. 전체 메시지를 암호화 한 후 메시지는 일반 무선 통신 전보로 보내졌다. 받은 쪽에서 암호화된 글자를 또 다른 에니그마 기계에 넣으면 원래의 내용이 나타나는 식이었다. 기계 내부에는 회전하는 바퀴가 여러 개 있어서 본래 메시지의 문자와 암호화된 문자를 서로 매치시켰다. 군에서 사용한 기계에는 추가로 플러그판을 달아서 보안을 강화했다. 기계에는 매일 새로운 초기화 설정값이 주어졌고 보내는 쪽과 받는 쪽이 동일한 값을 공유했다.

전쟁 발발 전 폴란드의 수학자들은 독일군의 에니그마 메시지를 해독하는 놀라운 일을 해냈다. 그러나 독일이 다른 복잡한 암호화를 한 겹 더 추가하자 수학자들은 벽에 부딪혔고 영국에게 다음 진행을 넘겼다. 블레츨리 파크의 암호 해독자들은 퍼즐을 좋아하는 사람들이었고, 때로는 임무에 담긴 지적인 면에 몰두하며 즐거워하기도 했다. 그러나 그 임무는 사람들의 생사가 걸려있는 진지한 일이었다.

튜링이 책임을 맡았던 분야는 독일의 잠수함과 군 본부 사이의 통신을 해독하는 임무였다. 영국의 섬으로 들어오는 절실히 필요한 보급품을 실은 배들이 무서운 속도로 독일의 잠수함에 의해 파괴되고 있었다. 유보트U-boat를 멈출 수 없다면 영국이 모두 굶어 죽을 수도 있는 상황이었다.

나포된 잠수함에서 얻은 암호 코드 책과 보내는 쪽에서 부주의한 실수로 보낸 핵심 정보가 에니그마 메시지를 해독해 내는 데 도움이 되었다. 그러나 핵심적인 역할은 튜링이 맡았다. 튜링은 이 정보를 활용해 독일군이 사용하는 에니그마의 당일 설정값을 효과적으로 찾아내는 기계를 설계했다. (기계는 '봄브Bombe'라고 불렸는데, 그 이름이 붙은 이유는 아무도 기억을 못했다.)

봄브는 에니그마 설정값의 수많은 가능성 중에서 가능성 없는 것들을 연속적으로 논리 추론하며 체계적으로 제거해 나갔다. 그리고 최종적으로 남은 몇 개는 이제 정확한 한 개의 설정값이 나올 때까지 수작업으로 확인해 나갔다. 이전에 취미로 만들던 장치와는 달리 튜링의 설계를 바탕으로 제작된 봄브는 제작되자마자 제대로 작동했다.[18]

블레츨리 파크에서 튜링은 애정이 담긴 '교수님the prof'이란 닉네임으로 불렸고 그의 기행들은 많은 이야기를 낳았다. 시간이 지난 후에도 사람들은 찻잔을 라디에이터에 매달아 놓는 그의 습관에 대해 이야기하곤 했다. 아마도 블레츨리 파크 시절의 가장 흥미로운 일화는 튜링이 라이플총 쏘는 법을 어떻게 배웠는지에 대한 이야기일 것이다. 1940~1941년 사이, 곧 독일의 침공을 앞두고 있던 어려운 시기에 처

---

18 튜링보다 여섯 살 많았던 수학자 고든 웰치먼은 튜링의 설계에 더해 기계의 성능을 획기적으로 개선하는 기능을 추가했다. 어떻게 에니그마의 메시지들이 해독됐는지 기술적으로 궁금한 독자들은 웰치먼의 회고(Welchman, 1982)와 Hodges(1983)를 참고하기 바란다. Hinsley and Stripp(1933)는 블레츨리 파크에서 전쟁 중 암호 해독 임무에 참여했던 사람들의 여러 흥미로운 일화를 담고 있다.

칠 정부는 '조국 경비대Home Guard'라 불린 시민군을 조직했다. 튜링은 맡고 있는 임무가 중요했기 때문에 경비대 의무에서 면제됐다. 하지만 그는 그저 라이플 쏘는 법을 배우고 싶어서 가입하기로 마음먹었다.

경비대에 가입하면 정기적인 군사 훈련을 받아야 했고 얼마 지나지 않아 튜링은 시간 낭비라고 생각해 더 이상 참가하지 않았다. 다혈질로 유명한 필링햄 대령의 명을 받아 출두한 튜링은 자신이 오로지 사격술을 배우려고 경비대에 가입했으므로 이제 잘 쏘게 되었으니 더 이상 필요가 없다고 설명했다. 대령은 이렇게 말했다. "하지만 훈련 참가는 당신이 결정하는 게 아닙니다. … 군인의 의무예요. … 지금 군법을 어기고 있는 겁니다." 그리고 대령은 튜링에게 지원서를 작성할 때 "조국 경비대에 가입하면 당신은 이제 군법을 지켜야 합니다. 이에 동의합니까?"라는 질문에 답을 했다고 상기시켰다. 튜링은 그 질문에 실제로 답을 했고, '아니요'라고 답했다고 말했다. 질문의 의미를 생각했을 때, '예'라는 답은 자신에게 도움이 되지 않을 게 분명했기 때문이다.[20]

이 이야기는 재미있기도 하지만 튜링의 성격을 잘 드러내 주는 일화다. 그는 대부분 사람들이 따르고 있는 사회적 규범을 무시하고 모든 상황을 처음부터 다시 생각해 가장 좋은 결과가 나오는 것을 선택했다. 사람들은 경비대 지원서에서 이런 질문을 받으면 동의해야만 한다고 생각하겠지만 튜링은 이 질문을 의미 그대로 받아들이고 심각하게 최적의 답을 고민했던 것이다. 이러한 그의 성격은 학문 연구에서는 아주 효과적이었지만, 사람이나 사회와 상호 작용할 때는 부작용이 많았다. 결국 수년 후에 비극을 낳고 말았다.

튜링은 블레츨리 파크에서 함께 일한 젊은 수학자 조안 클라크와 친했다. 그는 조안과 사랑에 빠져 청혼을 했고 조안은 기쁘게 받아들였다. 그러나 며칠 후 튜링이 자신에게 동성애 '성향'이 있다고 고백했을 때 조안은 분명 걱정했지만 그럼에도 약혼 관계를 유지하고자 했다. 몇 달 후 함께 여행을 다녀온 지 얼마 지나지 않아 튜링은 조안을 정말로 사랑하지만 결국 둘의 관계는 안되겠다고 생각해 파혼을 했다. 튜링에게는 처음이자 마지막이었던 여성과의 연애 관계였다.

그동안 튜링은 한순간도 범용 기계의 응용 범위에 대한 생각을 멈추지 않았다. 그는 범용이라는 의미에 인간의 뇌가 갖는 대단한 능력이 숨어있다고 추측했고 어떤 의미에서 우리의 뇌는 범용 기계라고 생각했다. 그는 범용 기계를 만들어 낼 수 있다면 체스와 같은 게임을 할 수 있게 만들 수 있고 아이들이 배우는 것처럼 배울 수 있으며 결국엔 사람들이 기계가 '지능'이 있다고 생각할 만한 일들을 할 것이라고 상상했다. 블레츨리 파크에서 이러한 상상을 기반으로 한 대화들을 많이 나누었던 튜링은 심지어 기계가 체스 게임을 하는 알고리즘의 윤곽을 만들기도 했다. 같은 시기에 범용 기계를 만드는 데 필요한 하드웨어들이 바로 그곳 블레츨리 파크에서 만들어지고 있었다.

영국에서 가로챈 메시지 중 어떤 것들은 나치 정권의 최고위층에서 보냈는데 암호화에 에니그마를 사용하지 않았고 일반 전신으로 전송되는 전보가 아니었다. 곧 사람들은 이것이 전신 타자기의 출력과 같은 특징을 갖고 있다는 것을 알게 됐다. 각각의 문자가 종이 테이프의 한 줄에 뚫린 구멍으로 표현되는 체계였다. 오래된 모스 부호와는 다르게 교환원이 필요하지 않았다. 독일은 기계에서 한 번의 조작만으로 메시지를 암호화하고 동시에 송출하는 것처럼 보였다. 받는 쪽에서는 해독하는 기계가 있을 터였다. 블레츨리 파크에서는 이 기계를 '피쉬 fish'라고 불렀고 튜링의 스승 막스 뉴먼이 이를 해독하는 임무를 맡았 다. 해독에 쓰인 몇 가지 기술은 장난스럽게 '튜링기스머스turingismus, 튜링증후군'로 불려 누가 만들었는지 짐작하게끔 했다.[19] 그러나 튜링기스 머스는 많은 분량의 데이터를 처리해야 했고 해독된 메시지가 의미 있 으려면 데이터의 처리가 빠른 시간 내에 끝나야 했다.[21]

1930년대 미국과 유럽에서는 대부분 사람들이 집에 라디오를 갖고 있었다. 트랜지스터가 발명되기 전 시대의 라디오에는 진공관(영국에 서는 '밸브'라고 불렀다)이 들어가 있었다. 희미한 빛이 나오는 이 진공 관들은 사용 중에 매우 뜨거워졌다. 전구처럼 쉽게 닳아서 교체가 필 요했다. 라디오가 동작하지 않으면 사람들은 소켓에서 진공관을 빼내 가게로 가져가 테스트했다. 수명이 다한 진공관을 교체하면 라디오는 다시 동작하고는 했다. 수백 개의 다른 종류 모델이 자세한 특징과 함 께 나와 있던 RCARadio Corporation of America사의 카탈로그는 기술자 들과 취미로 기계를 다루는 사람들 사이에서는 필수였다.

1943년 3월 튜링은 미국에서 몇 달간의 방문을 마치고 돌아가는 길이 었다. 방문 목적은 미국이 자체적으로 '봄브'를 만들어 독일 해군의 에 니그마 메시지를 해독하는 데 도움을 주는 것이었다. 그는 돌아가는 배 안에서 RCA 카탈로그를 자세히 살펴보는데, 진공관이 이전까지 전자 계전기가 해왔던 논리적인 스위치 역할을 대신할 수 있다고 알려졌기 때문이다. 게다가 진공관은 빨랐다. 진공관 안의 전자들은 거의 빛의 속도로 움직이지만 계전기는 기계적인 움직임에 의존했기 때문이다.

19 'ismus'는 독일어 접미사로 영어에서 'ism(..주의)'라는 뜻이다.

당시 진공관 회로는 전화 통신 교환에 실험적으로 사용되고 있었고 튜링은 이 분야 연구를 선도하던 재능 있는 공학자 토미 플라워스와 연락했다. 플라워스와 뉴먼의 지휘 아래 튜링기스머스를 실제로 구현하는 기계가 신속하게 만들어졌다. 콜로서스Colossus라 불린 이 기계는 1500개의 진공관이 사용된 공학적 걸작이었다. 이는 세계 최초의 전기적인 자동 계산기였다. 당연하게도 기계가 동작하는 기본 방식은 산술적이기보다는 논리적이었다.

독일군으로부터 가로챈 통신들은 종이에 여러 구멍을 낸 형태로 아주 빠른 테이프 입력 장치를 통해 기계로 들어갔다. 테이프가 입력 장치 안에서 움직이면 종이의 구멍을 통과하는 빛은 광전자 셀로 읽히고 이 신호들은 콜로서스 안으로 입력됐다. 진공관 회로를 늦추지 않으려면 테이프가 빠른 속도로 읽히는 것이 중요했다. 플라워스의 뛰어난 능력은 이런 기계를 단지 몇 달 만에 만들어 낸 것뿐만이 아니었다. 그는 많은 수의 진공관을 사용하고도 이 기계가 유용한 일들을 해내도록 만들어 냈다. 당시 사람들은 진공관의 잦은 고장 때문에 이런 기계는 불가능하다고 생각했었다.

1945년에 전쟁이 끝날 무렵 튜링은 진공관 회로를 사용해 범용 기계를 만들 수 있을 것이라는 확신이 생겼다. 진공관을 활용하는 실질적인 지식을 습득했고 실제 구현하는 데 발생하는 문제들에 대해 오랜 시간 생각해 왔다. 그는 이러한 기계가 사용될 수 있는 수없이 많은 상황과 문제에 대해 생각했다. 이제 이 대단한 프로젝트를 현실화하는 데 필요한 것은 연구 지원과 설비들뿐이었다.

8

최초의
디지털 범용 컴퓨터

Making the First Universal Computers

누가 컴퓨터를 발명했나?

현대의 컴퓨터는 논리학과 공학의 복잡한 결합체라고 볼 수 있기에 단한 사람을 발명가로 꼽는 게 쉽지는 않다. 그럼에도 1973년 (허니웰과스페리 랜드 사이의) 한 특허권 분쟁을 해결하는 과정에서 어떤 판사가 거의 그런 결정을 내릴 뻔했다. 이제 우리 이야기가 현대 모든 범용컴퓨터 뒤에 숨겨진 논리적 생각에서 컴퓨터를 실제로 제작하는 이야기로 넘어가면서, 컴퓨터를 현실적으로 가능케 한 사람들이 전면에 등장하게 된다. 컴퓨터의 역사를 설명하는 다양한 주장이 있는데, 이 이야기들을 다루기 전 몇 명의 인물을 짧게 살펴보는 게 좋겠다.

조셉 마리 자카드Joseph-Marie Jacquard(1752~1834)

자카드 방직 기계는 천공 카드를 사용해 지정된 패턴으로 옷감으로 짜내는 기계였고, 프랑스에서 시작해 이후 전 세계 직물 산업에 혁명을불러 일으켰다. 아마 어느 정도 과장이 섞이긴 했겠지만 전문적인 방직공들은 이게 세계 최초의 컴퓨터였다고 말하곤 했다. 자카드 방직기계가 훌륭한 발명품이긴 했지만 컴퓨터라기보다는 자동 피아노에가까웠다. 자동 피아노와 마찬가지로 기계 장치가 입력 장치에 천공이있는지 여부에 따라 자동으로 조절되는 방식이었다.[1]

찰스 배비지Charles Babbage(1792~1871)

배비지는 자신이 끝내 만들어 내지 못한 해석 기관에 자카드처럼 천공 카드를 사용하고자 했다. 그는 직조로 만들어진 자카드 자화상을 소유하고있었다.

에이다 러브레이스Ada Lovelace(1815~1852)

아버지인 바이런 경은 에이다를 한 살 이후 만나지 못했다. 에이다는 수학을 아주아주 좋아했고, 특히 배비지가 제안한 해석 기관에 지대한 관심을 가졌다. 그녀는 해석 기관을 다룬 프랑스어로 쓰인 연구 논문을 번역했고 배비지의 격려를 받으며 아주 자세한 설명을 추가했다. 에이다는 세계 최초의 컴퓨터 프로그래머라 불렸는데, 한 프로그래밍 언어는 그녀의 이름을 따 에이다라고 이름 짓기도 했다. 해석 기관을 자카드의 방직 기계에 비유한 그녀의 재치 있는 표현이 자주 인용되기도 한다.

> 마치 자카드 방직 기계가 꽃과 나뭇잎을 수놓듯이 대수식을 직조한다고 설명할 수 있을 것입니다.

클로드 섀넌Claude Shannon(1916~2001)

섀넌은 자신의 MIT 석사 논문(1938년 출간)에서 불의 논리 대수가 복잡한 교환기 회로에 사용될 수 있음을 보였다. 이 논문은 디지털 회로 설계를 손재주 수준에서 과학으로 바꾸는 데 기여했다.[3] 섀넌의 정보에 관련한 수학 이론은 현대 통신 기술에 중대한 역할을 했다. 섀넌은 체스 게임을 위한 컴퓨터 알고리즘을 개척했고, 두 개의 상태만 사용해서 범용 튜링 기계를 만들어 내는 방법을 선보이기도 했다. (섀넌은 내가 1953년 벨 랩Bell Lab에서 여름 인턴십을 할 때 상사였다.)

하워드 에이컨Howard Aiken(1900~1973)

그가 설계한 하버드 마크 1Automatic Sequence Controlled Calculator, 전기 기계식 자동 계산기은 1944년 IBM이 전자 계전기relay를 사용해 만들었고 하버드 대학교에서 사용되었다. 그의 계산 기계는 배비지가 상상했던 모든 것을 구현했다. 이 기계는 물리학자, 공학자들의 방대한 숫자 계산을 위해 특별히 설계되었는데, 에이컨은 범용의 목적으로 설계된 컴퓨터가 이런 종류의 계산에도 적합할지에 대해서는 회의적이었다.

콘라트 추제Konrad Zuse(1910~1995)

독일의 컴퓨터 개척자로서 2차 세계 대전 동안 나치 정부의 도움 없이 완전히 혼자서 작업해 계산 기계를 만들어 냈다. 그의 기계는 에이컨의 기계와 마찬가지로 전자 계전기를 사용했다. 그러나 계산에 십진법을 사용한 에이컨의 기계와는 달리 추제는 이진법을 사용해서 더 단순하게 기계를 만들어 낼 수 있었다.

존 아타나소프John Atanasoff(1903~1995)

잘 알려져 있지 않은 이 물리학자는 아이오와 주립 대학에서 (조교 클리포드 베리와 함께) 미국이 2차 세계 대전에 참전할 무렵쯤 특별한 용도를 위한 소규모 계산 기계를 진공관을 사용해 만들었다. 이 기계는 제한된 종류의 문제에만 활용할 수 있었지만 진공관 회로가 컴퓨터를 만드는 데 쓰일 수 있다는 점에서 중요한 업적이었다.[4]

존 모클리John Mauchly(1907~1980)

모클리는 물리학자였지만 그의 비전 덕분에 에니악으로 알려진 세계 최초의 대형 계산 기계가 펜실베니아 대학교 무어 공과 대학에서 만들어질 수 있었다. 모클리는 아이오와 에임스의 아타나소프를 방문해 그의 계산 기계를 촘촘하게 확인했던 적이 있다.

프레스퍼 에커트John Presper Eckert Jr.(1919~1995)

에니악이 성공적으로 만들어진 것은 천재적인 전기 공학자 에커트의 놀라운 기술 덕택이었다.

허먼 골드스타인Herman Goldstine(1913~2004)

수학자 허먼 골드스타인은 1942년 미군에 차출돼 육군 병기 부대 탄도학 연구소에서 중위로 근무했다. 에니악 프로젝트에서 그는 육군을 대표해 폰 노이만을 펜실베니아 대학교의 연구 조직으로 데리고 왔다. 훗날 에커트, 모클리와의 논쟁에서 그는 폰 노이만을 지지했다. 전쟁 후에는 컴퓨터와 관련된 연구에서 폰 노이만과 가장 가까운 공동 연구자로 일했다. 그가 쓴 계산computation의 역사 책(골드스타인, 1972)에서는 폰 노이만의 역할을 강조했고 그 이유로 비판을 받기도 했다. (그는 1953년 내가 고등연구소에서 컴퓨터를 사용하려고 했을 때 승인해준 사람이기도 하다.)

얼 라슨Earl R. Larson(1911~2001)

미국 지방 법원 판사로 1973년 에커트와 모클리가 에니악과 관련해 받은 특허는 무효라고 판결했다. 판결문에 적은 의견은 이렇다.

> 에커트와 모클리는 전자 컴퓨터를 처음으로 발명한 것이 아니라 존 빈센트 아타나소프 박사의 결과물을 개선시킨 것입니다.[5]

존 폰 노이만과 무어 공과 대학

이전 장에서 보았듯이 존 폰 노이만은 1930년 쾨니히스베르크 학술회의에서 수학의 근본에 관한 힐베르트의 프로젝트를 소개하는 역할을 했다. 이 학술회의에서 쿠르트 괴델은 수학의 체계가 불완전하다는 폭탄 선언을 했고 이 의미의 중요성을 처음으로 깨달았던 학회의 참석자는 바로 폰 노이만이었다.

이어서 폰 노이만은 괴델에게 흥분에 가득 차서 편지를 보냈다. "… 놀랄 만한 결과를 얻었습니다. 수학의 일관성을 증명하는 것은 불가능함을 보일 수 있었습니다." 폰 노이만은 괴델의 방법을 사용해서 힐베르트가 관심을 두던 수학의 체계들에 일관성이 불가능하다고 증명했다. 이미 언급했듯이 괴델이 이 편지를 받았을 때는 괴델 역시 같은 결론에 도달해 있었고 자신의 결과가 담긴 논문 초록을 답장에 동봉했다.

폰 노이만은 자부심이 강한 천재였다. 그는 수학 관련 주제에 대해서는 깊이 있는 지식을 배경으로 삼아 자기 의견을 관철시키곤 했다. 그는 수학의 일관성 문제에 아주 많은 시간을 들였고 쾨니히스베르크 회의에서는 힐베르트의 프로젝트를 대변하는 역할을 하기도 했었다.

괴델의 방법이 암시하는 깊은 의미를 바로 깨달은 폰 노이만은 한 걸음 더 나아가 수학의 일관성이 증명 불가능하다는 것을 보였다. 그러나 괴델이 그보다 한발 더 앞서 있었다. 이 정도면 충분했다.

폰 노이만은 괴델을 몹시 존경했고 그의 연구에 대해 강의를 하기도 했지만 더 이상은 논리학에 발을 담그지 않았다. 괴델 이후에는 논리학에 관련된 논문은 더 이상 읽지 않는다고 자랑스레 이야기했다고 전해진다. 논리학은 그의 자존심을 상하게 했고, 폰 노이만은 그런 상황에 익숙지 않았다. 그러나 폰 노이만은 강력한 컴퓨터 기계를 만들게 되면서 결국 논리학으로 돌아가야만 했다.

튜링과 마찬가지로 폰 노이만은 전쟁 중 필요한 대형 계산 기계에 관한 연구를 맡았다. 블레츨리 파크의 암호 해독 임무에서는 튜링의 그 이전 연구처럼 기호 패턴 계산이 중요했던 반면, 폰 노이만에게 필요한 것은 복잡한 수리 계산을 수없이 반복하는 고전적 방식의 수리 계산 기계였다. 자연스레 그는 필라델피아 무어 전기 전자 공과 대학에서 만들어지던 강력한 전자 계산 기계 에니악 프로젝트에 기쁜 마음으로 참여했다. 폰 노이만을 에니악 프로젝트에 데려온 사람은 30세의 수학자 헤르만 골드스타인이었다. 골드스타인의 회고에 의하면 폰 노이만이 에니악 프로젝트에 대해 알게 된 것은 두 사람이 1944년 여름 기차역에서 우연히 만나면서부터였다. 폰 노이만은 무어 공과 대학에서 열린 에니악에 관한 회의에 곧 참여했다.

1,500개의 진공관으로 만들어진 튜링의 콜로서스가 이미 놀라운 공학적 작품이라 할 수 있는데, 18,000개의 진공관을 갖춘 에니악은 경이로움 그 자체였다. 당시 일반적인 생각으로는 그렇게 많은 진공관을

조립하면 안정성을 확보할 수 없었다. 진공관은 몇 초에 한 개씩 고장 나는 게 다반사였기 때문이었다. 에니악 프로젝트의 기술 책임자 존 프레스퍼 에커트는 이 프로젝트를 성공시키는 데 큰 역할을 했다.

에커트는 부품 안정성의 높은 기준을 강조했다. 진공관을 아주 낮은 전력으로 동작시켜서 일주일에 세 개의 진공관만 고장 나는 비율을 유지했다. 에니악은 거대한 기계로 큰방 하나를 차지했고, 기존의 전화기 교환대 같은 방식과 달리 케이블을 플러그판에 연결시켜서 프로그래밍 했다.[6] 에니악은 당시까지 비슷한 계산에 가장 성공적으로 사용하던 기계인 미분 해석기를 모델로 했다.

미분 해석기는 수를 숫자 하나하나 다루는 '디지털' 기계가 아니었다. 그보다는 수를 (전류나 볼트처럼) 측정이 가능한 실제적 수량으로 나타내고 부품들이 서로 연결되어 원하는 수학 계산을 모방했다. 이러한 '아날로그' 기계들은 측정하는 장비의 정확성에 의존하기에 한계가 있었다. 에니악은 최초의 전기적 디지털 기계로서 미분 해석기와 동일한 종류의 수학 문제들을 해결할 수 있었다. 에니악 설계자들은 각 부속의 기능을 미분 해석기와 비슷하게 만들었지만 진공관을 활용해 훨씬 빠른 계산과 정확성을 이루어 냈다.[7]

폰 노이만이 무어 공과 대학 사람들을 만났을 무렵에는 이제 에니악의 성공적인 제작을 막는 어려움이 모두 해결된 상태였고 사람들은 에드박EDVAC이라 불린 다음 버전의 컴퓨터에 관심을 쏟고 있었다. 폰 노이만은 이 새로운 기계의 논리 조직을 구성하는 문제에 곧바로 뛰어들었다. 골드스타인은 이렇게 회고했다.

에커트는 폰 노이만이 새로운 아이디어에 필요한 논리 문제에 깊이 관심 있는 것을 알고 기뻐했고, 이 회의들은 놀라운 지식의 향연이었다. 새로운 기계의 논리 설계는 폰 노이만이 특히 좋아하는 주제였고 그가 이전에 이론적 논리 체계를 다루었던 경험이 중요한 역할을 했다. 그가 회의에 참여하기 전까지 무어 공과 대학 사람들은 순전히 기술적인 문제에만 관심을 집중했다. 기술적인 문제들은 여전히 어려웠다. 하지만 폰 노이만이 등장하면서 그가 논리 문제로 주도권을 잡았다.[8]

1945년 6월 폰 노이만은 그의 유명한 글 〈First Draft of a Report on the EDVAC(에드박 보고서 최초 초안)〉을 작성했다. 이 보고서에서 노이만이 제안한 에드박은 사실상 튜링의 범용 기계를 현실화 한 모델이었다. 에드박에는 '메모리'라고 불리는 저장 기능이 있어서 코드로 된 명령어와 데이터를 함께 저장할 수 있었다. 실용성을 위해 에드박은 기본적인 연산(덧셈, 뺄셈, 곱셈, 나눗셈)을 명령어 한 개의 단위로 수행했다. 이것은 '테이프에서 왼쪽으로 한 칸 이동'과 같은 가장 원시적인 연산들로 구성된 튜링의 원래 개념과 다른 점이었다.

에니악이 계산을 위해 수를 십진수로 나타낸 반면에 에드박은 이진법을 사용해 계산을 단순하게 만들었다. 또한 에드박은 논리 제어 기관을 두고 메모리부터 명령어를 한 번에 한 개씩 읽어 계산 부분으로 넘겨주었다. 이렇게 컴퓨터를 구성하는 방식은 '폰 노이만 구조'라고 불리게 되었고 에드박 당시와는 아주 다른 부품을 사용하는 현대의 컴퓨터 역시 여전히 이 기본 구조를 따르고 있다.[9]

에드박 보고서는 초안 단계에서 더 나아가지 않았고 여러 가지 이유에서 불완전한 상태로 남았다. 특히, 이후에 참고 문서를 넣을 것이라는 말을 여러 부분에 남겨 놓았다. 튜링의 이름은 언급되지 않았지만 안목이 있는 사람이라면 그의 영향은 분명해 보였다. 에드박이 '범용'이어야 한다는 부분은 여러 번 언급됐다. 튜링처럼 폰 노이만은 인간 두뇌의 놀라운 역량 중 일부는 범용 컴퓨터와 같은 능력을 갖고 있기 때문이라고 추측했다. 에드박 보고서에서 폰 노이만은 두뇌와 그가 설명하는 기계 사이의 유사점에 대해서 계속해서 반복해 언급했다. 그는 진공관 회로가 여러 가지 면에서 두뇌의 뉴런과 같은 방식으로 동작하도록 설계할 수 있다고 설명했다. 그리고 공학 기술의 세부 사항은 미뤄두고 어떻게 에드박의 계산과 제어 부분이 그러한 회로를 사용해 만들어질 수 있는지 설명했다.

이 보고서에는 참고 문헌이 거의 빠져 있었지만 하나 뚜렷한 예외가 있었다. 두 명의 MIT 연구자들이 1943년에 발표한, 이상적 뉴런의 수학 이론을 다룬 논문은 여러 차례 등장한다. 훗날 이 논문의 저자 중 한 명은 자신이 1936년 튜링의 글에서 직접적으로 영향을 받았다고 적었다(튜링이 범용 기계를 소개하는 글이었다). 실제로 그 논문은 딱 한 가지 글만 참고 문헌으로 담고 있었는데, 바로 튜링의 글이었다. 더 놀라운 사실은, 그 저자들은 자신들이 만든 이상적 뉴런을 사용하여 범용 튜링 기계를 모델링 할 수 있음을 입증하는 수고를 아끼지 않았으며, 이 예증이 그들의 연구가 올바른 방향으로 향한다고 믿는 가장 큰 이유라고 적었다.[10]

에커트와 모클리는 폰 노이만이 에드박 보고서를 자신의 이름만을 단 채 내보냈다고 격렬히 항의했다. 아마도 절대 풀리지 않을 그 논쟁의 핵심은 에드박 보고서의 내용에 폰 노이만이 얼마나 큰 기여를 했는지 여부일 것이다. 훗날 에커트와 모클리는 폰 노이만이 기여한 부분이 크지 않다고 부정했다. 그러나 그 보고서가 나오고 얼마 지나지 않았을 때 그들은 이렇게 썼다.

> 1944년 후반기부터 지금까지 우리는 기쁘게도 폰 노이만 박사와 … 함께 협의할 수 있었습니다. 그는 논리 제어에 대한 많은 논의에서 기여를 했고 명령어 코드를 만들고 특정한 문제를 코드로 짜서 제안한 시스템을 테스트 하는 데 사용했습니다. 폰 노이만 박사는 또한 이전의 논의들을 요약한 초기 보고서를 작성했습니다. … 그의 보고서에서는 기계적인 구조나 부품들은 … 공학 기술 문제가 주의를 분산시키지 않도록 … 이론적인 요소로 대체해서 논리 구조에 대한 논의에 집중하게 했습니다.[11]

폰 노이만은 가능한 수준에서 최대한 범용의 기계를 만들고자 노력했다는 증거들도 있다. 그는 컴퓨터가 '최대한 범용'으로 확실히 쓰이려면, '논리 제어'가 핵심이라고 강조했다.[12] 에드박이 다양한 문제에 적용될 수 있음을 보이기 위해 폰 노이만은 첫 본격적인 프로그램을 작성했다. 그것은 에드박의 원래 주요 목적인 수식 계산을 반복하는 프로그램이 아니라 데이터를 효율적으로 정렬하는 프로그램이었다. 이 프로그램을 성공적으로 만든 후 폰 노이만은 이렇게 확신했다. "이제 새로운 증거가 추가됨으로써 에드박은 거의 '범용' 기계에 가깝다고 결론 내릴 수 있고, 현재의 논리 제어 원칙이 적합함을 알 수 있습니다."[13]

에드박 보고서가 나온 후 1년이 지나지 않아 쓴 글에서, 폰 노이만은 전자식 컴퓨터 설계 저변의 원리에 논리가 깔려 있다는 인식을 확인하고 있다. 그 글 중 한 편의 서론에서 그는 이렇게 적었다.

> 이 글에서 우리는 단지 수학자뿐 아니라 공학자와 논리학자 모두의 관점에서 (대형 컴퓨터) 기계에 대해 논의하려 합니다. 이들은 모두 이 과학적 도구를 계획하기에 적합한 사람들입니다.[14]

또 다른 글에서는 단순히 논리적인 고려만으로는 부족하다고 설명하면서도 튜링의 아이디어를 분명히 암시했다.

> 정규 논리 체계의 관점에서 보면 이론적으로는 기계에 적용해서 어떤 연산이든지 수행할 수 있고 문제의 기획자가 전체적으로 상상할 수 있는 그런 코드가 존재하는 걸 쉽게 알 수 있습니다. 현 시점에서 그런 코드를 선택할 때 가장 중요한 고려 사항은 좀 더 현실적인 문제들입니다. 그 코드가 요구하는 장비들의 단순성, 실제로 중요한 문제들을 해결하는 데 있어서의 명료성, 그리고 그러한 문제들을 해결해 내는 속도가 그에 해당합니다. 단순히 일반적이고 원론적인 수준에서만 그런 문제들을 논의한다면 현실에서 너무나 동떨어진 것입니다.[15]

사람들은 2차 세계 대전 이후에 개발된 컴퓨터가 그전의 자동 계산기와는 근본적으로 다르다는 사실을 잘 알고 있다. 그러나 어떤 근본적인 차이가 있는지는 잘 알려져 있지 않다. 전후에 만들어진 컴퓨터는 범용의 기계로 제작되었기 때문에 프로그램의 과정이 명확하게 명시되어 있다면 어떤 종류의 프로그램이라도 수행이 가능하다. 물론 어떤 프로그램은 가능한 메모리보다 더 큰 메모리를 요구할 수도 있고 혹은 너무 오랜 시간이 걸려 현실적으로 사용이 불가능할 수 있다. 따라서 이러한 기계들은 튜링의 이상적인 범용 기계에 근사치일 뿐이다. 그럼에도 초기의 컴퓨터들은 충분히 큰 '메모리'(튜링의 무한 테이프에 해당)를 가지고 있어 명령어와 데이터를 함께 담을 수 있었다.

무엇이 명령어이고 무엇이 데이터인지 가르는 경계가 유연했기 때문에 어떤 프로그램은 다른 프로그램을 데이터로 간주하고 처리할 수 있었다. 초기에는 프로그래머들이 이와 같은 자유를 활용해 프로그램이 자기 자신을 수정하는 프로그램을 제작하기도 했다. 지금 시대에는 운영 체계와 프로그래밍 언어가 계층으로 나뉘어 훨씬 더 복잡한 응용 프로그램을 개발할 수 있는 길이 열렸다. 운영 체제에게 응용 프로그램(예를 들어 워드 프로세서나 이메일 프로그램)은 실행하고 조작하기 위한 데이터일 뿐이다. 운영 체제는 이런 프로그램에 메모리의 한 부분을 할당하고 (멀티태스킹의 경우엔) 여러 개의 작업을 관리하며 각각 임무를 수행하도록 한다. 컴파일러는 오늘날 유행하는 프로그래밍 언어로 쓰여진 프로그램을 컴퓨터가 직접 실행할 수 있는 하위 레벨의 명령어로 변형한다. 컴파일러에게 이 같은 프로그램은 데이터가 된다.

에니악과 콜로서스를 경험한 이후에 계산 기계에 관심이 있는 사람들은 이제 진공관의 속도보다 느린 컴퓨터는 더 이상 받아들일 수 없었다. 튜링의 범용 기계를 모델로 하기 위해서는 이제 충분히 큰 메모리를 제공하는 물리적 장치가 필요했다.

튜링의 추상적인 범용 기계는 테이프의 한 칸에서 다른 칸으로 이동하기 위해 한 번에 한 칸씩 계속해 움직이는 수고로운 작업이 필요했다. 이런 방식은 1936년 튜링이 하고자 했던 증명에서는 아무 문제가 없었다. 이러한 이론적인 '기계'는 현실의 문제를 해결하려고 만든 게 아니기 때문이다. 그러나 빠른 전자식 컴퓨터에게는 빠른 메모리가 필요했다. 이를 위해서는 메모리의 어떤 위치에 있는 데이터라도 한번에 직접적으로 접근할 수 있는 메모리, 즉 '랜덤 액세스random access'가 필요했다.

1940년대 후반 두 가지 장치가 컴퓨터 메모리의 후보로 제시됐다. 수은 지연 메모리mercury delay line와 브라운관cathode ray tube이었다. 수은 지연 메모리는 액화 수은이 채워진 관으로 구성되어 있었다. 데이터는 수은 관의 한쪽 끝에서 다른 쪽 끝으로 튕기는 음파 형태로 저장되어 있었다. 브라운관은 초기 TV와 컴퓨터 모니터에 많이 쓰인 방식이다. 데이터는 관의 표면에 패턴으로 저장할 수 있었다. 이 두 장치모두 어려운 공학 문제들을 해결해야 했고 에드박 프로젝트에선 다행히 에커트가 레이더에 사용하기 위한 목적으로 수은 지연 메모리를 개선한 경험이 있었다. 그러나 1950년대에 이르러서는 브라운관이 메모리의 재료로 더 널리 쓰였다.

이 기간에 개발된 컴퓨터들은 보통 저장 프로그램 개념을 채택했다고 불린다. 왜냐하면 처음으로 실행 프로그램들이 컴퓨터 안에 저장되어 있었기 때문이다. 불행하게도 이 용어는 이러한 기계가 처음으로 '범용'의 특징을 갖게 되었다는 정말 혁명적인 사실을 가리고 말았다. 저장 프로그램이란 범용 기계를 만들기 위한 수단이었을 뿐이기 때문이다. 튜링과 폰 노이만의 생각은 개념적으로 너무나 간단해 지금은 당연한 지식으로 받아들여진다. 이런 생각이 얼마나 큰 혁신이었는지 지금에 와서는 이해하기 쉽지 않다. 새롭고 추상적인 생각보다는 수은 지연 메모리나 브라운관 같은 발명품에 감탄하는 것이 훨씬 쉽기 때문이다.

에커트는 훗날 폰 노이만이 나타나기 전에 자신이 이미 저장 프로그램 개념을 생각했다고 주장했다. 증거로 그가 '합금 디스크alloy disc'나 '에칭 디스크etched disc'를 사용해 자동 프로그래밍에 대해 이야기한 메모를 제시했다. 그러나 그 메모엔 간접적으로라도, 유연한 대형 메모리에 명령어와 데이터가 함께 저장되는 범용 컴퓨터라는 개념을 제시하는 내용이 전혀 없다. 위대한 진보를 저장 프로그램 개념으로 분류한 것은 사람들을 혼란스럽게 만들었다.[16]

에커트와 모클리를 한편으로 하고 폰 노이만과 골드스타인을 다른 편으로 하는 두 그룹 사이의 갈등은 에커트와 모클리가 자신들의 연구를 상업화하기 원하면서 절정에 다다랐다. 둘은 에니악과 에드박에 관련된 특허를 신청했다. 에드박에 관련된 특허는 폰 노이만의 보고서가 이미 일반에 공개되어 있었기 때문에 아무런 진전을 보지 못했다. 이미 설명했듯이 둘은 에니악으로는 특허를 받았지만 후에 법정에서 무효라고 판결 받았다. 에커트와 모클리는 범용의 전자 컴퓨터가 상업용

으로 쓰일 것이라는 선견지명이 있었지만 그러한 통찰로 이익을 얻지는 못했다.[17]

에커트와 모클리가 떠나면서 무어 공학 대학은 큰 원동력을 잃었고 폰 노이만과 골드스타인은 프린스턴의 고등연구소에서 브라운관 메모리를 사용한 컴퓨터를 만들기 시작했다. 폰 노이만이 희망을 가졌던 RCA사에서 제작한 특별한 목적의 브라운관은 결국 성공하지 못했다. 그러나 영국 출신 공학자 프레데릭 윌리엄스(1911~1977)는 일반 브라운관을 컴퓨터 메모리로 사용할 수 있는 방법을 개발했고 여러 해 동안 '윌리엄스관'이 가장 널리 쓰였다. 고등연구소 컴퓨터와 비슷한 방식으로 여러 가지 다른 컴퓨터가 제작되었고 조니 폰 노이만의 애칭 조니Johnny를 따 '조니악johnniac'이라고 불렀다. IBM이 범용 전자 컴퓨터를 상업화하기 시작했을 때 그들의 첫 제품(701)은 조니악 모델과 아주 비슷했다.[1]

앨런 튜링의 에이스(ACE)

2차 세계 대전이 끝난 후 영국의 국립 물리학 연구소NPL는 새로운 수학 연구실을 포함해 크게 확장됐다. 연구실의 책임자로 임명된 존 워머슬리(1907~1958)는 튜링이 1936년 쓴 〈Computable Numbers(계산 가능한 수)〉 논문의 실용성에 대해 일찍부터 관심을 갖고 있었다. 심

---

1 1951년 봄에 내가 만든 첫 프로그램은 일리노이 주립 대학에서 만든 조니악인 ORD-VAC용 코드였다. 1954년 여름에는 고등연구소의 원조 조니악에서 돌아가는 프로그램(라이프니츠의 꿈과도 관련이 있는)을 만들었다. 이 컴퓨터는 워싱턴 스미스소니언 박물관에서 볼 수 있다.

지어 그는 1938년 전자 계전기를 사용한 범용 컴퓨터를 제작하는 시도를 하기도 했는데 그런 장치가 너무 느리다는 걸 알고 곧 포기했다. 1945년 2월 미국을 방문했을 때 그는 에니악을 보았고 폰 노이만의 에드박 보고서 복사본을 얻었다. 그리고 곧 앨런 튜링을 고용했다.

1945년 말에 튜링은 그 놀라운 에이스Automatic Computing Engine 보고서를 써냈다. 에이스를 폰 노이만의 에드박 보고서와 상세히 비교한 문서에 따르면 에드박 보고서가 '초안이고 미완성인 데다 … 더 중요하게는 … 불완전한 상태 …'인 반면, 에이스 보고서는 '논리 회로 다이어그램을 포함해 완전하게 기술한 상태'라고 적었다. 심지어 에이스 보고서에는 '예상 비용 11,200파운드'라고 적혀 있었다. 에이스가 해결할 수 있는 열 가지 문제를 나열하며 튜링은 자신의 비전이 얼마나 원대한지 보였다. 거기에는 수식 계산과는 관련이 없는 두 개의 문제, 즉 체스 게임과 직소 퍼즐이 포함되어 있었다.[18]

튜링의 에이스는 폰 노이만의 에드박과 아주 다른 방식의 기계였는데, 두 수학자 사이의 문제에 대한 서로 다른 태도와 밀접하게 연결되어 있다. 폰 노이만은 그의 기계가 완전히 '범용'이어야 한다고 했지만 강조점은 수리 계산이었고 에드박(그리고 이후에 조니악)의 논리 구조는 계산을 빠르게 만드는 데 초점이 맞추어져 있었다. 튜링은 복잡한 수학 계산이 필요 없는 다양한 문제에 에이스를 사용할 것이라 생각했기 때문에 에이스를 원조 튜링 기계와 가깝게 논리 구조를 최소화하는 방식으로 설계했다.

수리 연산은 프로그래밍, 즉 하드웨어가 아닌 소프트웨어로 처리했다. 그래서 에이스의 설계에는 이미 프로그램 된 명령어들을 긴 프로그램에 합산시키는 특별한 기능이 있었다.[19] 튜링은 에이스를 폰 노이만 방식으로 변경하자는 제안에 대해 특히 부정적이었다.

(이것은) 복잡한 문제를 추상적 사고보다 기계 부품을 사용해 해결하는 미국식 방식과는 아주 다릅니다 … 게다가 덧셈이나 뺄셈보다 더 근본적이라 생각하는 명령어가 여러 개 빠져 있습니다.[20]

튜링의 미니멀리스트적인 생각은 컴퓨터의 발전에 거의 또는 전혀 영향을 미치지 못할 운명이었다. 그러나 돌아보면 가장 기본적인 컴퓨터의 연산을 프로그래머들이 직접 사용할 수 있는 마이크로 프로그래밍은 에이스의 설계가 예견했다고 볼 수 있다. 또한 오늘날 우리가 사용하는 개인 컴퓨터는 칩 하나로 만들어진 범용 컴퓨터라 볼 수 있는데 칩을 구성하는 실리콘 마이크로프로세서는 시간이 갈수록 더 복잡해졌다. 그 반대의 방향인 RISCReduced Instruction Set Computing 구조는 칩 내부에 최소한의 명령어들만 사용하고 그 외의 필요한 기능들은 프로그래밍으로 제공된다. 많은 컴퓨터 제작사들이 사용하는 RISC 구조는 에이스의 철학과 아주 비슷한 방향이라고 볼 수 있다.

1947년 2월 20일 튜링은 런던 수학 학회에서 디지털 전자 컴퓨터를 주제로 한 강연 중 에이스에 대해 이야기했다. 그는 1936년 쓴 〈계산 가능한 수〉 논문에 대한 이야기로 시작했다.

나는 중앙에서 제어하고, 무한한 테이프에 담겨 메모리에 제한이 없는 기계에 대해 상상했습니다. 한 가지 결론은 사람이 '대략적으로 셈을 하는 과정'과 '기계의 과정'은 동일하다는 것입니다. 에이스와 같은 기계는 내가 상상했던 기계의 실제적인 버전이라고 생각할 수 있습니다. 에이스와 같은 디지털 컴퓨터는 범용 기계의 실제적인 버전이라고 부를 수 있을 만큼 둘 사이에는 유사점이 아주 많습니다.[21]

튜링은 이어서 이런 질문을 던졌다. "컴퓨터는 이론적으로 얼마만큼 사람을 흉내 낼 수 있을까요?" 이어서 그는 컴퓨터가 스스로 배울 수 있고 때론 실수도 할 수 있도록 프로그래밍할 수 있을지 질문했다. "이렇게 이야기할 수 있는 여러 가지 정리가 있습니다. … 기계에 실수가 없다면 지능이 있다고 이야기할 수도 없습니다. … 그러나 이러한 증명은 기계가 실수를 한다는 가정하에 얼마만큼의 지능을 보일 수 있을지는 이야기하지 않습니다."

이 말은 괴델의 불완전성 정리를 에둘러댄 언급이었는데, 다음 장에서 더 이야기하겠다. 튜링은 컴퓨터가 사람보다 더 완벽하리라 기대해서는 안 된다고 하며 '컴퓨터에게 공정한 게임'을 요청했다. 그러면서 그 시작으로 체스 게임이 적절한 연습이 되리라 제안하며 강연을 마무리했다. 아직 그러한 기계가 단 하나도 완성되지 않았을 때였다! 전해지는 말에 따르면 청중들은 놀라 아무 말도 못했다고 한다.[22]

블레츨리 파크의 책임자들은 적절한 재정과 지원을 얻지 못하게 되자 윈스턴 처칠에게 편지를 보냈고 처칠은 즉시 그들이 필요로 하는 지원을 얻도록 조치했다. 그러나 에이스 제작은 우선순위에서 밀렸고 NPL 담당자들은 관리에 미숙했다.

콜로서스를 만들면서 예술적인 공학 능력을 보여 준 토미 플라워스가 에이스를 제작할 가장 적절한 사람이었을 것이다. 그는 NPL에 고용되어 수은 지연 메모리로 컴퓨터 메모리를 만드는 일을 하긴 했지만 전후 통신에 관련된 업무에 너무 바빠 도움이 되지는 못했다.

에이스의 미니멀리스트적 설계에 대해 우려의 목소리도 있었다. 아마도 기술적인 문제들은 영국의 괴짜 교수보다는 미국인에게 맡기는 게 좋겠다는 인식도 한몫했을 것이다. 그 교수가 전쟁을 승리로 이끄는 데 어떤 역할을 했었는지는 수년간 극비로 남아 있었다. 윌리엄스가 자신의 브라운관 메모리를 쓸 수 있다고 선보였을 때 그는 에이스를 제작하는 프로젝트 계약을 제안받았지만 거절했다. NPL 담당자들은 이런 협상에 능숙하지 않았다. 그들은 윌리엄스가 NPL의 컴퓨터를 만드는 것에 합의할 것이라 생각했지만 당시 윌리엄스는 자신이 설계한 컴퓨터를 만들 수 있는 충분한 지원을 맨체스터로부터 이미 받은 상태였다.

이제 더 이상 참을 수 없었던 튜링은 NPL을 떠나 처음에는 케임브리지로부터 펠로우쉽을 받았고, 이후에는 오랜 친구이자 전쟁 중 동지인 막스 뉴먼이 새롭게 컴퓨터 프로젝트를 맡은 맨체스터 대학교에서 제의를 받아 옮겼다. 그 뒤 사람들이 바뀌고 나서 NPL에서는 작은 규모의 에이스 컴퓨터가 성공적으로 제작되었다. '파일럿 에이스'라고 불린 이 컴퓨터는 수년간 잘 작동했다.

에커트, 폰 노이만, 그리고 튜링

역사가들에겐 익숙한 일일 텐데, 시간이 지나면서 사건에 대한 서술이 극적으로 바뀌곤 한다. 우리가 저장 프로그램 개념이라 부르는 이야기에는 세 가지 다른 버전이 있다. 첫 번째 버전에서는 에드박 보고서에서 보여 준 대로 폰 노이만의 천재성이 만들어 낸 작품이라고 설명한다. 에커트는 이에 대해 '반칙'이라고 외쳤고 자신이 폰 노이만이 무어 공학 대학에 합류하기 전에 저장 프로그램 컴퓨터를 제안했다고 주장했다. 에드박 보고서가 그룹 전체의 공동 아이디어라는 주장이었다. 에커트의 입장을 지지하는 논문들도 편찬됐다.[23] 튜링의 이름은 언급조차 되지 않았다. 튜링의 역할에 대해서는 알지 못한 채 폰 노이만의 주장을 지지한 골드스타인은 이렇게 적었다.

> 내 생각에 컴퓨터의 핵심은 논리적 기능들로 구성되고 전기적인 문제는 보조적 사안임을 명백하게 밝힌 사람은 폰 노이만이 최초입니다.[24]

물론 튜링은 이 사실을 분명히 잘 알고 있었다.

에니악과 범용 컴퓨터를 이끈 생각은 차이가 너무나 커서 나는 에커트가 범용 컴퓨터의 개념을 생각했다고 믿기 힘들다. 튜링이 불평한 '문제를 추상적 사고보다 기계 부품을 사용해 해결하는 미국식 방식'은 아마도 에니악을 염두에 둔 말이었을 것이다. "사람이 '대략적으로 셈을 하는 과정'과 '기계의 과정'은 동일하다"는 튜링의 결론에 따르면,

십진수로 쓰인 수를 이진수로 그리고 그 반대로의 변환은 너무나 단순한 기계적 과정임이 명백하다.

이를 몰랐던 에커트와 모클리는 십진수인 입력과 출력 값에 맞춰, 기계를 복잡하고 거대하게 만들어 내부의 모든 연산을 십진수로 수행하도록 하는 방식으로 이 문제를 해결했다. 현실에서 해결하는 많은 수학 문제는 미적분의 극한에 사용하기 위한 근삿값을 필요로 했다. 아날로그 기계인 미분 해석기differential analyzer는 그러한 근삿값을 계산하는 특별한 모듈을 포함하고 있었기 때문에 에커트와 모클리는 에니악에도 비슷한 기능을 하는 모듈을 적용했다. 그러나 디지털 컴퓨터에는 전혀 필요하지 않은 부적절한 설계였다. 미적분 교과서에는 단지 네 번의 기본적인 계산만으로 그러한 값을 계산하는 방법이 담겨 있다.

에커트는 에드박과 관련해 한 가지 중대한 공헌을 했다. 대용량 메모리가 필요하다는 문제에 대한 해답으로 수은 지연 메모리를 제안한 게 그것이다. 에커트는 레이더 기술에 이와 같은 메모리를 사용한 경험이 있었고 기술에 대해 깊이 알고 있었다. 그러므로 훗날 저장 프로그램 개념을 생각했었다고 주장한 근거로 제시한 메모의 합금 디스크를 사용한 자동 프로그래밍은 그 의도를 의심할 수밖에 없다. 왜냐하면 그는 수은 지연 메모리가 메모리로 사용하기에 훨씬 더 적합한 기술이었다는 것을 잘 알고 있었기 때문이다.

컴퓨터 프로그래밍에 대한 폰 노이만과 튜링의 관점을 비교하는 것은 흥미롭다. 폰 노이만은 프로그래밍을 깊은 지식이 요구되지 않는 단순 업무라고 생각했다. 고등연구소에서는 사람이 읽을 수 있는 프로그램 표기를 기계 언어로 번역하는 작업을 학생들을 시켜 하나하나 수작업으로 했다고 전해진다.

한 젊고 재능 있는 프로그래머가 번역을 자동으로 하는 어셈블러를 만들자고 제안했다. 폰 노이만은 이에 대해 가치 있는 과학 기계를 그와 같은 단순 업무에 사용하는 것은 낭비라고 화를 냈다고 한다. 튜링은 에이스 보고서에서 컴퓨터 프로그래밍을 "아주 매력적인 일일 것이다. 프로그래밍은 단순 노동이 될 걱정이 없다. 왜냐하면 단순한 모든 작업은 기계가 수행하도록 만들어질 것이기 때문이다."라고 말했다.[25]

에커트와 폰 노이만 버전의 이야기도 널리 알려져 있지만 이제는 세 번째 버전의 이야기가 더 유명해졌다. 세 번째 버전은 폰 노이만이 실제적인 범용 컴퓨터의 아이디어를 튜링의 연구로부터 얻었다는 내용이다. 1987년 이와 같은 관점의 글을 썼을 때 나는 몹시 고립되어 있다고 느꼈었다.[26] 이후 전쟁 중 독일의 통신을 해독하는 작업에서 튜링이 한 역할이 세상에 훨씬 더 널리 알려졌다. 또한 많은 사람이 그가 동성애로 치욕스럽게 처벌을 받은 과거에 대해 알게 되었다.

런던과 브로드웨이에서 성공적으로 상연된 '코드 깨부수기Breaking the Code'는 이러한 사정과 더불어 튜링의 수학적 아이디어의 중요성을 생생하게 표현했는데, 이 공연은 PBS에서 방영된 텔레비전 프로그램의 기초가 되기도 했다.[27] 텔레비전 다큐멘터리들 또한 그의 이야기에 대해 소개했다. 그리고 결국에는 앨런 튜링의 이름이 〈타임〉지가 뽑은 20세기 최고의 '과학자와 사상가' 20인에 올랐다(1999년 3월 29일 발행판).[2] 〈타임〉지는 이렇게 소개했다.

---

2 쿠르트 괴델 역시 20인 중 한 명이다.

너무나 많은 아이디어와 기술적 발전이 모여서 현대의 컴퓨터를 가능케 했기 때문에 단 한 명을 발명자라고 꼽는 것은 무모한 일이다. 그러나 분명한 사실은 키보드를 두드리고, 스프레드시트나 워드 프로세서 프로그램을 여는 사람들은 튜링이 상상한 기계를 현실에서 사용하고 있는 것이다.

바로 그렇다! 그리고 〈타임〉지에서는 폰 노이만에 대해 이렇게 소개했다.

천만 불짜리 슈퍼컴퓨터에서 시작해 전화기와 장난감에 들어가는 아주 작은 칩에 이르기까지 이 모든 것은 한 가지 공통점이 있다. 모두 '폰 노이만 방식의 컴퓨터'로 폰 노이만이 처음 설계한 컴퓨터 구조를 변형했다는 점이다. 그리고 1940년대에 만들어진 폰 노이만 구조는 앨런 튜링의 업적을 바탕으로 한다.

감사해야 할 국가가 영웅을 대접한 방식

1948년 튜링이 맨체스터에 도착했을 때 도시는 아직 전후 복구 과정에 있었고 산업 혁명 초기에 수행했던 역할로 인한 어두운 그림자가 군데군데에 남아 있었다. 어떤 작가는 프리드리히 엥겔스가 쓴 유명한 책을 인용해 1844년 맨체스터 노동자 계층의 집이 얼마나 초라했는지 이렇게 적었다.

엥겔스는 … 대중의 궁핍, 타락, 야만성, 비인간화를 한결같은 맥락에서 묘사하고 있습니다. 지구 역사상 단 한 번도 볼 수 없었던 광경입니다. … 엥겔스는 이 광경을 이렇게 고통스럽게 목도했습니다. "한 번도 본적 없던 더러운 먼지와 역겨운 오물 … 지금껏 본 집 중에 가장 끔찍한 상태였다. 동네 초입에는 문이 없는 공중변소가 있었는데, 그 변소를 이용하려면 오래된 오줌과 똥을 헤쳐가야만 했다."[28]

물론 그다음 세기 동안 공중위생은 크게 개선되었으나, 어찌됐건 튜링과 같은 사회적 지위에 있는 사람이라면 노동자 계급 이웃에 살지 않았을 것이다. 그럼에도 튜링은 '하층' 사람들과 어울렸고, 이는 결국 불행으로 이어졌다.

에이스 보고서와 런던 수학 회의 강연에서 밝힌 확신에 찬 꿈이 NPL의 무능력한 관리자들로 인해 무산되고 결국 자신의 재능을 낭비하게 되었을 때 튜링이 얼마나 씁쓸해했을지 상상해 볼 수 있다. 그동안에도 컴퓨터는 여전히 만들어지고 있었다. 케임브리지 대학에서는 모리스 윌크스(1913~2010)가 에드박과 같은 방식의 컴퓨터인 에드삭EDSAC의 제작을 지휘했다. NPL에서의 튜링의 상황과는 다르게 윌크스는 프로젝트를 수행할 수 있는 충분한 재정을 자체적으로 확보하고 있었다. 튜링은 이와 같은 상황이 아주 짜증났을 것이다. 그는 NPL에 있을 때 윌크스의 메모를 보고 '문제를 추상적 사고보다 기계 부품을 사용해 해결하는 미국식 방식'이라고 신랄하게 비판했었다.

1949년에 이르러 에드삭이 운영되기 시작했다. 소위 윌크스와 그의 동료들이 발명했다는 마이크로 프로그래밍과 서브루틴이 기본적으로 사용되었는데 이미 튜링의 에이스 보고서에 분명히 담겨 있었던 내용이다. 이와 같은 상황은 튜링을 더 화나게 했으리라 추측할 수 있다. 맨체스터에서는 튜링이 컴퓨터 프로젝트를 지휘하기로 되어 있었지만 윌리엄스는 한 수학자의 아이디어를 바탕으로 한 그런 컴퓨터는 만들지 않겠노라고 확언했다. 맨체스터의 마크 1Mark 1 컴퓨터는 1949년에 성공적으로 제작되었고, 윌리엄스의 기술이던 기성 브라운관 튜브를 사용한 메모리의 효과를 증명하며 곧 미국의 컴퓨터들도 이를 적용하기 시작했다. 그러나 이번에도 기본 논리 구조는 폰 노이만의 에드박에서 가져왔고 앨런 튜링의 아이디어는 적용되지 않았다.[29]

골드스타인은 튜링의 에이스 설계에 대해서 "몇 가지 면에서 매력적"이었지만, "길게 봤을 때 성공하지 못했고 자연히 도태되었다."[30]라고 말했다. 단순히 자연적인 선택에 따라 이런 결과가 나왔다는 그의 암시는 매우 불공평하다. 튜링의 아이디어를 담은 파일럿 에이스는 아주 성공적으로 작동했다. 조직과 자원이 충분했다면, 완전한 스케일로 만든 에이스 방식의 컴퓨터가 성공하지 못했으리라고 믿을 이유는 없다.

이 주제는 컴퓨터의 어떤 기능이 하드웨어에서 돌아가고 어떤 것이 소프트웨어에서 지원될지 질문을 던지면 좀 더 잘 이해할 수 있다. 튜링은 비교적 간단한 기계를 제안했고 기능의 많은 나머지 부분은 소프트웨어가 해결하도록 했다. 이렇게 하면 기계 동작의 많은 부분을 프로그래머가 제어할 수 있는 권한이 생긴다. 이 설계는 특히 단순 수학 계산이 아니라 논리적인 연산을 수행하는 프로그램에 더 많은 혜택을 줄 수 있다. 컴퓨터 분야가 발전하며 두 설계 사이의 장단점에 대해 많은 논쟁이 있어 왔다. 예를 들어 RISCReduced Instruction Set Computing 구조에 관련된 논의를 생각해 볼 수 있다.[3]

튜링이 1948년 맨체스터 대학교에 도착했을 때 그가 전쟁 중에 어떤 일을 했는지 아는 사람은 거의 없었다. 정부에 자문하는 일을 계속 하고 있었음에도 말이다. 튜링의 임무는 윌리엄스가 만든 마크1 컴퓨터 관리와 관련되어 있었지만 사실은 엔지니어들이 대부분의 운영을 맡아서 하고 있었다. 그리고 튜링이 컴퓨터와 관련되어 한 일은 다소 중구난방이었다. 직위를 이용해 에이스 보고서에 담긴 우아한 아이디어를 마크1에 적용해 프로그래머의 일을 즐겁고 편하게 해 줄 수도 있었겠지만 그는 오히려 그 컴퓨터의 사용자가 되어 직접 0과 1로 된 기계어를 조작했다. 그는 전쟁 전부터 생각해 왔던 몇 가지 계산 문제에 매달렸고 곧 그의 관심은 생물학으로 옮겨 갔다.

그는 어떻게 동일한 세포들이 모인 자연 세계의 생명체들이 서로 다른 형태로 발달하는지 알고 싶었다. 형태 발생의 문제는 미분 방정식으로 이어졌고 튜링은 자연스럽게 이 방정식을 해결하는 방법을 컴퓨터에서 찾고자 했다. 이를 위해 그가 제안한 복잡한 계산을 반복하는 컴퓨터 프로그램은 대중적인 글과 연설에서 소개하기에는 그 수준이 너무 높았다. 그러나 계속해서 사람과 같은 지능의 컴퓨터가 어떻게 사용될 수 있을지 상상력이 가득 찬 전망을 보여 줬다.

---

3 1954년 여름 나는 개인적으로 고등연구소 컴퓨터의 숫자 계산에 최적화된 명령어 집합 때문에 많이 씨름했다. 나는 PA 문장들(6장의 부록에 정의되어 있다)이 참인지 여부를 시험하는 알고리즘을 만들고 있었는데 여기에는 덧셈이 필요했지만 곱셈은 필요하지 않았다. (이 계산 논리학 분야의 편집자들은 논문 모음집에서 나의 프로그램을 가리켜 이렇게 말했다. "1954년 처음으로 수학의 증명을 컴퓨터가 판단하는 컴퓨터 프로그램이 만들어졌다."(Siekmann and Wrightson, 1983, p. ix)) 나는 에이스의 명령어 집합이 내 프로그램에 더 적절했으리라 믿어 의심치 않는다.

1951년 크리스마스 바로 전 튜링은 19세의 청년 아놀드 머레이와 짧은 관계를 맺었다. 머레이는 가난한 노동자 계층에서 자랐지만 아주 명석했다. 튜링이 길에서 말을 걸었을 때 머레이는 이전의 단순 절도 때문에 보호 관찰 상태였다. 튜링은 머레이를 집으로 초대했고 튜링의 집이 가난한 머레이에게는 아주 호화로워 보였을 것이다. 크리스마스가 지난 후 약 한 달이 채 되기 전 자신의 집으로 돌아온 튜링은 집이 부숴지고 도난 당했다는 사실을 발견했다. 도난 당한 물건의 가치는 전부 합해봐야 겨우 50파운드가 되지 않았지만 튜링은 몹시 화가 났다. 머레이는 누가 도둑질을 했는지 잘 알고 있었다. 친구 해리였다. 해리는 동성애자의 집을 도둑질해도 설마 경찰서에 신고하리라고 생각하지 않았던 것이다. 튜링과 같은 지위의 신중한 사람이라면 그런 상황에서 경찰서에 가서 신고하는 어리석은 짓은 하지 않을 것이 분명하다고 생각했다. 하지만 튜링은 그렇게 했다.

경찰은 튜링과 머레이 사이에 어떤 일이 있었는지 의아해 했고 이 질문을 받았을 때 튜링은 아무것도 부인하지 않았다. 그는 성적 취향과 누구에게도 해가 되지 않는 방식으로 즐긴 사실에 대해 부끄럽거나 잘못된 일이라고 생각하지 않았다. 그러나 어찌됐건 법은 이 부분에 대해서 분명했다. 튜링과 머레이가 만족을 위해 상대와 벌인 애정 행위는 감옥에 최고 2년간 수감되는 '풍기 문란죄'에 해당했다.

튜링의 재판을 맡은 판사는 좀 더 인간적인 처벌이라는 의도에서 튜링이 성적 욕구를 억제하는 호르몬 주사를 1년간 맞는다면 구속을 면제한다고 판결했다. 그 호르몬은 에스트로겐이었고 튜링의 성적 욕구를 억제 했는지는 모르겠지만 가슴을 부풀어 오르게 하는 부작용을 낳았다.

1938년 10월 튜링은 월트 디즈니가 만든 〈백설공주와 일곱 난쟁이〉를 보았다. 그는 마녀가 사과를 줄에 매달아 끓는 독약 속에 넣는 장면에 깊이 몰입했었다. 그 장면에서 마녀는 이렇게 속삭였다.

> 끓는 독약에 사과를 담그자.
> 잠에 빠지는 듯한 죽음이 배어들거야.

튜링은 이 구절을 좋아해 여러 번 반복해 따라 했다고 알려져 있다.[31]

1954년 6월 7일, 앨런 튜링은 청산가리에 담근 사과 조각을 먹고 스스로 목숨을 거뒀다. 왜 그가 이러한 선택을 했는지를 두고 많은 추측이 있었다. 연극 〈코드를 깨부수기〉에서는 그가 처벌을 받은 후에 성적 파트너를 구할 수 있는 외국으로 휴가를 가고자 했지만 정부에서 금지했기 때문이라고 이야기했다. 튜링에게 영국에서의 섹스는 너무나 위험한 시도였기 때문이다. 1950년대 당시의 분위기로 보건대 정부 당국에서 그의 출국을 금지했다는 해석은 꽤 그럴듯하다. 처벌을 받은 후 그의 비밀 취급 인가는 모두 취소되었다. 그러나 그의 머리에 담겨 있는 모든 비밀 정보를 지울 수는 없었다. 한 가지 확실히 밝혀진 사실은 노르웨이 여행에서 만난 한 남자가 튜링을 보러 영국에 왔다가 경찰에 잡혀 추방되었다는 것이다. 참 슬프게도 영웅으로 대접받아야 할 앨런 튜링은 자신이 구한 조국에 의해 죽음으로 내몰렸을 가능성이 매우 높아 보인다.

(9)

라이프니츠의
꿈을 넘어

Beyond Leibniz's Dream

런던 수학 협회의 발표에서 튜링은 이렇게 말했다.

> 나는 디지털로 된 컴퓨팅 기계가 조만간 기호 논리학에 많은 관심을
> 불러일으킬 것이라고 기대합니다. … 이런 기계들과 소통하는 언어
> 는 … 기호 논리의 한 종류입니다.[1]

튜링이 이야기하는 논리와 컴퓨팅 사이의 관계는 이 책의 핵심적인 주제다. 그럼에도 독자는 여전히 이런 질문을 던질지도 모르겠다. 논리와 컴퓨팅은 어떤 관계인가요? 계산arithmetic이 추리reasoning와 어떤 관련이 있나요? 이 질문에 대한 힌트는 우리가 일상에서 사용하는 단어 '…인 것 같다', '…할 것 같다'에서 찾을 수 있다. 예를 들어 아래 문장을 살펴보자.

> 그 녀석은 지금 그녀와 꿈같은 시간을 보내는 것 같다.

우리는 B급 영화에 나오는 주인공의 우울한 독백을 듣고 있는데, 그는 지금 여주인공의 마음을 훔친 게 그 자신인지도 모르고 라이벌에 대해 이야기하고 있다. 예로 든 문장에서 주인공은 계산을 하는 게 아니다. 추리reasoning를 하고 있다. 그는 자신이 알고 있다 생각하는 라이벌의 의심스러운 행동을 바탕으로 추리를 하는 것이다. '…인 것 같다reckon'라는 문구에 나타나는 계산과 추리 사이의 관계는 특별하고 심오하다. 수를 가지고 추리하는 것reckoning은 논리적 사고reasoning의 한 형태인데, 사람들이 하는 논리적 사고 중 많은 부분을 일종의 컴퓨팅으로 간

주할 수 있다. 우리가 생각과 컴퓨팅의 관계를 일상 속에서 무의식적으로 인지하고 있다는 사실은 아주 흥미롭다. 누군가를 '계산적인 사람이다'라고 묘사할 때도 이런 인식을 볼 수 있다.

논리적 사고를 잘 정의된 규칙으로 표현하려는 노력은 아리스토텔레스까지 거슬러 올라간다. 이를 기반으로 라이프니츠는 보편적인 컴퓨터의 언어를 꿈꾸었다. 그리고 이는 모든 계산이 범용 기계로 가능하다는 것을 보여 준 튜링의 업적 바탕에 깔려 있다. 컴퓨팅과 논리적 사고는 그렇게 동전의 양면과 같다. 이 통찰에서 시작해 사람들은 다양한 작업을 수행하는 프로그램을 만들었을 뿐 아니라 컴퓨터 자체를 설계하고 만드는 데 이 관계를 적용했다.

미국 과학 진흥 협회는 1999년 1월 캘리포니아 애너하임에서 '다음 세기를 향한 도전'이라는 주제로 정기 학회를 개최했다. 다양한 주제를 아우르는 토픽으로 강의와 학술 토론이 이루어진 심도 있고 진지한 학술회의였다. 학회의 프로그램 중 '컴퓨터 과학에서 뜻밖의 효과적인 논리학'이라는 학술 토론이 내 눈길을 끌었다. 다섯 명의 저명한 컴퓨터 과학자(논리학자이기도 했던)는 튜링의 예측이 얼마나 정확했는지 입증하는 내용의 발표를 했다. 토론회 프로그램에 그들이 썼던 내용 중 일부는 이렇다.

… 지난 25년간 컴퓨터 과학과 논리학 간의 상호 교류는 깊이 있게 지속되고 꾸준히 증가하는 추세였다. 많은 분야에서 논리학은 컴퓨터 과학에 포괄적이고 기초적인 틀과 모델링 방법을 제시한다. … 이 토론회에서는 논리학이 컴퓨터 과학에 놀랍게도 효과적으로 적

용됐던 다음과 같은 사례들을 살펴본다. 인공 지능, 복잡도 이론, 분산 컴퓨팅, 데이터베이스, 그리고 설계 검증.[2]

엘리자, 왓슨, 그리고 딥 블루

1965년 MIT의 컴퓨터 과학자 요제프 바이젠바움은 사용자가 키보드로 영어를 입력하여 컴퓨터와 소통할 수 있는 '엘리자'라는 프로그램을 만들었다.[3] 엘리자는 심리 치료사가 하는 대화를 조악하게 흉내 내는 프로그램이다. 다음은 엘리자와 내가 실제로 대화한 내용이다.

> 엘리자: 안녕하세요? 어떤 문제가 있으신가요?
> 마틴: 내 문제는 설명할 수가 없어요.
> 엘리자: 왜 문제를 설명할 수 없다고 얘기하시죠?
> 마틴: 내가 설명하려고 할 때마다 울음이 터져 나오니까요.
> 엘리자: 그게 진짜 이유인가요?
> 마틴: 아마 아닐 것 같네요.
> 엘리자: 확신이 없어 보이네요.
> 마틴: 네, 맞아요.
> 엘리자: 그 부분에 대해서 좀 더 이야기해 줄래요?
> 마틴: 네, 하지만 그럼 개인적인 이야기를 하게 될 거예요.
> 엘리자: 왜 그렇게 확신하시죠?
> 마틴: 내 자존감을 지키고 싶어요.

엘리자: 당신의 자존감이요?

마틴: 당신은 이해 못할 거예요.

엘리자: 지금 우린 나 말고 당신에 대해서 이야기하고 있어요.

마틴: 이제 충분히 이야기한 것 같네요. 안녕히 계세요!

엘리자: 이제 충분한 것 같다고요?

마틴: 저는 인사를 한 거예요.

엘리자: 좀 더 자세히 얘기해 줄래요?

마틴: 안녕히 계세요.

엘리자: 안녕히 가세요. 상담비는 75달러입니다.

물론 엘리자는 아무것도 이해하지 못한다. 이 프로그램은 사용자가 입력한 키워드를 사용하는 간단한 알고리즘으로 되어 있고 적절한 키워드가 없으면 그저 입력한 문장을 반복한다. 예를 들어, 입력된 문장에 키워드 '당신'이 있을 경우 이렇게 답한다. '지금 우린 나 말고 당신에 대해서 이야기하는 거예요.' '당신은 내 엄마예요' 라는 문장에는 두 개의 키워드 '엄마', '당신'이 들어 있다. 그 문장은 이런 답변을 만들어 낸다. '당신의 가족에 대해 이야기해 봐요.' 두 개의 키워드 중 '엄마'가 먼저 선택되기 때문이다. 키워드 '네(yes)'는 '왜 그렇게 확신하시죠?'라는 답변을 만들어 낸다. 예제에서 엘리자는 입력 중 '안녕'을 문장의 시작에 있을 때만 인식하는 것을 알 수 있다.

튜링의 시대에 쓰였던 진공관으로부터 시작해(나 역시 1950년대에 그 진공관에 프로그래밍 했었다) 바이젠바움이 사용한 트랜지스터 컴퓨터인 IBM 7090, 그리고 지금 시대에 주머니에 넣고 다니는 스마트

폰까지 믿지 못할 정도로 컴퓨터 기술은 발전했다. 그러나 그 모든 기계는 안에 튜링이 제안한 아이디어를 담고 있다. 저장 공간과 시간에 제한이 없는 추상적인 보편 기계에서 시작된 튜링의 상상은, 몇 개의 기본 명령어를 충분히 빠르게 연산할 수 있고 충분한 저장 공간을 갖추고 있다면 합리적인 시간 내에 어떤 알고리즘도 수행할 수 있는 실제 기계를 예측하는 데까지 이르렀다. 지금 내가 쓰는 안드로이드 전화기로 영어 대화를 글로 받아쓸 수 있고 체스 게임을 다운 받아 나보다 더 실력이 뛰어난 알고리즘과 대결할 수도 있다.

1950년 튜링은 유명한 에세이 《Computing Machinery and Intelligence(계산 기계와 지성)》(Oxford University Press, 1950)에서 철학과 신학적인 질문을 피하면서도 컴퓨터에 지성이 있는지를 판단할 수 있는 방법을 제시했다. 이를 위해 그는 시행이 아주 간단한 이미테이션 게임imitation game을 제안했다. 지식 수준이 어느 정도 되는 사람이 아무 주제라도 선택해 프로그래밍 된 컴퓨터와 대화를 나누고 그 사람이 지금 상대하는 대상이 컴퓨터인지 인간인지를 구분할 수 없다면 우리는 컴퓨터가 지성을 갖고 있다고 인정할 수밖에 없다는 것이다.[4]

나는 약 50년 안에 이런 미래가 오리라 생각합니다. … 이미테이션 게임에서 일반적인 수준의 질문자가 5분 후에 맞은편 상대가 컴퓨터인지 사람인지를 정확히 판별할 수 있는 확률은 높아야 70%일 것입니다. … 20세기 말쯤에는 컴퓨터가 생각한다는 표현이 사람들에게 익숙해질만큼 대중의 컴퓨터에 대한 이해가 변할 것입니다.[5]

튜링의 말 마지막 부분과 관련해 이 장의 뒷부분에서는 사람의 '안다는 것'과 '생각한다는 것'을 컴퓨터에 그대로 적용할 수 없다고 주장하는 학자들에 대해서 알아볼 것이다.

2011년 IBM이 만든 컴퓨터 기술의 결정체 왓슨이 유명한 TV 프로그램 '제퍼디!Jeopardy!' 퀴즈 쇼에서 뛰어난 인간 경쟁자들을 제치고 우승해서 세간에 흥분을 불러일으켰다. 왓슨은 인터넷에 접속되어 있지 않았고 위키피디아와 그 밖의 정보들을 저장한 데이터베이스를 사용했다. 제퍼디의 진행 방식이 원래 왓슨의 언어 이해 능력보다 더 나은 실력을 발휘하는 데 도움이 된 측면도 있다. '힌트'가 주어지면 참가자는 그 힌트가 정답이 되는 질문문으로 답해야 한다. 예를 들어 "아리스토텔레스의 삼단 논법을 방정식을 푸는 것처럼 바꾸었던 사람?"이라는 힌트가 주어지면 참가자는 "조지 불은 누구였을까요?"라고 답을 해야 한다. 이렇게 질문과 답의 구조가 미리 짜인 퀴즈의 방식 때문에 왓슨의 프로그래머는 원래 튜링 테스트에서 필요로 하는 자유로운 대화보다 훨씬 쉽게 왓슨을 프로그래밍할 수 있었다.

왓슨의 알고리즘은 힌트에서 사용된 단어나 구절을 데이터베이스에서 검색했다. 그리고 검색 결과에 숫자 랭킹을 부여한 후 충분히 높은 점수가 나온 후에야 퀴즈 질문에 답했다. 제퍼디의 프로듀서는 이 퀴즈 쇼의 흥미를 극대화하려고 커다란 스피커를 무대에 설치하고 왓슨의 대답을 음성 합성기를 통해 또렷하게 내보냈다. 이렇게 화려한 쇼와 별개로 IBM 연구원들의 대단한 업적이 왓슨의 퍼포먼스를 가능케 했다.

사람의 일반적인 언어를 이해하는 컴퓨터는 컴퓨터 언어학자들이 여전히 추구하고 있는 목표지만, 컴퓨터의 지적 능력을 이야기하기엔 이런 일반적인 언어가 필요 없는 분야를 선택하는 것이 더 쉽다. 그런 분야 중 하나가 체스 게임이다. 체스 게임을 어느 정도 잘 하는 사람은 당연하게도 지능적으로 게임을 한다. 그리고 이제는 상당한 수준으로 체스 게임을 하는 프로그램을 쉽게 구할 수 있다. 대부분의 일반인들은 체스 프로그램의 레벨을 좀 낮추어야 어느 정도 상대가 되는 게임을 할 수 있게 되었다.

　1996년 2월, 체스 프로그램 딥 블루Deep Blue는 세계 챔피언 가리 카스파로프를 이겼다. 그럼 우리는 딥 블루가 지능이 있다고 말할 수 있을까? 주로 논쟁적으로 글을 쓰는 철학자 존 설은 평소처럼 딥 블루가 체스를 두었다고조차 말할 수 없다고 주장한다.

> 딥 블루는 이렇게 동작합니다. 컴퓨터 안에는 체스판 말의 위치를 표시하는 의미 없는 기호들이 프로그래밍 되어 있습니다. 그리고 다음 말의 가능한 움직임을 나타내는 똑같이 의미 없는 다수의 기호들이 있습니다. 컴퓨터는 그 기호들이 체스의 말과 움직임을 나타낸다는 사실을 모릅니다. 왜냐하면 컴퓨터는 의미를 전혀 모르기 때문입니다.[6]

설은 자신의 주장에 쐐기를 박으려고, 자신이 꽤 유명하게 만든 다음과 같은 비유를 제시했다. 그 이야기에는 방 안에 앉아 있는 한 사람이 밖에서 건네주는 기호를 받은 다음 책을 찾아 거기 쓰인 대로 어떤 기호를 밖으로 내보낼지 결정한다. 그런데 알고 보니 그 책의 내용대로 방 안팎으로 오간 기호들은 중국어 대화를 만들고 있었다. 하지만 그

남자는 중국어를 모르고 그 기호들이 무슨 의미인지도 당연히 모른다. 이 특이한 이야기로부터 얻을 수 있는 결론은 일단 뒤로 하고 설이 이야기한 '체스룸'을 한 번 살펴보자.

방에 체스를 전혀 모르는 한 사람이 갇혀 있다고 가정하고 그에게 의미를 모르는 기호들이 주어진다고 생각해 봅시다. 그 사람은 모르겠지만 그 기호들은 체스판 위 말의 위치를 나타냅니다. 그 사람은 책을 펼쳐서 어떤 기호를 선택해야 할지 찾아내고 방 바깥으로 또 의미를 모르는 기호들을 건네 줍니다. 그 책에 쓰인 것이 훌륭한 체스 규칙집, 즉 프로그램이 아주 잘 만들어졌다면 그 사람은 체스 게임에서 이길 것입니다. 방의 바깥에 있는 사람들은 '방에 있는 그 사람이 체스를 아주 잘 하는구나'라고 생각하겠지만 완전히 틀린 이야기입니다. 체스의 룰도 모르는 사람입니다. 그냥 컴퓨터일 뿐입니다. 이 이야기의 결론은 이렇습니다. 체스 게임 관점에서 봤을 때 이 이야기 속 사람은 전혀 게임을 모릅니다. 마찬가지로 세상의 어떤 컴퓨터에도 지능이 있다고 이야기할 수 없습니다.

독자는 아마도 이 이야기에서 소프트웨어와 하드웨어의 구분을 의식할지도 모르겠다. 방 안에 있는 사람은 단순하게 조악한 수준의 범용 컴퓨터 역할을 할 뿐이다. 물론 기계로만 구성된 컴퓨터는 체스를 두지 않는다. 프로그래머가 만들어 낸 체스 매뉴얼이 있을 때에야 컴퓨터가 체스를 둔다고 이야기할 수 있다. 다음은 내가 재해석한 설의 이야기다.

체스를 아주 좋아하는 엄마를 둔 조숙한 아이는 게임을 보는 것만으로는 지루해지자 직접 상대와 두고 싶어 합니다. 엄마는 한 가지 조건을 거는데 아이는 엄마가 말을 움직이라는 대로 따라 해야 합니다. 아이는 엄마가 내건 조건대로 경기를 하고 엄마가 귀에 속삭이는 대로 체스의 말을 움직여 게임을 이깁니다. 설에 따르면, 이 장면을 지켜봤을 때 아이는 체스에 대해 전혀 아는 것이 없고, 게임을 하고 있지 않습니다. 모두 동의하나요?

설명이 어려운 개념을 이해가 쉬운 이야기로 재해석해 전달하는 이런 방식은 현대의 철학자들이 자주 사용하는 방법이다. 하지만 이 가상의 이야기를 현실에서 일어나는 실제 이야기로 생각해 보는 것도 의미가 있다. 나는 IBM의 딥 블루 이전 버전 체스 프로그램인 딥 소트Deep Thought를 만드는 데 참여한 동료를 알고 있다. 동료가 내게 말해 준 숫자에 따르면 사람이 딥 소트의 계산 룰을 모두 적어 낸 책을 읽고서 체스 말의 다음 움직임 하나를 찾아내는 데는 수년의 시간이 걸린다. 내 버전의 이야기를 적용해 본다면 가족을 모두 함께 체스 게임 방 안에 넣어야 한다. 왜냐하면 부모가 죽은 후에도 아이가 체스 경기를 계속 이어 가야 하니까! 그러지 않으면 그 게임은 영영 끝나지 않는다.

　철학자 설에 의하면 딥 블루는 '여러 개의 아무 의미 없는 기호'를 가지고 있다. 글쎄, 아마도 우리가 딥 블루가 연산을 수행하는 그 과정을 볼 수 있다면 의미 여부를 떠나서 실제로 어떤 기호도 볼 수 없을 것이다. 하드웨어 회로 단계에서는 전자가 움직일 뿐이다. 체스를 플레이하는 카스파로프의 머릿속에선 체스의 말이 아니라 신경 세포의 신호만 볼 수 있는 것처럼 말이다. 기호 정보symbolic information라고 생각하는 것을 다루기 위해 우리의 두뇌가 어떻게 움직이는지는 아직도 미지의 세계다. (딥 블루 같은) 컴퓨터가 운영되는 방식은 엔지니어와 프로그래머가 그것들을 만들었기 때문에 더 잘 알려져 있을 뿐이다. 하지만 사람과 컴퓨터 모두 분자와 같은 단위에서 동작하는 과정은 결국엔 기호의 패턴을 조작하는 단계로 연결된다. 설은 딥 블루가 가지고 있고 조작하는 기호들은 아무 의미가 없다고 말한다. 글쎄, 그렇다면 체스의 폰pawn이나 나이트knight는 우리에게 무슨 '의미'가 있는 것일까? 아마 그리 의미 없는 질문일 것이다.

설은 딥 블루가 체스를 한다는 사실을 '인지하지' 못한다는 데 큰 의미를 부여한다. 실제로 그는 컴퓨터가 아무것도 '알지 못 한다'고 주장한다. 실제로 전문적인 지식을 갖고 있는 엔지니어들은 딥 블루가 모든 걸 알고 있다고 주장할 것이다. 예를 들어 컴퓨터는 현재 칸의 비숍이 어떤 칸으로 이동할 수 있는지 '안다.' 모든 것은 우리가 '안다'는 사실을 어떻게 정의하느냐에 달려 있다. 우리는 딥 블루가 자신이 체스를 하고 있다는 사실을 모른다고 이야기할 수 있다. 그럼 우리가 딥 블루는 체스를 하는 게 아니라고 결론 내릴 수 있을까? 자, 또 다른 비유를 해보자.

북 뉴기니아의 슬루푸Xlupu 족을 연구하는 인류학자는 역사상 가장 대단한 우연이라고 부를 수 있는 놀라운 발견을 했다. 최근까지 슬루푸 족은 나머지 세상과 완전히 동떨어져 고립된 상태로 살았지만 그들이 종교 의식 중에 짝을 지어 벌이는 행위들이 체스 게임과 정확히 맞아떨어진다는 사실이다. 부족은 체스판이나 말을 사용하지는 않지만 모래가 담긴 상자에 복잡한 무늬를 그린다. 슬루푸 족을 처음 만난 탐험단의 대장인 스플렌디드 박사가 체스를 좋아하는 아마추어 기사였기 때문에 모래 위에 그려진 패턴이 체스의 다음 움직임과 동일하다는 사실을 알아낼 수 있었다.

슬루푸 족이 체스 게임을 했다고 말할 수 있을까? 분명히 그 부족은 자신이 하는 행위가 체스라는 걸 몰랐을 것이다. 아! 설은 이렇게 대답할지도 모르겠다(그의 관점에서 내가 상상해 보았다). "하지만 슬루푸는 자각하고 있고 딥 블루는 그렇지 않습니다." 프로그래밍 된 컴퓨터가 스스로 자각을 할 수 있는지에 대한 질문은 설과 다른 사람들이 갖는 생각에 큰 영향을 미쳤다. 미래에는 어떤 일이 벌어질지 모르겠지만, 딥 블루가 스스로 인식하지 않는다는 사실엔 모두 동의할 것이다.

사람의 자아 인식은 우리가 각자의 고유한 개성을 경험하는 주요한 방식이다. 그러나 우리는 오직 우리 마음으로만 인식할 수 있다. 우리는 우리 자신의 자아만 인식하지 다른 사람들의 의식은 알지 못한다. 내 아내는 자신의 의식이 대부분 시각적 이미지로 채워져 있다고 강조한다. 아내의 의식과 내 의식이 정말로 같은 종류일까? 의식은 도대체 무엇이고 의식의 목적은 무엇이란 말인가? 내가 이 글을 쓰며 적절한 표현을 찾고 있는데 (운이 좋을 때는) 마음 깊은 곳에 있는 의식에서 그 단어가 떠오른다. 내 머리에서 어떻게 그렇게 신기한 일이 벌어지는지는 나도 모른다. 단순한 진리는 이 시점에 자각이란 현상은 여전히 미스터리로 남아 있다는 사실이다.

바둑을 두는 컴퓨터

사람들은 컴퓨터가 만들어지기도 전에 체스를 두는 컴퓨터에 대해 이야기했다. 블레츨리 파크에서 쉬는 시간이면 이야기하던 주제였다. 클로드 섀넌은 1950년 기계들의 성능이 체스를 프로그래밍하기엔 너무 부족하던 시절에, 이미 어떻게 체스하는 컴퓨터를 만들지 설명하는 논문을 썼다. 체스와 같은 게임을 하는 사람은 각 단계에서 여러 가지 방향으로 움직일 수 있는 가능성을 맞닥뜨린다.

게임을 하는 프로그램은 보통 데이터가 '트리tree'라고 불리는 구조로 구성된다. 각 단계에서 플레이어가 선택할 수 있는 움직임은 '가지branches'로 나타낸다. 그와 같은 트리의 깊이는 게임의 처음부터 끝까지 가능한 움직임을 모두 보여 줄 수 있다. 트리의 넓이는 각 단계에서 가능한 움직임의 범위를 나타낸다. 우리가 두 명의 플레이어를 '하얀색', '검은색'이라 부르고 처음 말을 놓는 플레이어를 '검은색'이라 한다면 검은색의 모든 가능한 움직임은 나무의 가지가 갈라지는 것으로 상상할 수 있다. 이러한 각 가지 끝에서 이번에는 하얀색의 움직임에 대응하는 가지들이 뻗어 나간다. 이런 방식으로 계속해 가면 이 트리는 엄청나게 커진다. 이러한 게임 프로그램을 작성하는 사람은 어떻게 트리의 가지를 쳐 내서 크기를 적당하게 유지할까 고민한다.

섀넌은 체스판 위에 놓여진 말의 위치마다 고유한 값을 매길 수 있어야 한다고 했다. 그럼으로써 말이 어떤 위치로 이동할 때 최고 높은 값을 얻을 수 있는지 계산할 수 있기 때문이다. 체스에서는 보통 폰pawn의 값은 1, 나이트knight와 비숍bishop은 3, 룩rook은 5, 그리고 퀸

queen은 9의 값을 매긴다. 이러한 숫자와 다양한 시나리오(체스판 중앙을 차지하는 것, 말의 자유로운 움직임, 킹king의 안전성 등)의 예상 가치를 함께 고려해 각 위치마다 숫자로 매겨진 값을 얻어 낼 수 있다.

체스를 잘하는 사람은 선택한 말의 움직임에 상대방이 어떻게 반응할지 여러 수를 미리 내다보고 머릿속에서 그려 본다. 컴퓨터가 여러 수를 미리 내다볼 수 있을 만큼 충분히 강력해졌을 때 이렇게 간단한 아이디어는 효과적인 체스 프로그램의 기본 바탕이 되었다. 현재 시점에 가장 강력한 체스 프로그램은 인간 세계 챔피언을 이길 수 있다. 또한 경기의 시작부터 상대의 예상 반응 그리고 게임의 마지막 시나리오까지 미리 모두 내다볼 수 있는 라이브러리와 다양한 다른 기능이 더해져 게임 알고리즘이 절묘해졌다.

중국의 고전 게임 바둑은 얼마전까지도 여전히 사람이 우위에 있었다. 얼핏 보아도 바둑은 체스에 비해 훨씬 더 복잡하다. 체스는 64개의 칸 위에 말들이 위치할 수 있지만 바둑은 19 × 19개의 칸 위에 361개의 돌을 둘 수 있다.

체스와 마찬가지로 기사가 현재 놓여진 돌에서 가능한 움직임 중 어떻게 방향을 잡고 다음 돌의 위치를 선택하느냐에 따라서 승자가 결정된다. 그러나 체스와는 달리 바둑에는 '바둑돌'이라 불리는 한 가지 종류의 돌만 있다. 이 돌은 전통적으로 검은색과 하얀색으로 되어 있다. 그러한 게임을 플레이하는 전통적인 프로그램들은 보통 각 단계에서 가장 나은 움직임을 선택하며 게임의 트리를 '가지치기pruning'하는 알고리즘으로 만들어진다. 바둑은 그 트리가 대단히 깊고 어마어마하게 넓기 때문에 컴퓨터가 풀기에는 너무나 어려운 문제다. 그래서 딥 마인드 팀에서 만든 프로그램 알파고가 2016년 3월 한국의 바둑 기사 이세돌과의 대국에서 다섯 게임 중 네 번을 이긴 것은 놀라운 성과였다. 딥 마인드는 2010년 런던에서 세워졌고 2014년 구글에 인수됐다. 처음 10명 남짓의 컴퓨터 과학자와 소프트웨어 엔지니어로 구성되었던 팀은 이제 500명 넘는 직원들이 인공 지능과 머신러닝을 연구하는 팀으로 성장했다. 구글의 소프트웨어 엔지니어인 수잔 디키는 구글의 샌프란시스코 사무실에서 이들 컴퓨터 과학자 중 한 명인 영국의 토레 그래펠과 나의 대화를 비디오 채팅으로 연결해 주었다.[1]

1940년대부터 과학자들은 생물체의 신경 체계가 나타내는 수학적 모델에 대해 연구했다.[7] 이러한 모델은 인공 신경망neural network이라고 불린다. '뉴런'으로 불리는 것들이 네트워크 망으로 촘촘하게 연결된 개념이라 할 수 있다. 각각의 뉴런은 여러 개의 입력 채널을 통해 다른 뉴런으로부터 숫자 신호를 받고 한 개의 출력 채널을 통해 신호를 전송한다. 각 입력 채널에는 가중치라 불리는 숫자들이 매겨져 있다. 각 단계에서 뉴런이 받는 총 신호는 입력 채널로부터 받은 신호 값을 채널의 가중치로 곱한 다음 숫자를 모두 더하면 된다.

뉴런이 한 단계에서 내보내는 신호가 뉴런이 받은 신호의 전체 값에 의해 결정된다면 어떨까. 어쩌면 이와 같은 인공 신경망이 수많은 작은 전자 부품들이 복잡하게 전기선으로 이어져 있는 기계라고 상상할지도 모르겠다. 그러나 실제로는 이러한 신경망은 가상의 프로그램 형태로 컴퓨터에 저장되어 있다. 컴퓨터가 더 강력해지면서 연구 제작되

---

1 내 친구 수잔 디키는 아주 예전에 뉴욕 대학교의 컴퓨터 과학과에서 동료로 만났다. 나는 이 만남을 주선하고 훌륭하게 노트를 작성한 수잔에게 감사한다. 또한 명확하고 신중하게 설명해 준 토레에게 감사를 표한다. 여기에서 다루는 내용은 토레의 말과 수잔의 노트 필기에서 비롯됐다. 물론 오류가 있다면 내 탓이다.

어 실제 어려운 문제들에 적용되는 인공 신경망의 종류와 복잡도는 크게 증가하고 있다.

현대의 인공 신경망은 여러 개의 연결된 계층layer으로 이루어져 있고 각각의 뉴런이 자신의 가중치를 변경할 수 있다고 그려진다. 이와 같은 능력은 신경망이 다양한 계산 임무를 어떻게 수행할지 스스로 '배울 수' 있게끔 했다. 신경망에 필요로 하는 예제를 주면 이 데이터를 사용해 자신을 고쳐 나가며 지속적으로 성능을 개선해 나간다. 이렇게 인공 신경망을 '훈련'시키는 기술을 흔히 딥 러닝deep learning이라고 부른다.

이러한 딥 러닝 기술은 인공 신경망을 훈련시켜 이미지 영상 안에서 특정한 물체를 분간하는 데 아주 성공적이었다. 영상 이미지는 컴퓨터에 픽셀의 배열로 저장되어 있다. 신경망은 다람쥐와 새를 구분하거나 특정한 사람의 얼굴을 찾아내는 데 훈련되어 왔다. 이런 기능을 달성하는 신경망은 흔히 콘볼루션convolution으로 만들어진다. 사람이나 동물들이 눈을 움직여 보이는 것들을 스캔해 내는 것과 콘볼루션 신경망이 아주 거대한 연산을 돌려서 영상에 나타나는 물체를 인식하는 것은 사실은 같은 방식이다.

이러한 계산은 하드웨어의 일부로 특별하게 제작한 '그래픽 처리 유닛Graphical Processing Unit, GPU' 칩이 크게 도움이 된다. 이러한 GPU 칩은 본래 컴퓨터 게임을 지원하기 위해 제작되었다.[8] 알파고에 사용된 알고리즘은 두 개의 보조적인 콘볼루션 신경망인 정책 신경망과 가치 신경망이 트리 찾기 알고리즘을 돕는 형태로 구성되어 있다. 두 개의 신경망은 수년간 전문 바둑 기사들의 대국 기록을 모아 놓은 거대한 데이터를 사용해 훈련했다. 정책 신경망은 현재 바둑판에 놓여진 돌의 배열에서 전문적인 바둑 기사가 취할 수 있는 다양한 수 중, 각각을 선택할 가능성이 얼마나 되는지를 추정한다.

토레는 이렇게 이야기했다. "이 정책 신경망은 이미 아주 대단한 바둑 기사였습니다. 나는 아마추어로서는 꽤 바둑을 잘 둡니다. 딥 마인드에서 첫날 데이비드 실버가 그 신경망과 바둑을 두어 보라고 했을 때 나는 분명히 내가 이길 거라고 확신했습니다. 그런데 내가 졌어요! 그걸 계기로 꼭 알파고 팀에서 일하고 싶다고 생각했죠."

또 다른 신경망인 가치 신경망은 각 바둑알의 위치로부터 기사가 승리할 확률을 추정한다. 콘볼루션은 이미지로부터 물체를 인지하는 것과 비슷한 역할을 한다. 영상의 한 구석에 있던 새가 이미지의 다른 곳에 놓여 있어도 여전히 새로 인식되어야 하는 것처럼 바둑판의 어떤 부분에 바둑돌이 특정한 배치로 놓여 있을 경우 다른 위치에 놓여 있는 어떤 배치와 유사한지 인식할 수 있어야 한다. 알파고 팀이 사용한 하드웨어에는 GPU가 포함되어 효율적으로 계산했다.

2016년에 알파고 팀은 한국으로 가서 이세돌과 다섯 번의 대국을 벌였다. 토레는 이렇게 말했다. "알파고에 확신을 갖고 있었지만 실제로 대국에 나가면 어떤 일이 벌어질지는 아무도 몰랐습니다. 다행히 알파고가 처음 세 번의 대국에서 이겼습니다. 다음 네 번째 대국에서 우리 팀은 사실 이세돌을 응원했습니다. 그리고 그가 이겼을 때 기뻤어요." 이어서 다섯 번째 대국에서는 알파고가 승리했다.

2017년 5월 중국에서 있었던 바둑의 미래 서밋Future of Go Summit에서 알파고는 세계 챔피언 커제에게 세 번의 대국에서 모두 승리했다. 토레는 말했다. "바둑 선수들은 알파고가 만들어 낸 패턴을 가지고 연습하기 시작했습니다. 5월 대국을 위해 우리는 알파고가 자기 자신과 대국을 해서 더 높은 수준의 바둑을 두게 했습니다. 이렇게 만들어진 데이터로 훈련을 해서 더 강력한 알파고를 만들었습니다. 이러한 방식의 부트스트래핑으로 머신러닝은 계속해서 성장할 수 있습니다."

컴퓨터, 두뇌, 정신

튜링과 폰 노이만 두 사람 모두 뛰어난 비전을 갖고 컴퓨터와 인간의 두뇌를 비교했다. 다양한 패턴으로 사고하는 사람들의 능력으로 미루어 보건대, 그렇게 할 수 있는 이유는 사람의 두뇌 안에 범용의 기계가 담겨 있기 때문이라고 추측했다. 이것이 폰 노이만이 에드박을 설계하는 과정에서 인공 뉴런 이론을 보고 크게 놀란 이유였다.

범용 컴퓨터가 수행하는 것은 알고리즘이다. 설은 이렇게 이야기한다. "사람이 하는 일 중에 컴퓨팅이라 할 수 있는 건 아주 적다. 우리는 아주 적은 시간만 알고리즘 만드는 데 사용한다." 과연 그 말이 맞을까?

이 질문에 답을 해 보자. 찰스 디킨스가 쓴 글을 한 번이라도 읽은 적이 있는가? 이에 대한 답(네, 아니요)은 생각의 깊은 곳으로부터 올라온다. 우리는 어떻게 그걸 해낼까? 우리는 잘 모른다. 그러나 어떤 종류의 알고리즘이 우리 두뇌의 데이터베이스에서 필요한 정보를 끄집어내 답을 만들어 낸다는 설명은 꽤 그럴듯하다.

TV 카메라에서 시각적 데이터를 받아 처리하는 컴퓨터 연구를 보면 사람이 망막으로 들어오는 가공되기 전의 정보로부터 두뇌가 우리에게 보여 주는 선명한 그림을 만들어 내기까지 특별한 종류의 계산을 한다고 추측할 수 있다. 두뇌가 일종의 알고리즘을 수행하기 때문에 그게 가능한지는 알 수 없다. 그러나 아니라는 근거도 없다.

로저 펜로즈는 뛰어난 수리물리학자로 우주의 위상에 관련해 놀라운 연구를 했다. 그는 인간의 정신을 움직이는 것은 근본적으로 알고리즘이 아닌가 깊이 생각했고, 이 질문에 괴델의 불완전성 정리를 가져와 "아니다"라고 단언했다. 괴델의 증명을 이렇게도 표현할 수 있다.

> 자연수에 대해 참인 문장을 계속해서 이야기하는 알고리즘을 생각해 보자. 우리는 이 알고리즘이 만들어 내지 않은, 자연수에 관해 참인 또 다른 문장을 만들어 낼 수 있다. 이를 괴델 문장Gödel sentence이라고 부르자.[9]

펜로즈는 사람의 생각과 같다고 제안된 어떤 알고리즘도 사실은 충분하지 않다고 주장한다. 왜냐하면 우리는 '통찰력'으로 그 알고리즘에 대한 괴델 문장이 맞다는 걸 알기 때문이라는 것이다. 이 주장은 아주 잘못되었다. 펜로즈가 이 주제를 다루기 40년 전에 튜링이 1947년 런던 수학 협회 강의에서 그 이유를 설명했다.

괴델의 정리는 오직 참인 문장을 만드는 알고리즘에만 해당한다는 것이 튜링의 지적이다. 그러나 어떤 수학자도 자기 자신이 항상 옳다고 이야기할 수는 없다. 우리는 모두 실수한다! 그러므로 괴델의 정리는 인간 마음속의 수학적 능력이 때론 맞고 어떨 때는 틀린 답을 하는

알고리즘과 같은 것이라는 주장을 반박하지 않는다.[10]

설과 펜로즈는 인간의 정신이 근본적으로 컴퓨터와 동일하다는 생각을 거부한다. 그러나 두 사람 모두 사람의 정신이 무엇이든 물리와 화학의 법칙을 따르는 인간의 뇌가 만들어 낸다는 전제를 암묵적으로 받아들인다. 반면 괴델은 인간의 뇌는 근본적으로 컴퓨터이고 인간의 뇌를 넘어서는 정신의 영역이 있다는 생각을 받아들일 준비가 꽤 되어 있었다. 대부분의 독자들은 고전적인 '정신과 육체'의 문제가 괴델의 생각 중심에 있음을 알 것이다. 그가 믿었던, 정신이 어떤 방식으로든 우리의 육체적인 존재와는 별개라는 생각은 통상 '데카르트의 이원론'이라고 부른다.[11]

이 논의는 라이프니츠의 꿈에서 너무 멀리 벗어나 우리를 철학과 과학 소설의 경계에까지 다다르게 만들었다. 그러나 에드박과 에이스 보고서가 만들어진 시절부터 현대의 컴퓨터까지의 발전을 보면 튜링의 범용 컴퓨터에 대한 비전이 계속해서 영향을 미쳐 왔다는 사실을 잊어서는 안 된다. 그 비전은 1936년 계산 가능한 수에 대한 논문에서는 추상적인 형태였고 에이스 보고서에서는 좀 더 구체화되어 있었다. 충분히 빠른 메모리 저장 공간과 충분히 빠른 데이터 처리 능력은 범용 기계가 어떤 알고리즘이라도 수행할 수 있게 만들었다. 우리는 미래에 컴퓨터가 할 수 있는 일과 할 수 없는 일을 예측할 때 신중해야 한다.

우리는 약 300년에 걸친 눈부신 혁신자들의 삶을 살펴보았다. 삶은 각자 달랐지만 그들은 모두 인간이 생각하는 방식의 근원을 찾고자 했다. 각각의 공헌은 촘촘하게 지식의 기반을 만들었고 범용의 디지털 컴퓨터를 가능케 했다. 그리고 그들 중 오직 튜링만이 자신의 생각이 현실에서 실현될 것을 알았다.

라이프니츠는 미래를 꿈꿨지만 그의 꿈에는 한계가 있었다. 불은 자신의 논리 대수가 복잡한 전자 회로를 설계하는 데 쓰이리라고 상상하지 못했다. 프레게가 자신의 논리 추론 규칙과 동일한 원리가 컴퓨터 프로그램에 쓰여서 논리를 계산하는 미래를 보았다면 매우 놀랐을 것이다. 칸토어는 그의 대각선 논법이 어떤 결과를 가져오게 될지 분명 알지 못했다. 힐베르트가 수학의 기초를 단단하게 하려 했던 프로젝트는 아주 다른 방향으로 전개되었다. 그리고 독특하게 사고한 괴델은 기계 장치에 대한 응용을 거의 생각하지 않았다.

이 이야기는 생각의 힘을 강조하는 한편, 미래 예측이 얼마나 무모한지 알려준다. 하노버의 공작은 라이프니츠가 그 시대에 할 수 있는 최선은 자기 가문의 역사 연구라 믿었다. 오늘날 과학자들의 연구와 생활을 지원해 주는 사람들 역시 빠른 결과를 낼 가능성이 높다고 여기는 방향으로 그들을 조종하고 싶어 한다. 단기적으로 이런 노력은 헛될 가능성이 높을 뿐 아니라, 더 중요하게는 즉각적인 성과가 분명하지 않은 연구를 좌절시켜 더 나은 미래를 막게 될 것이다.

제3판 서문

[1] 임베디드 컴퓨터에 대해 다양하게 다룬 내용은 Fisher et al.(2005)를 참고하기 바란다. 컴퓨터의 역사에서 튜링의 역할을 다룬 나의 글은 Davis(1988)를 참고하면 된다. 내 연구가 끼친 영향에 대한 언급은 Leavitt(2006, p. 6)에서 확인할 수 있다(모든 참고 자료는 책의 뒷부분에 나온다).

서론

[1] Ceruzzi(1983, p. 43)에서 인용했다. 하워드 에이컨(1903~1973)은 하버드 컴퓨터 연구실을 설립했고 1940년에서 1950년대 초까지 하버드 대학교에서 대용량 계산 기계를 설계하고 만드는 데 핵심적인 역할을 했다.

[2] 런던 수학 협회에서 한 튜링의 연설을 참고했다(Turing, 1992, pp. 112, Copeland, 2004, p. 383). 앨런 튜링은 이 책 7, 8장의 주인공이다.

1장

[1] 라이프니츠의 전기에 관련된 정보는 Aiton(1985)을 주로 참고했다.

[2] 라이프니츠의 〈조합술에 대하여〉(원제의 라틴어는 Dissertatio de Arte Combinatoria)에 대해서는 Leibniz(1858/1962)을 참고하기 바란다.

[3] 라이프니츠가 파리에서 한 연구는 Aiton(1985)에서 다루고 있고 Hofmann (1974)에서 좀 더 깊게 설명했다.

[4] Leibniz(1685/1929)에서 인용했다.

[5] 추론과 방정식 계산을 위한 기계에 대한 라이프니츠의 글은 Couturat (1961, p. 115)를 참고하기 바란다.

[6] 뉴턴과 라이프니츠가 만들어 낸 미분을 수학적으로 더 자세히 알고 싶은 독자는 Edwards(1979)에서 구체적으로 잘 다뤘으니 흥미롭게 읽을 수 있을 것이다. 또한 Bourbaki(1969, pp. 207-249)에서는 미분의 역사적인 전개에 대해 훌륭하게 해설하고 있다.

[7] 라이프니츠의 미분과 적분에 대해 또 다른 재미있는 이야기가 있다(그러나 다른 주제의 책에서 다루어야 할 것이다). 그가 체계적으로 사용했던 '무한소infinitesimal'에 대한 이야기다. 무한소는 너무나 작은 양수로 그 수 자신을 얼마만큼 계속해서 더하든지 상관없이 1(아니면 심지어 0.0000001)에 절대로 미치지 못하는 수를 말한다. 그러한 수가 존재할 수 있는지 사람들은 곧바로 이의를 제기했다. 철학자이자 성공회 주교 버클리는 무한소를 '사라져 버린 수가 남긴 유령'이라고 비웃었다. 19세기 말에 이르러서 수학자들은 무한소 사용이 적합하지 않다고 동의했

다(그러나 물리학자와 공학자들은 여전히 사용했다). 논리학자 에이브러햄 로빈슨은 라이프니츠가 사용했던 무한소가 20세기에 이르러 부활한 것에 대해 논의했고 이미 인용한 책(Edwards, 1979)에서 다루고 있다.《사이언스 올제(The Scientific American)》잡지에 실린 글에서는 로빈슨의 업적에 대해 또 다른 이야기를 다루었다(Davis and Hersh, 1972).

[8]   Aiton(1985, p. 53)

[9]   Mates(1986, pp. 26-27) 이런 놀라운 여성들에 대한 이야기와 라이프니츠가 여성의 지적 능력에 대해 가졌던 믿음에 대해 좀 더 알 수 있다.

[10]   인용된 L'Hopital에게 보낸 편지는 1693년 4월 28일 자 발송으로 되어 있다(Couturat, 1961, p. 16). 인용된 쿠투라의 글은 같은 책 같은 쪽에 나와 있다. '아리아드네의 실타래'에 관련해서는 Bourbaki(1969, p. 16)를 참고하기 바란다.

[11]   라이프니츠의 범용 문자 체계와 관련해 장 갈로이스가 라이프니츠에게 보낸 편지는 1678년 발송으로 되어 있다. 내가 프랑스어를 영어로 번역했다.

[12]   Gerhardt(1978, vol. 7, p. 200)

[13]   Parkinson(1966, p. 105)

[14]   여기 작은 '예제'로 나와 있는 라이프니츠의 논리 계산을 확인하려면 Lewis(1918/1960, pp. 297-305)를 참고하기 바란다. 라이프니츠는 = 기호를 사용하지 않고 그 대신 ∞를 사용했다. 한 재미있는 글(Swoyer, 1994)에서는 20세기 관점에서 이 체계를 완전히 다시 복원한 내용을 다루고 있다.

[15]   라이프니츠가 아리스토텔레스의 분석을 넘어서까지 나아가려 했던 것에 대해서는 Mates(1986, pp. 178-183)를 참고하기 바란다.

[16]   Huber(1951, pp. 267-269)

[17]   Aiton(1985, p. 212)

2장

[1] 카롤리네 왕비와 라이프니츠의 친분 관계와 새뮤얼 클러크와의 편지는 Aiton(1985, pp. 232, 341-346)과 브리태니커(1910/11)의 글 Caroline (1683-1737), Clarke, Samuel(1675-1729)에서 참고했다.

[2] 조지 불의 전기에 대해서는 주로 MacHale(1985)을 참고했다.

[3] MacHale(1985, pp. 17-19)

[4] '역겨운 식욕과 욕망Gross appetites and passions'(MacHale, 1985, p. 19)

[5] MacHale(1985, pp. 30-31)

[6] MacHale(1985, pp. 24-25)

[7] MacHale(1985, p. 41)

[8] 가장 중요한 대수학의 법칙 중에는 덧셈과 곱셈의 교환 법칙, $x+y=y+x, xy=yx$와 분배 법칙, $x(y+z)=xy+xz$이 있다. 여기에선, $x \times y$ 대신 xy로 쓰는 일반적인 대수학의 표기법을 사용했다.

[9] 두 미분 연산자의 곱셈(처음 수를 적용한 후 나머지를 적용하는 의미) 은 항상 교환 법칙을 따르지는 않는다.

[10] 불의 금메달(MacHale, 1985, pp. 59-62, 64-66). 불은 미적분학의 방법 들을 적용한 연구들에 더해 1842년 두 개의 논문을 케임브리지 수학 논 문집에 출간했는데 이 논문들은 불변성 이론이라는 새로운 수학 분야 를 개척했다고 평가받는다. 그러나 첫 번째 업적 이후엔 다시는 불변성 에 관해 연구하지 않았다. 우리는 다비트 힐베르트에 관련된 장에서 불 변성에 대해 다시 다룰 예정이다.

[11] 불이 극한을 다루면서 증명법을 사소하게 여겼던 태도는 같은 문제에 대해 동시대 유럽 대륙의 과학자들이 엄밀한 기초 논리를 찾으려 했던 방식과 대비된다. 관심이 있는 독자는 참고도서 Edwards(1979), 특히 11장을 찾아보기 바란다.

[12] 스코틀랜드 철학자 윌리엄 해밀턴 경은 동시대의 스코틀랜드 수학자 윌리엄 로언 해밀턴 경과는 다른 사람이다.

[13] Boole(1854, pp. 28-29)

[14] Daly(1996); Kinealy(1996)

[15] MacHale(1985, p. 173)

[16] MacHale(1985, p. 92)

[17] MacHale(1985, p. 107)

[18] MacHale(1985, pp. 240-243)

[19] MacHale(1985, p. 111)

[20] MacHale(1985, pp. 252-276)

[21] x와 y의 교집합을 표현하는 현대적인 표기법은 xy보다는 $x \cap y$다. 그리고 공집합을 나타낼 때는 숫자 0이 아닌 덴마크 문자 $\emptyset$를 사용한다. 물론 불이 사용했던 본래의 기호들은 일반 수학과 개념을 연결시키기 때문에 불에게는 이 표기법이 더 중요했다.

[22] 불은 + 연산 사용을 공통되는 개체가 없는 집단으로 제한했다. 여기에서 우리는 현대의 방식을 사용하고 이 제한을 적용하지 않는다. 그래서 $x + y$는 x나 y에 속하거나 두 집단 모두에 속하는 것들을 나타낸다. 현대에는 $x \cup y$를 써서 x와 y의 합집합을 나타낸다. 또한 불은 $x - y$ 식이 y가 나타내는 집합이 x가 나타내는 집단의 일부일 때에만 적용되도록 제한했다. 그러나 이러한 제한 역시 필요가 없다.

[23] Boole(1854, p. 49)

[24] 불이 지적했듯이 삼단 논법을 수학적으로 증명하는 과정은 세 가지 변수가 동시에 쓰인 두 개의 방정식에서 한 가지 변수를 제거하는 것이다. 불은 '모든 X는 Y'라는 명제를 방정식 $X(1 - Y) = 0$으로 표현할 수 있다는 것을 잘 알고 있었지만 그는 무한 기호라고 부른 v를 써서 $X = vY$라는 형태로 표현했다. 이는 수학자 찰스 그레이브스가 제안했던 방식이 분명하다(MacHale, 1985, p. 70). 정말 나쁜 아이디어였고 불의

체계를 불필요할 정도로 복잡하게 만들 뿐이었다.

[25] 불이 집단을 다룰 때 사용하던 수학을 시간을 고려해 2차 논리에 적용
      했다. 불은 명제를 사용할 때 그 명제가 참인 바로 그 순간의 시간을 연
      결시켰다. X가 참이라고 할 때 불은 $X = 1$이라고 표현했고 그 뜻은 명
      제가 참이 되는 순간의 집단이 전체 모든 시간을 아우른다는 것이다.
      비슷하게 $X = 0$은 X가 거짓임을 표현하고 X가 참일 수 있는 순간은
      존재하지 않는다는 뜻이다. X와 Y 모두 참이라는 표현인 $X \& Y$의 의
      미는 X와 Y가 참인 순간들의 교집합이라는 뜻이다. 끝으로 X라면 Y
      가 된다라는 명제가 참이기 위해서는 X가 참인 모든 순간에 Y 역시 참
      이어야 한다. 다시 말해 X가 참이면서 Y는 거짓인 순간은 존재하지 않
      는다는 뜻이다. 방정식으로는 $X(1 - Y) = 0$이 된다.

[26] Boole(1854, pp. 188-211)

3장
———

[1] 러셀의 편지와 프레게의 답장, 그리고 후에 러셀의 의견은 van Heije-
     noort(1967, pp. 124-128)를 참고하기 바란다.

[2] 프레게의 충격적인 일기와 마이클 더밋의 의견은 Frege(1996)를 참고
     하기 바란다.

[3] 내가 프레게에 대한 정보를 부탁했을 때 친절하게 답해 준 라이프치히
     대학의 교수 로사르 크레이저에게 나는 큰 빚을 졌다. 그가 쓴 훌륭한
     전기를 참고하기 바란다(Kreiser, 2001). 테럴 바이넘이 쓴 간략한 전기
     Bynum(1972)도 도움이 되었다.

[4] Craig(1978)가 독일 역사에 관한 훌륭한 참고 자료가 됐다. 1차 세계 대
     전의 시작에 대해서는 Geiss(1967)와 Kagan(1995) 역시 참고하기를 바

란다. 프레게가 전쟁 중 오스트리아 군에서 포병 관찰관으로 근무하던 철학자 루트비히 비트겐슈타인에게 보낸 엽서가 다수 남아있다. 놀랄 것도 없이 이 엽서들은 프레게가 독일에 충성했음을 보여 준다.

[5]   Frege(1996)

[6]   Sluga(1993); Frege(1976, pp. 8-9)

[7]   인용문을 참고하려면 van Heijenoort(1967, p. 1)를 확인하기 바란다. 그 책의 1~82쪽에서 프레게의 개념 표기법에 대한 훌륭한 해설을 찾을 수 있다. 다른 해설서로는 Bynum(1972, pp. 101-166)이 있다.

[8]   여기에서 소개한 기호들은 우리가 현대에 흔히 사용하는 것으로 프레게가 직접 사용한 기호들은 아니다. 물론 어떤 걸 기호로 표현해야 하는지가 핵심적인 통찰이지 어떤 특정한 기호를 사용하는지가 중요하지는 않다. 프레게의 기호들이 널리 받아들여지지 않은 이유 중 하나는 타자기로 치기 어려운 이유가 있기도 했지만, 더 큰 이유는 이탈리아의 논리학자 주세페 페아노의 기호가 버트런드 러셀이 사용하며 더 잘 알려졌기 때문이다.

[9]   프레게는 이렇게 썼다. "나는 단지 추론 계산기가 아니라 라이프니츠의 관점에서 언어 체계를 만들고자 했다." van Heijenoort(1967, p. 2)에서 인용했다. 또한 Kluge(1977)를 참고하기 바란다.

[10] 이 법칙은 긍정 논법modus ponens이라 불린다. 이 용어는 12세기 논리학자들로부터 비롯되었다.

[11] 현대에는 프레게의 논리 체계를 1차 논리first-order logic라고 부른다. 이 것은 수량을 지칭하는 ∀와 ∃가 개체들뿐 아니라 특성properties에도 쓰이는 논리 체계와 구분을 짓기 위한 것이다. 다음은 2차 논리second-order logic에서 사용하는 문장의 예제다.

$$(\forall F)(\forall G)[(\forall x)(F(x) \supset G(x)) \supset (\exists x)(F(x) \supset (\exists x) G(x))]$$

실제로 프레게는 1차 논리에서 더 나아가 특성을 수량화하는 것까지 고려했다. 따라서 1차 논리만을 '프레게의 논리 체계'라고 부르는 것은 아주 정확한 말은 아니다.

[12] 엄밀히 말해서 여기에서 설명하는 집합의 '수'는 프레게의 설명보다는 러셀이 제안한 설명에 더 가깝다. 그러나 왜 프레게의 아이디어가 러셀의 역설에 취약했는지 설명하기에는 충분히 비슷한 개념이다.

[13] 이 책이 쓰여지는 동안 흥미로운 연구가 있었다. 그 연구에서는 프레게의 산술을 위한 논리 체계 중 많은 부분이 모순에서 벗어날 수 있었다 (Boolos, 1995).

[14] Frege(1960)

[15] Dummett(1981); Baker and Hacker(1984)

[16] 명료성을 위해서는 컴퓨터 언어에서 사용하는 어구의 의미를 정확하게 서술하는 것이 중요하다. 흔히 이것을 컴퓨터 언어의 의미론semantics이라고도 부른다. 널리 연구된 접근 방법인 표기 의미론denotational semantics은 궁극적으로 프레게의 아이디어를 기반으로 한다. Davis et al. (1994, pp. 465-556)을 참고하기 바란다.

4장

---

[1] Rucker(1982, p. 3)

[2] Dauben(1979, p. 124)에서 참고했다. 이 인용은 라이프니츠가 프랑스어로 쓴 글을 번역했다(Cantor, 1932, p. 179).

[3] Dauben(1979, p. 120)

[4] Frege(1892, p. 272). 이 인용은 프레게가 칸토어의 연구에 대해 비평한 내용이다. 이 장에서 이 비평에 대해 더 언급할 예정이다.

[5] 칸토어의 전기에 관해서는 다음과 같은 문헌을 참고했다. GrattanGuin-

ness(1971), Purkert and Ilgauds(1987), and Meschkowski(1983).

[6] Meschkowski(1983, p. 1) (인용은 내가 번역했다)

[7] 삼각급수가 수렴할 수 있는 대상에 뚜렷한 제한이 없다는 19세기 초 프랑스 수학자 푸리에의 놀라운 발견 때문에, 수학자와 물리학자들은 삼각급수에 대해 큰 관심을 보이기 시작했다. 그러한 삼각급수의 예는 다음과 같다.

$$cos\, x + \frac{\cos 2x}{4} + \frac{\cos 3x}{9} + \frac{\cos 4x}{16} + \frac{\cos 5x}{25} \cdots$$

놀랍게도 이 급수는 x가 0과 2π(각도 x는 라디안으로 측정한다) 사이에 있을 경우 $\frac{1}{4}x^2 - \frac{1}{2}\pi x + \frac{1}{6}\pi^2$로 수렴한다. x가 0일 경우엔 다음과 같다.

$$\frac{p^2}{6} = 1 + \frac{1}{4} + \frac{1}{9} + \frac{1}{16} + \frac{1}{25} + \cdots$$

이 결과는 라이프니츠의 극한이 수렴하는 $\frac{\pi}{4}$처럼 파이(π)가 자연수와 연결된다. 이 경우엔 다음과 같이 완전 제곱수로 나타낸다.

$$1 \times 1 = 1, 2 \times 2 = 4, 3 \times 3 = 9, 4 \times 4 = 16, 5 \times 5 = 25, \cdots$$

[8] Euclid(1956, p. 232)

[9] Gerhardt(1978, v. 1., p. 338). 알렉시스 매나스터 라메르가 라틴어를 번역했다.

[10] 초등학교에서 배웠던 것처럼 서로 다른 분수가 같은 숫자를 나타낼 수 있다. 예를 들면 $\frac{1}{2} = \frac{2}{4} = \frac{3}{6} \cdots$와 같다. 그래서 예제에서 분수와 자연수 간의 1 대 1 매칭은 분수를 기호로써 나타낼 때의 매칭 관계이지 분수가 나타내는 수와의 매칭은 아니다. 그러나 이는 쉽게 해결할 수 있다. 같은 숫자를 나타내는 분수들 중에서 분모가 가장 작은 것만 남겨 놓으면 된다.

[11] 초월수의 존재에 대해서는 칸토어보다 30여 년 전 이미 프랑스 수학자 리우빌이 완전히 다른 방식으로 증명했다. 리우빌은 무수히 많은 연속

된 0이 소수점을 차지하는 수는 초월수라고 증명했다. 리우빌의 방법이
적용되는 수의 예는 다음과 같다.

$$.010100001\underbrace{0000000000000000000000000000}_{27}1\underbrace{000\cdots0}_{64}10\cdots$$

여기에서 1과 1의 사이에서 연속되는 0의 구간은 $1^1 = 1, 2^2 = 4, 3^3 = 27, 4^4 = 64$로 계속해서 증가한다. 칸토어가 논문을 발표하고 10여 년이 지나서야 π가 초월수라는 증명이 나왔다. $2^{\sqrt{2}}$가 초월수라는 증명은 1934년에야 이루어졌다.

[12] Grattan-Guinness(1971, p. 358)

[13] 칸토어가 사용한 기수 표기법은 현재에는 많이 쓰이지 않는다. 기호 $\overline{\overline{M}}$ 대신 현대 수학자들은 $|M|$을 사용한다.

[14] 실제로는 무한 집합의 경우 서로 다른 기수에 대해 한 집합의 기수가 다른 집합의 기수보다 크다는 명제는 분명하지 않다. 이 문제는 칸토어가 살아 있는 동안에 해결되지 않았다.

[15] 모든 자연수의 집합의 집합의 기수가 실수의 집합의 기수와 같다는 것을 이해하려면 우리가 흔히 사용하는 십진법보다 숫자 0과 1만으로 구성된 이진법을 사용하면 도움이 된다. $\frac{1}{3} = 0.3333\cdots$는 이렇게 다시 쓸 수 있다.

$$\frac{1}{3} = \frac{10}{3} + \frac{100}{3} + \frac{1000}{3} + \frac{10000}{3} + \cdots$$

1보다 작은 양수 실수는 이진법으로 무한하게 많은 0과 1의 연속으로 표현할 수 있다. 예를 들어 다음의 숫자를 보자.

$$\frac{1}{4} = 0.00100000000\cdots$$

$$\frac{1}{3} = 0.0101010101\cdots$$

$$\frac{1}{\pi} = 0.0101000101\cdots$$

$$\sqrt{\frac{1}{2}} = 0.1011010100\cdots$$

여기에서 $\frac{1}{3} = 0.0101010101...$은 다음과 같이 계속 진행된다는 의미다.

$$\frac{1}{3} = \frac{1}{4} + \frac{1}{16} + \frac{1}{64} + \cdots$$

(분모는 10이 아닌 2의 연속된 거듭제곱이다.)

이제 어떤 자연수로 된 집합이든 이것과 1 대 1로 매칭되는 실수를 이렇게 구할 수 있다. 0과 1이 나열된 문자열을 만드는데 자연수 n이 이 자연수 집합에 포함되었다면 n번째 자릿수에 1을 쓰고 원소가 아니라면 0을 쓴다. 예를 들어 모든 짝수로 구성된 집합이라면, 0.01010101...의 문자열이 만들어지고 위에서 보았듯이 이것은 $\frac{1}{3}$의 이진법 표현이다. 이번에는 홀수로만 구성된 집합의 경우 이렇게 쓸 수 있다.

$$0.10101010\cdots = \frac{2}{3}$$

여기에서 자연수의 모든 집합의 집합은 0과 1 사이의 모든 실수의 집합과 같은 기수를 갖는다는 사실을 알 수 있다. 그러나 칸토어는 이 집합 (0과 1 사이 구간의 실수)이 모든 실수의 집합과 같은 기수를 갖는다는 것을 (어렵지 않게) 증명할 수 있었다.

사소한 기술적인 문제점 역시 지적해야겠다. 어떤 유리수는 두 가지 서로 다른 이진법으로 표기될 수 있기 때문에 두 개의 다른 자연수 집합과 매칭될 수 있다. 예를 들면 다음과 같다.

$$\frac{1}{2} = 0.1000000\ldots$$
$$= 0.0111111\ldots$$

즉, 실수 $\frac{1}{2}$은 숫자 1만으로 구성된 집합과 숫자 1을 제외한 모든 숫자의 집합에 전부 매칭된다. 이 문제점은 1 대 1 매칭이라는 요구 조건을 위반하지만 이 문제는 모든 유리수 집합의 기수가 $\aleph_0$라는 사실로 극복할 수 있다.

[16] 칸토어가 지적했듯이 실수의 모든 집합으로 이루어진 집합의 기수는 모든 실수에서 실수를 연결하는 함수들 집합의 기수와 같다.

[17] Grattan-Guinness(1971)과 Dauben(1979)를 참고하기 바란다. 바바라 로젠 박사는 이 문제에 대해 의학적으로 전문적인 견해를 밝혔다.

[18] 칸트와 관련된 주제에 도움을 준 마이클 프리드만에게 감사한다(헤겔에 대해 비판한 것은 그의 책임이 아니다)

[19] Cantor(1932, pp. 383-384)와 Frege(1892)에서 인용했다. 내게는 어려운 이 독일어 문장을 번역하는 데 에곤 보르거, 윌리엄 크레익, 마이클 리히터, 그리고 윌프레드 시그로의 도움을 많이 받았다. 나는 이 이야기를 Dauben(1979, p. 225)에서 알게 됐다.

독일어에 능숙한 독자를 위해서 원문을 싣는다. 칸토어는 이렇게 썼다.

> So sehen wir die in Deutschland als Reaktion gegen den überspannten Kant-Fichte-Hegel-Schellingschen Idealismus eingetretene, jetzt herrschende und mächtige akademisch-positivistische Skepsis endlich auch bei der Arithmetik angelangt, wo sie, mit der äussersten, für sie selbst vielleicht verhängnisvollsten Konsequenz, ie letzten, ihr noch möglichen Folgerung zu ziehen scheint.

프레게는 칸토어의 예측에 동의하며 이렇게 답했다.

> In der That! hier ist die Klippe, wo sie schreitern wird. Denn das Unendliche wird sich in der Arithmetik doch schliesslich nicht leugnen lassen, und anderseits ist es mit jene erkentnis-theoretischen Richtung unvereinbar. Hier ist, wie es scheint, das Schlachtfeld, wo eine grosse Entscheidung fallen wird.

[20]   Bell(1937, p. 621)

[21]   Bell(1986, pp. 562-563). 이 어색하게 고쳐진 부분은 분명히 벨이 쓰지 않은 게 거의 확실하다. 개정판이 나왔을 때는 이미 그가 사망하고 26년이 흐른 후였다.

[22]   Edwards(2009)

[23]   Edwards(1988)

[24]   Bell(1937, p. 619), Bell(1986, p. 561)

[25]   Bell(1937, p. 617), Bell(1986, p. 559)

[26]   Bell(1937, p. 629), Bell(1986, p. 570)

[27]   칸토어가 크로네커에게 보낸 편지는 Schönflies(1927, p. 10)를, 그리고 크로네커의 답장은 Meschkowski(1967, p. 238)를 참고하면 된다. 해롤드 에드워즈가 두 편지 모두 번역했다.

[28]   Schönflies(1927, pp. 12-13)

[29]   Dauben(1979, p. 225). 참고 19번에 칸토어와 프레게 사이에 글을 독일어 원문으로 실었다.

[30]   Dauben(1979, p. 225)

[31]   Poincaré(1909, p. 182). '칸토어주의의 가장 중요한 특성은'으로 시작하는 번역은 다소 의역한 것이다. 좀 더 직역한다면 이렇게 쓸 수 있다.

> 칸토어주의의 가장 중요한 특성은 이것입니다. 복잡한 구성construction을 계속 만들어 내서 일반화에까지 이르는 방법, 즉 구성을 통한 정의가 아니라 큰 속genus supremum에서 시작해서, 학자들이 그러하듯이, 그 속에 속한 것 중 특정 조건을 만족하는 하위 유형으로 종을 정의하는 방식per genus proximum et differentiam specificam입니다.

나는 윌프레드 시그로와 프랑수아 트리어로부터 번역에 도움을 받았다. 프랑스어로 된 원문을 여기에 싣는다.

J'ai parlé plus haut du besoin que nous avons de remonter sans cesse aux premiers principes de notre science et du profit qu'en peut tirer l'étude de l'esprit humain. C'est ce besoin qui a inspiré deux tentatives qui ont tenu une très grande place dans l'histoire la plus récente des mathématiques. La premiere est le cantorisme, qui a rendu à la science les services que l'on sait. Un des traits caractéristiques du cantorisme, c'est qu'au lieu de s'élever au général en bâtissant des constructions de plus en plus compliquées et de dfinir par construction, il part du genus supremum et ne définit, comme auraient dit les scholastiques, que per genus proximum et differentiam specificam. De lá l'horreur qu'il a quelque temps inspirée à certains esprits, à HERMITE par exemple, dont l'idée favorite était de comparer les sciences mathématiques aux sciences naturelles. Chez la plupart d'entre nous ces préventions s'étaient dissipées, mais il est arrivé qu'on s' estheurté à certains para-doxes, á certaines contradictions apparentes, qui auraient comblé de joie ZÉNON d'Elée et l'école de Mégare. Et alors chacun de chercher le reméde. Je pense pour mon compte, et je ne suis pas seul, que l'im-portant c'est de ne jamais introduire que des êtres que l'on puisse définir complètement en un nombre fini de mots. Quel que soit le remède adopte, nous pouvons nous promettre la joie du médecin ap-pelé á suivre un beau cas pathologique.

[32]   Dauben(1979, pp. 69-70), Dauben(1995, p. 227)

[33]   예를 들어 편미분 방정식을 다룬 장에서는 흔히 '비둘기집 원리Dirichlet Principle'라고 불리는 정리를 참고했고 힐베르트가 그 정리를 엄밀하게 정립하고자 애쓴 것이 유용했다고 적었다.

[34]   Grattan-Guinness(2000, p. 89)

5장
---

[1] 힐베르트에 대한 정보는 그의 전기(Reid, 1986), 오토 블루멘탈이 쓴 전기체의 소고(Hilbert, 1935/1970, pp. 388-429), 그리고 헤르만 바일이 쓴 추도 에세이(Weyl, 1944)를 참고했다.

[2] 많은 독자가 $\sqrt{2}$가 무리수라는 데 익숙할 것이다. (이전 장에서 설명했듯이 무리수는 자연수를 분모와 분자로 하는 분수로는 표현할 수 없는 수다. 즉, 소수점 이하가 반복되지 않는다.) 이 사실을 토대로 다음과 같은 수학 정리에 구성적이 아닌 증명이 명쾌하게 가능하다.

a^b을 유리수로 만드는 무리수 a와 b가 존재한다.

이 증명을 할 때 기호 q를 사용해 숫자 $\sqrt{2}^{\sqrt{2}}$를 나타낸다. 그럼 q는 유리수이거나 무리수 둘 중 하나여야 한다. q가 유리수라면 $a = b = \sqrt{2}$가 되므로 위의 정리는 간단히 성립된다. q가 무리수일 경우에 $a = q, b = \sqrt{2}$로 만든다. 그럼 다음과 같은 식을 얻게 된다.

$$a^b = q^{\sqrt{2}} = \left(\sqrt{2}^{\sqrt{2}}\right)^{\sqrt{2}} = \sqrt{2}^{(\sqrt{2}\cdot\sqrt{2})} = \left(\sqrt{2}\right)^2 = 2$$

이번에도 역시 무리수를 지수로 하는 식으로부터 유리수 2를 얻게 된다. 이 증명은 구성적이 아니다. 왜냐하면 정리를 성립시키는 구체적인 a와 b의 숫자를 제시하지 않기 때문이다. 오직 q로부터 유도되는 두 가지 가능성 중에 한 가지는 참이어야 한다는 논리로부터 결과를 얻는다 (실제 숫자 q는 무리수인데, 이것에 대해 알려진 간단한 증명법은 없다).

[3] 대수적 불변량 이론에서는 유니모듈러 변환이 특별히 관심 주제였다. 이것은 방정식에서 양이 알려져 있지 않은 변수(x라고 하자)를 대체해서 $(py + q) / (ry + s)$라는 형식으로 바뀌고 y는 새로운 미지의 값이지만 p, q, r, s에 해당하는 값은 $ps - rq = 1$ 혹은 -1이 되게끔 만족시키는

변환이다. 불은 일반적인 이차 방정식 $ax^2 + bx + c = 0(a, b, c$는 어떤 숫자를 대입해도 가능하기 때문에 일반이라 부른다)의 유니모듈러 변환의 불변량은 $b^2 - 4ac$라는 사실(대수학 교과서에서는 방정식의 판별식)을 다음과 같은 방법으로 발견했다.

위에서 설명한 변환을 주어진 이차 방정식에 적용하고 분수를 풀면 새로운 미지의 값 y를 포함하는 이차 방정식을 얻는다. 이 방정식은 이제 $Ay^2 + By + C = 0$ 형식으로 쓰여지고 A, B, C는 a, b, c, p, q, r, s의 값에 따라 결정된다. $b^2 - 4ac$가 불변량인 이유는 새로운 방정식의 판별식이 주어진 이차 방정식의 판별식과 같기 때문이다. 즉, $b^2 - 4ac = B^2 - 4AC$가 된다. $ps - rq = \pm 1$이라는 특별한 조건이 없을 때는 두 가지 판별식 사이의 관계는 아래와 같다.

$$B^2 - 4AC = (b^2 - 4ac)(ps - rq)^2$$

고등학교 대수학의 공식을 떠올리는 독자라면 이렇게 바꿔 쓸 수 있는 것을 알 것이다.

x_1과 x_2가 방정식의 근이라면 식은 이렇게 되고

$$ax^2 + bx + c = a(x - x_1)(x - x_2)$$

2차 방정식으로 다시 이렇게 쓸 수 있다.

$$b^2 - 4ac = 4a^2(x_1 - x_2)^2$$

[4]   힐베르트의 부고 글(Weyl, 1944)에서 헤르만 바일은 이렇게 썼다.

새로운 아이디어를 발견하고 새롭게 강력한 방법을 소개함으로써 그는 이 주제를 크로네커와 데데킨트가 원하던 대수학적으로 해결할 수 있는 단계까지 끌어올렸고 철저하게 연구를 이어가 결국 완성시켰다. 충분히 납득할 수 있는 자부심을 담아 그는 논문을 이렇게 마무리했다. '고로 나

는 불변량 이론의 가장 중요한 목적이 이루어졌다고 믿는다'. 그리고 그렇게 그 분야는 끝났다.

[5] 고전적인 수 이론에서는 자연수 1, 2, 3, …에서 발견되는 놀라운 관계들과 패턴들, 특히 소수와 가분성(나눌 수 있음)에 대해 다루고 있다. 대수적 정수론에서는 정수를 대수 방정식의 근(실수나 복수)에 접목하였을 때 생기는 수의 이론을 다루고 있다. 가우스는 식 m과 n이 정수일 때의 수 $m + n / \sqrt{-1}$에 대해 다루며 이 '가우스 정수' 중에 어떤 것들이 소수가 되는지 연구했다. 그는 이러한 수들이 자연수처럼 오직 한 가지 방법을 통해 소수로 인수 분해될 수 있음을 증명했다. 그러나 $m + n / \sqrt{10}$의 형태로 나타낼 수 있는 수는 그러한 결과가 나오지 않는다. 예를 들자면 다음 수식에서

$$6 = 2 \cdot 3 = (2 + \sqrt{10})(-2 + \sqrt{10})$$

$2, 3, 2 + \sqrt{10}$과 $-2 + \sqrt{10}$는 모두 소수임을 증명할 수 있고 따라서 한 가지 방법으로만 소수로 인수 분해할 수 있다는 주장은 거짓이 된다. 칸토어의 친구였던 데데킨트와 그의 반대자 크로네커는 고유한 인수 분해를 가능케 하는 방법인 '소 아이디얼prime ideal'을 사용했다. 힐베르트는 친구 후르비츠와 산책하며 이들의 서로 다른 방식에 대해 논의를 하며 둘 다 조악하다고 결론 내렸다. 반대로 힐베르트가 〈Zahlbericht (수론 보고서)〉에서 보인 방식은 이보다 명쾌하다.

[6] Hilbert(1935/1970, pp. 400, 401)

[7] 제한된 강연 시간 동안 힐베르트는 23개의 문제를 모두 소개할 수 없어서 선택한 몇 개만 소개했다. 매리 윈스톤 뉴손이 영어로 번역한 문제 23개에 대한 전체 강연 원고는 Browder(1976, pp. 1-34)를 참고하기 바란다.

[8] Browder(1976)를 참고하기 바란다. 나는 10번째 문제에 관한 글의 공

동 저자였다.

[9]　전체 인용은 4장을 참고하기 바란다.

[10]　van Heijenoort(1967, pp. 129-138)

[11]　푸앵카레의 칸토어, 힐베르트, 러셀에 대한 비판은 Poincaré(1952, Chap-
　　　ter III)를 참고하기 바란다.

[12]　러셀의 '정교하고 복잡한' 계층을 나타내는 공식적인 용어는 '타입 분기
　　　이론ramified theory of types'이다.

[13]　프레게의 《개념표기》와 마찬가지로 《수학 원리》에서도 기호 $A \supset B$와
　　　A를 사용해 B가 도출되는 것을 보였고 이것이 가장 중요한 추정의 원
　　　칙이었다. 프레게는 이에 대해 매우 명확하지만 화이트헤드와 러셀은
　　　규칙을 '기초적 명제'로 표현함으로써 의미를 흐릿하게 만들었다. 즉,
　　　참인 명제가 암시하는 모든 것이 참이었다. (Whitehead and Russell,
　　　1925, p. 94)

[14]　Brouwer(1996)

[15]　브라우어의 박사 학위 논문은 네덜란드어로 쓰여져 있다. 영어 번역
　　　본은 Brouwer(1975, pp. 13-97)에서 찾을 수 있다.

[16]　van Stigt(1990, p. 41)

[17]　이 인용은 브라우어의 박사 학위 논문(Brouwer, 1975, p. 96)에서 발
　　　췌했다.

[18]　참고 2에서 쓰인 비 구성적 증명법에서는 'q는 유리수이거나 무리수 둘
　　　중 하나다'를 선언하며 배중률이 쓰였다.

[19]　바일은 이른바 비 서술적impredicative 정의를 사용한 칸토어와 데데킨트
　　　의 연구에 불만을 가졌다. 어떤 개념을 정의하기 위해 집합을 사용하는
　　　데 그 개념 자체가 그 집합의 원소인 경우를 비서술적 정의라고 한다.
　　　수학적인 개체가 하나하나씩 '만들어지는' 세상의 관점에서는 이러한
　　　정의는 받아들일 수가 없다. 왜냐하면 집합이 그 안의 원소보다 먼저
　　　만들어질 수는 없기 때문이다. 이와 반대의 철학적 관점도 존재한다.

이 관점에 따르면 수학적 개체들은 이미 다 만들어진 상태이고 개체를 정의 내린다는 의미는 단순히 존재하는 개체들을 불러내는 것이다(예를 들어 '마틸다는 그 방에서 가장 키가 큰 사람이다'라는 문장으로 특정하는 것이다). 이러한 철학적 관점은 플라톤주의라 부르고 바일은 이를 받아들이지 않았다.

[20] 인용문은 1922년 연설에서 발췌했다. 코펜하겐에서 처음 발표했고, 그 다음 함부르크에서 연설한 내용이다. 힐베르트의 열띤 문장들과 그 당시 사회적 정황의 연결점에 대해 지적해 준 월터 펠처에게 감사를 표한다. 전체 연설(영어 번역본)은 Mancosu(1998, pp. 198-214)를 참고하면 된다. 내 번역은 의미는 정확하지만 그 원문에 담긴 열띤 감정은 다 담아내지 못한 것 같다. 조금 더 의미를 잘 전달하기 위해서 원문(Hilbert, 1935/1970, pp. 159-160)과 여러 가지 다른 번역본을 참고했다.

[21] Reid(1986, pp. 137-138, 144, 145) 독일 지식인들이 선언문을 작성한 배경을 이해하려면 Tuchman(1962/1988, p. 322)을 참고하기 바란다.

[22] Reid(1986, p. 143)

[23] Hilbert(1935/1970, p. 146)(저자의 번역)

[24] 힐베르트의 프로젝트는 Mancosu(1998, pp. 149-197)에 포함된 흥미로운 에세이에 나와 있다. 또한, 힐베르트의 생각이 어떻게 발전했는지는 공개되지 않은 문서를 활용해 깊이 있게 토의하고 분석한 Sieg(1999)를 보면 알 수 있다. 베르나이스의 공헌에 대해 흥미로운 이야기들은 Zach(1999)을 참고하기 바란다. 폰 노이만이 이야기한 반증에 대해서는 Mancosu(1998, p. 168)를 참고하면 된다. 힐베르트가 '유한한' 방법들이라고 설명한 것들에 대해 분명하게 정의한 적은 없다고 보는 게 맞지만 일반적으로 그가 생각한 것들은 브라우어르가 인정할 수 있는 방법보다 더 제한적이었다고 알려져 있다.

[25] van Heijenoort(1967, p. 373)

[26] van Heijenoort(1967, p. 376)

[27]   van Heijenoort(1967, p. 336)

[28]   Reid(1986, p. 187)

[29]   van Stigt(1990, p. 272)

[30]   van Stigt(1990, p. 110)

[31]   van Stigt(1990, pp. 285-294); Mancosu(1998, pp. 275-285)

[32]   Intuitionistic logic in computer science(Constable, 1986)

[33]   Hilbert(1935/1970, pp. 378-387)

[34]   Dawson(1997, p. 69)

6장

[1]   괴델이 아이젠하워에게 투표한 것과 아인슈타인의 반응은 Dawson
      (1997, p. 209)을 참고하기 바란다. 운 좋게도 이 훌륭한 괴델 전기를 구
      할 수 있었다. 그리고 나는 짧은 해설집(Weingartner and Schmetterer,
      1983)을 참고했는데, 1983년 잘츠부르크에서 열린 괴델에 대한 심포지
      엄을 바탕으로 만들어진 책자다(초대자가 제한되었는데 나는 참석할
      수 있는 특혜를 받았다). 괴델과 아주 가까운 친구였던 게오르그 크라
      이슬러가 쓴 추모 회고록(Kreisel, 1980)에는 재미있는 이야기들이 있
      다. 그러나 아쉽게도 내용의 전부를 믿을 만한 것은 아니다. 논리학자
      솔로몬 피터만이 지은 괴델의 전기는 Gödel(1986/1990, vol.I,
      pp. 1-36)에서 찾을 수 있다.

[2]   Gödel(1986/1990, vol. III, pp. 202-259)

[3]   Dawson(1997, pp. 58, 61, 66)

[4]   Weingartner and Schmetterer(1983, p. 27)

[5]   '프레게-러셀-힐베르트의 기호 논리'라는 문구는 지나치게 단순화한 것

이다. 현대에 일차 논리라 알려져 있는 힐베르트가 뽑아낸 논리 규칙들은 프레게와 러셀이 만든 체계의 일부분에 불과하다.

[6] 괴델이 이야기한 논리학자들이 눈이 멀어 있던 상황은 Dawson(1997, p. 58)을 참고하기 바란다. 괴델의 박사학위 논문 전체와 그것을 바탕으로 한 다른 글들은 Gödel(1986/1990, vol. I, pp. 60-123)에서 찾아볼 수 있다(원 독일어와 영어 번역 모두). 버튼 드레벤과 장 반 헤이어누르트가 논문을 소개하는 글은 44-59쪽에 있고 독자들이 이해하는 데 도움이 될 것이다.

[7] 힐베르트가 메타수학에서 주장한 유한의 방법은 흔히 '직관주의적'이라고 표현되지만 힐베르트가 생각했던 것은 브라우어르가 주장하는 것보다 더 제한된 방법들이었을 것이다. 이 문제에 대해서는 Mancosu (1998, pp. 167-168)를 찾아보기 바란다.

[8] Gödel(1986/1990, vol. I, p. 65)

[9] 그렇게 중요한 차이는 아니지만 괴델이 사용했던 코딩 방법에서는 십진수의 숫자를 사용하지 않았다. 대신 그는 자연수를 소수로 인수 분해하는 것은 한 가지 방법밖에 없다는 사실을 이용했고 각각 기호에 할당하기 위한 숫자로 소수들의 인수를 사용했다. 간단한 예제가 이 차이를 분명하게 설명할 것 같다. 본문에 사용한 코드 방법으로는 문자열 $L(x, y)$를 자연수 186079로 변환할 수 있다. 괴델이 사용한 방법에서는 코드의 숫자가 $2^1 \, 3^8 \, 5^6 \, 7^0 \, 11^7 \, 13^9$가 된다.

[10] 이 신기원을 연 논문은 여러 가지의 영어 번역이 있다. (괴델 역시 승인한) 가장 뛰어난 번역은 Gödel(1986/1990, vol. I, pp. 144-145)(독일어 원문과 함께 나열한 쪽)과 van Heijenoort(1967, pp. 596-616)에서 찾을 수 있다. 괴델이 그의 불완전성 이론을 발견한 이야기를 더 알고 싶은 독자는 Dawson(1997, p. 61)를 참고하기 바란다.

[11] '진실'처럼 철학적으로 의미가 있는 단어 사용을 피하기 위해 괴델은 그가 오메가 일관성Omega Consistency이라고 부른 특별하게 고안된 더 강력

한 일관성의 성질을 이용했다. 그래서 괴델의 정리를 더 정확하게 이렇게 표현할 수 있다. PM이 오메가 일관성을 갖는다면 U와 $\neg U$ 모두 PM 안에 증명이 불가능한 명제 U가 존재한다. 몇 년 후 J.B. 로서는 오메가 일관성의 가정을 일반적인 일관성으로 대체할 수 있음을 보여서 괴델의 정리를 더 발전시켰다. 그 몇 년간의 과정에서 이루어진 비슷한 수학적 연구들 (특히 다음 장에서 다루는 앨런 튜링의 발견) 때문에 괴델의 발견을 이렇게 좀 더 충실하게 표현할 수 있다. '어떤 공리가 PM에 더해진다 하더라도 그 공리가 알고리즘으로 표현되어 있고 모순(즉, $A \wedge \neg A$와 같은 명제)을 일으키지 않는다면, 그 체계에는 결정불가능 명제 U가 존재한다.'

[12] PM의 일관성을 PM 내부에서 어떤 방법으로도 증명이 불가능하다고 괴델이 입증한 이후 사람들은 자연스레 힐베르트의 목표였던 제한된 유한의 방법을 사용해 일관성을 증명하는 것이 불가능하다고 생각했다. 분명히 폰 노이만은 그렇게 결론지었다. 하지만 괴델은 그렇게 확신하지 않았다. 괴델이 가졌던 희망은 PM에서 '유한한' 방식이라고 인정할 수 없는 다른 증명 방법이 일관성을 증명할 수 있지 않을까 하는 것이었다. 괴델의 발견 이후에 수십 년간 그런 증명이라고 주장하는 여러 가지 기법들이 만들어졌다. 결과적으로 힐베르트의 증명 이론은 계속해서 한 연구 분야로 지속되어 왔다. 그러나 체제의 일관성을 제공할 수 있는 결정적인 이론은 거의 없다고 할 수 있다.

[13] 소프트웨어 업계에서 일반적으로 사용하는 프로그래밍 언어들 (예를 들어 C나 FORTRAN)은 명령형 언어라고 부른다. 왜냐하면 이들 언어로 구현된 프로그램은 한 줄 한 줄이 컴퓨터가 수행해야 할 명령어와 같은 것이기 때문이다. C++과 같은 객체지향 언어 역시 명령형 언어다. 반면 함수형 언어(LISP 같은)들은 프로그램의 한 줄 한 줄이 연산을 정의한 것이다. 컴퓨터에게 무엇을 수행할지 명령하는 것이 아니라 컴퓨터가 제공해야 할 것들을 정의한 것이다. 괴델의 특별한 언어는 함수형 언어

와 아주 비슷하다.

[14] PA 체계를 예제로 해서 이전에 소개한 코딩 기법을 사용해 어떻게 메타 수학의 개념들이 실제 계산으로 변환할 수 있는지 확인할 수 있다. 첫 번째 가능한 질문은 '문자열을 코딩한 십진 숫자 코드가 주어졌을 때, 그 문자열의 길이는 얼마일까?' 우리가 하나의 문자 기호마다 두 개의 십진 숫자로 표현하기로 했으니까 답은 간단하다. 코드의 십진법 숫자 길이의 절반이 문자열의 길이가 된다. 숫자 코드 r에 대해 $L(r)$이 매칭 되는 문자열의 길이라고 쓰자. 그다음 두 개의 문자열이 있으면 문자열을 서로 연결해서 또 다른 새로운 문자열을 만들어 낼 수 있다. 그럼 두 개 문자열의 숫자 코드가 r과 s라면 새로운 문자열의 코드는 무엇이 될까? 답은 공식 $r10^{2L(S)} + s$로 나타낼 수 있다. 그 이유는 r을 10의 지수만큼 곱하는 것은 s에 있는 숫자 코드의 개수만큼 숫자 0을 r 다음에 붙이는 것과 같기 때문이다. 괴델이 만든 규칙을 따라 우리는 이를 $r*s$라고 다시 쓸 수 있다. 이제 r과 s가 두 개 문자열의 코드라고 가정하자. 두 개 문자열을 붙이며 그 사이에 새로운 기호 ⊃을 넣고 붙여진 문자열에 괄호를 붙인다면 이 문자열에 해당하는 코드는 무엇이 될까? 주어진 코딩 테이블을 참고하면 답은 $41*r*10*s*42$이 된다. 이와 같은 방식으로 문자열을 다루는 더 복잡한 수학 문제들을 숫자 연산으로 변환할 수 있다.

[15] 중국인의 나머지 정리 기원은 11세기 중국으로 거슬러 올라간다. 정리는 다음과 같은 문제를 풀면 알 수 있다. 6으로 나누면 나머지가 2가 남고 11로 나누면 나머지가 5가 남는 숫자를 찾아라. 조금 계산을 해보면 그 숫자는 38이라는 것을 알 수 있다. 중국인의 나머지 정리는 주어진 수를 다른 주어진 수로 나눌 때, 두 수에 (1을 제외한) 공통 요소가 없는 경우라면 항상 남은 수를 나머지로서 찾을 수 있음을 보장하는 정리다. 예를 들어 3, 7, 10, 11로 나눌 경우 1, 4, 8, 9의 나머지가 생기는 수가 반드시 존재한다. 그러나 수 7을 14로 바꿀 경우 그런 보장이 더 이상

성립되지 않는다(왜냐하면 14와 10 사이에는 공통 인수 2가 있기 때문이다). 괴델은 중국인의 나머지 정리를 코딩하는 장치로 사용했다. 긴 숫자로 만들어지는 수를 공통 인수가 없는 분모들의 집단과 나누어지게 되는 수로 표현했다. '나머지'는 기본 산술에서 쉽게 정의할 수 있기 때문에 이 언어에서 나열된 자연수 간의 관계를 표현하는 데 사용할 수 있다.

괴델이 중국인의 나머지 정리를 사용해 유한한 자연수의 나열을 코딩한 이 기술은 훗날 내 연구에서도 중요한 역할을 했다. (프린스턴 대학에서 1950년에 수여된) 박사 학위 논문의 연구 일부로 나는 힐베르트의 1900년 문제들 중 10번째 문제에 대해 연구했다. 그리고 중국인의 나머지 정리는 부분적으로 중요한 결과를 얻는데 아주 주효했다. 훗날 힐러리 퍼트넘과 줄리아 로빈슨과 함께 한 연구에서 이 정리가 아주 중요하게 사용됐다. 힐베르트의 10번째 문제를 최종적으로 해결한 마지막 단계는 1970년 22세의 러시아 수학자였던 유리 마티야세비치가 제공했다. 이 문제에 관심이 있는 독자들은 일반 대중을 위해 쓰인 글 Davis and Hersh(1973)를 참고하기 바란다.

[16] 카르나프, 헤이팅, 폰 노이만의 쾨니히스베르크 회의 발표 전문은 Benacerraf and Putnam(1984, pp. 41-65)에서 찾을 수 있다.

[17] 쾨니히스베르크의 원탁토론에서 괴델이 발표한 전문(독일어와 영어 번역 모두)과 존 도슨의 이해를 돕는 설명은 Gödel(1986/1990, vol.I, pp. 196-203)에서 찾을 수 있다. 또한 Dawson(1997, pp. 68-71)을 참고해도 좋다.

[18] Dawson(1997, p. 70)

[19] Goldstine(1972, p. 174)

[20] 이 연구들은 아주 큰 초한 기수를 다루고, 이 책이 다루는 주제에서 많이 벗어난다. 대표적인 회의론자의 흥미로운 글은 Feferman(1999)을 참고하기 바란다.

[21]   Dawson(1997, pp. 32-33, p. 277)

[22]   Dawson(1997, p. 34)

[23]   Dawson(1997, p. 111)

[24]   Weingartner and Schmetterer(1983, p. 27)

[25]   이 결과들 중 브라우어르의 제자 헤이팅이 브라우어르의 핵심적인 아
        이디어를 담기 위해 만든 논리 체계와 관련 있는 내용이 가장 흥미롭
        다. 브라우어르는 그의 개념을 정확히 담아낼 수 있는 정규 언어는 없
        다고 믿고 있었지만 헤이팅이 만든 체계에는 마지못해서라도 관심을
        표명했다. 헤이팅의 체계 중 하나인 HA_Heyting arithmetic는 PA와 아주 유
        사하지만 논리의 기본을 이루는 규칙은 프레게의 규칙 대신 브라우어
        르가 납득할 만한 견해들로 이루어져 있었다. 특별히 배중률_law of ex-
        cluded middle은 HA에 포함되지 않았다. 괴델이 발견한 것은 PA를 HA로
        변환할 수 있는 간단한 방법이었다. 직관주의가 전통적인 수학에 비해
        서 범위가 좁다는 일반적 인식에 반해서 이 결과는 직관주의가 전통적
        인 수학을 포함할 수 있다는 의미가 내포되어 있었다. HA의 일관성에
        대한 증명은 즉시 PA의 일관성에 대한 증명으로 바꿀 수 있었다.

[26]   람다 대수의 알고리즘은 특별한 종류의 연산을 사용한다. 간단히 예를
        들면 람다 함수 $\lambda x[a(x)]b(c)$는 $a(b(c))$의 결과를 만든다. 직관적으로
        $\lambda x[a(x)]$ 표현은 x를 주어진 입력값으로 바꾸어 주는 함수 표현이라는
        것을 알 수 있고 이를 통해 값 $b(c)$를 얻었다. 자연수를 다루는 함수는
        람다 대수로 표현되는 값이 이러한 연산의 배열로 이루어진 알고리즘
        으로 계산할 수 있을 때 람다 정의 가능이라고 부를 수 있다.

[27]   주어진 자연수의 다음 수를 나타내는데 부호 ◇를 위 첨자로 사용하자.
        즉, $1^\diamond = 2$, $4^\diamond = 5$ 이렇게 표현하면 된다. 자연수의 덧셈을 재귀적_recur-
        sive으로 정의하려면 두 가지를 보여야 한다. 첫째, 주어진 수에 1을 더
        한 결과와 둘째, 주어진 수의 다음 수에 또 다른 수를 더한 결과를 보여
        주는 것이다. 다음과 같은 공식으로 보일 수 있다.

$$x + 1 = x^\circ, x + y^\circ = (x + y)^\circ$$

이 공식은 어떤 자연수의 짝이든 그들의 합을 계산해 낼 수 있다. 예를 들어

$$3 + 2 = 3 + 1^\circ = (3 + 1)^\circ = (3^\circ)^\circ = 4^\circ = 5$$

그다음으로 다음의 식을 생각해 보자.

$$x \times 1 = x, x \times y^\circ = x \times y + x$$

이것은 곱셈을 재귀적으로 정의할 때 사용한다. 이 정의와 이전의 덧셈 정의를 함께 사용하면 두 개의 자연수를 곱할 수 있다. 예를 들어

$$2 \times 2 = 2 \times 1^\circ = (2 \times 1) + 2 = 2 + 2 = 2 + 1^\circ = (2 + 1)^\circ = (2^\circ)^\circ = 3^\circ = 4$$

(클레이니가 원시 재귀 함수라고 다시 이름 지은) 괴델의 기존 재귀 함수 집단은 단순히 이러한 재귀적인 정의를 연속으로 사용해서 만들어졌다.

힐베르트의 제자 중 한 명인 빌헬름 아커만은 두 개 변수의 값을 동시에 증가시키는 재귀적인 정의를 사용해서 원시 재귀가 아닌 함수를 정의할 수 있다는 것을 보였다. 그러한 '갑절의 재귀double recursive'의 좀 더 단순한 예는 헝가리의 수학자 로자 페테르가 발견했는데, 아커만 함수라고 잘못 알고 있는 경우가 많다. 아커만의 원래 예와 페테르의 함수는 모두 일반 재귀 함수지만 원시 재귀 함수는 아니다. 페테르의 재귀 함수는 1이 아닌 0으로 시작하고 공식은 다음과 같다.

$$g(0, y) = y + 1$$
$$g(x^\circ, 0) = g(x, 1)$$
$$g(x^\circ, y^\circ) = g(x, g(x^\circ, y))$$

예를 들면 $g(1, 2)$를 다음과 같이 계산할 수 있다.

$$
\begin{aligned}
g(1, 2) &= g(0, g(1, 1)) \\
&= g(0, g(0, g(1, 0))) \\
&= g(0, g(0, g(0, 1))) \\
&= g(0, g(0, 2)) \\
&= g(0, 3) \\
&= 4
\end{aligned}
$$

이 함수는 아주 빠르게 증가한다. 예를 들어 원시 재귀 함수 $x^{x^{x^x}}$보다 증가 속도가 빠르다. $g(4, 3) = 2^{65536} - 3$의 값이 되고 이 수는 전체 측정 가능한 우주의 모든 원소들의 수를 합친 것보다 크다. 일반 재귀 함수의 정의는 이러한 갑절의 재귀 함수보다 훨씬 더 복잡할 수 있다. 그럼에도 클레이니는 다음과 같은 사실을 증명했다. 모든 일반 재귀 함수 $f(x_1, x_2, \cdots, x_n)$에 대해 원시 재귀 함수 $g(x)$와 $h(x_1, x_2, \cdots, x_n)$가 존재하고

$$
f(x_1, x_2, \cdots, x_n) = g(\min_y[h(x_1, x_2, \cdots, x_n, y) = 0])
$$

여기에서 표기가 암시하듯이 $\min_y[h(x_1, x_2, \cdots, x_n, y) = 0]$은 주어진 x_1, $x_2, \cdots, x_n$에 대해 $h(x_1, x_2, \cdots, x_n, y) = 0$으로 만드는 y의 가장 작은 값이 된다.

[28] Church(1936)

[29] Dawson(1997, pp. 103 - 106)

[30] Weingartner and Schmetterer(1983, p. 20)

[31] Dawson(1997, p. 142, 146)

[32] Dawson(1997, p. 91)

[33] Dawson(1997, p. 147)

[34] Dawson(1997, pp. 143 - 145, 148 - 151)

[35]   Dawson(1997, p. 153)

[36]   Browder(1976, p. 8)

[37]   좀 더 정확하게 말하자면 괴델의 증명은 PM이나 집합론의 공리를 바탕
        으로 만들어진 체계가 일관적이라면 연속체 가설이 새로운 공리로 추
        가되었을 때에도 일관적이어야 한다는 것이다. 즉, 그러한 체계들이 일
        관적이라면 연속체 가설은 거짓이라고 증명할 수가 없다.

[38]   이 전투는 여전히 계속되고 있다. 저명한 논리학자 솔로몬 페퍼만은
        Feferman(1999)에서 연속체 가설이 '완전히 모호'하다는 입장을 취하고
        있다. 처음에는 주저했지만 괴델은 시간이 지나면서 결국 연속체 가설
        이 모호하지 않다고 확신하게 되었다. 가설의 질문은 완전히 의미 있고
        답은 거짓으로 드러나리라 믿었다.

[39]   Gödel(1986/1990, vol. II, pp. 108, 186)

[40]   Gödel(1986/1990, vol. III, pp. 49-50)

[41]   Gödel(1986/1990, vol. II, pp. 140-141)

[42]   Gödel(1986/1990, vol. III) 괴델의 출간되지 않은 대부분 글을 담고 있
        다.

[43]   괴델이 후임자로 로빈슨을 원했다는 사실은 Dauben(1995, p. 458)을
        참고하면 된다. 인용한 편지는 Dauben(1995, pp. 485-486)에서 가져
        왔다.

[44]   Dawson(1997, pp. 153, 158, 179-180, 245-253)

7장

[1]   Huskey(1980, p. 300)

[2]   Ceruzzi(1983, p. 43)

[3] 앤드류 호지스가 쓴, 가슴 아프면서도 잘 다듬어진 튜링의 전기(Hodges, 1983)를 읽을 수 있던 건 행운이었다.

[4] Hodges(1983, p. 29)

[5] 튜링은 죽은 친구에 대해 갖고 있던 감정을 이렇게 표현했다. 튜링은 '크리스토퍼가 밟았던 자리마저 경모했다' 그리고 '그는 다른 모든 아이들이 평범해 보이도록 만들었다.' (Hodges, 1983, p. 35, p. 53)

[6] Hodges (1983, p. 57)

[7] Hodges (1983, p. 94)

[8] 실제로 힐베르트는 결정 문제를 정확히 그런 식으로 정의하지는 않았다. 그는 주어진 1차 논리식이 모든 가능한 해석에 합당한지를 결정하고자 했다. 그러나 괴델이 힐베르트의 완전성 정리를 증명한 후 책에서 설명한 방식의 문제가 힐베르트가 제시한 문제와 동일하다는 것이 분명해졌다.

[9] 결정 문제를 해결하는 데에는 프리넥스 정규식prenex formulas이라는 공식이 사용됐다. 이 공식은 논리 기호들인 ¬⊃∧∨∃∀를 포함하고 중요한 규칙은 존재 한정자(∃)와 전체 한정자(∀)가 공식 시작 부분(왼쪽에서 오른쪽으로 읽을 때)의 다른 모든 기호보다 앞에 위치한다는 것이다. 일반적인 결정 문제는 주어진 프리넥스 정규식을 충족시킬 수satis-fiable 있는지, 즉 주어진 공식의 비논리 기호들을 해석해서 문장을 참으로 만드는 방법이 존재하는지를 결정하는 알고리즘으로 축소시킬 수 있다. 이 개념을 설명하기 위해 다음의 프리넥스 공식을 살펴보자.

$$(\forall x))(\exists y)(r(x) \supset s(x,y)),$$
$$(\forall x)(\exists y)(q(x) \wedge \neg q(y))$$

첫 공식은 충족시킬 수 있다. 즉, 변수 x, y를 아직 살아 있는 사람들이라고 가정하고 $r(x)$는 '일부일처제하에서 결혼한 남자' 그리고 $s(x, y)$

는 'x와 결혼한 여자 y'라고 설정한다. 그렇다면 첫 번째 프리넥스 공식은 간단히 '모든 일부일처제하에서 결혼한 남자는 아내가 있다'는 참으로 판단할 수 있는 문장이 된다. 반면에 두 번째 문장은 충족시킬 수 없다. 기호 q를 어떤 방식으로 해석하든 상관없이 모든 사람은 q로 나타낼 수 있다고 말하면서 그중에 몇몇은 q로 나타낼 수 없다고 말하는 모순이 되기 때문이다.

프리넥스 정규식은 존재 한정자와 전체 한정자가 시작되는 특정 패턴에 따라 분류될 수 있다. 예를 들어 ∀∃∀ 집단은 (∀..)(∃..)(∀..) 형태로 시작되는 모든 프리넥스 정규식의 집합을 이야기한다. 쿠르트 괴델은 1932년 출간된 논문에서 다음과 같은 패턴으로 시작하는 모든 프리넥스 정규식의 충족 여부를 결정할 수 있는 알고리즘을 발표했다.

$$∀∀∃...∃$$

그리고 1년 후에는 결정 문제를 해결하기 위해서 다음과 같은 패턴으로 시작하는 모든 프리넥스 정규식의 충족 여부를 결정하는 알고리즘이 있으면 충분하다고 증명했다.

$$∀∀∀∃...∃$$

그래서 결정 문제를 해결하기 위한 마지막 징검다리로 단 하나의 전체 한정자(∀)만 해결하면 되는 것이었다.

괴델이 쓴 관련 논문은 (독일어 원문과 영어 번역본 모두) Gödel(1986/1990, vol. I, pp. 230-235, 306-327)을 참고하면 된다. 같은 책 페이지 226-231에 수록된 워렌 골드팝의 훌륭한 서문은 이 문제의 초창기 연구에 대해 소개했다.

[10]   Hodges(1983, p. 93)

[11]   튜링이 이 부분에 대해 논의했을 때는 좀 더 조심했다. (Turing, 1936,

pp. 250-251) (재판: Davis(1965, pp. 136-137); Turing(2001, pp. 18-19); Copeland(2004, pp. 75-77))

[12] 결정 문제 해결이 불가능함을 책의 설명처럼 증명할 수는 있지만 십진법으로 쓰인 정수를 처리하는 튜링 기계의 구조를 만들어 내는 건 아주 복잡하다. 튜링이 실제로 사용한 방법을 이해하기 위해, 우리는 우선 테이프가 완전히 비워진 튜링 기계가 결국에 멈추는지 여부를 가려내는 게 불가능하다는 점을 보여 준다. 예를 들어 그런 알고리즘이 있다고 가정을 하자. 그럼 집합 D의 원소 여부를 결정하는 알고리즘을 이렇게 만들 수 있다. 어떤 코드 숫자 n이 집합 D에 포함하는지 결정하는 튜링 기계 T가 입력값 n을 가지고 수행하는 5-튜플식을 만든다. 그리고 다음으로 숫자 n을 튜링 기계의 테이프 위에 기록하는 다른 5-튜플식을 쓴다. 그리고 이 두 개의 5-튜플식을 결합해서 새로운 튜링 기계를 만든다. 이 튜링 기계는 첫 단계에 숫자 n을 테이프에 쓰고 그다음으로는 기계 T가 숫자 n을 입력값으로 해서 수행할 일을 자신이 대신한다 (즉, 함수를 호출하는 것과 같다). 그럼 완전히 비어 있는 테이프 상태에서 시작하는 이 기계는 오직 기계 T가 입력값 n에 대해서 멈출 때에만 자신도 멈추게 된다. 그리고 처음에 T를 정의한 대로 n이 집합 D에 속하지 않을 때에만 이 기계는 멈추게 된다. 그러므로 빈 테이프 상태에서 시작하는 튜링 기계가 최종적으로 정지하는지 여부를 결정하는 알고리즘은 집합 D의 원소 여부를 결정하는 데 쓰일 수 있다.

그다음으로 어떤 튜링 기계가 특정한 기호를 테이프 위에 한 번이라도 기록하는지 여부를 결정하는 문제 역시 해결이 불가능하다. 튜링 기계가 정지하는 경우는 기계의 F 상태에서 시작하는 5-튜플식은 없다는 사실로부터 간단히 유도할 수 있다. 기계의 5-튜플식에 나타나지 않은 새로운 기호 X를 만들어 보자. 그리고 튜플식에 다음 5-튜플을 하나 더 추가한다.

$$F\,a : X \star F$$

이 식에 쓰인 기호 a는 기존의 5-튜플식에 쓰인 어떤 기호로 대체해도 괜찮다. 이 새로운 기계는 기존의 기계가 멈출 때에만 새로운 기호 X를 테이프에 쓴다. 그러므로 위의 두 가지 튜링 기계를 조합하면 우리는 튜링 기계가 테이프가 비어 있는 상태에서 시작해서 어떤 특정한 기호를 쓰는지 여부를 결정하는 알고리즘은 존재하지 않는다고 유도할 수 있다. 이것이 바로 튜링이 1차 논리 언어로 표현한 문제로 이것을 통해 결정 문제가 해결 불가능하다는 것을 증명했다.

[13] Turing(1936, pp. 243-246) (Reprinted: Davis(1965, pp. 129-132); Turing(2001, pp. 31-34); Copeland(2004, pp. 69-72))

[14] Davis(1965, pp. 71-72), Davis(1982)

[15] 튜링의 학위 논문 재판본은 Davis(1965, pp. 155-222)를 확인하기 바란다. 튜링의 계층은 칸토어의 초한수 계층으로 이어진다고 말할 수 있다. 그래서 첫 번째, 두 번째 그리고 세 번째 논리 체계 이후에는 그 체계가 ω, 그리고 $\omega + 1$ 체계로 계속해 이어진다.

[16] Hodges(1983, p. 131)

[17] Hodges(1983, p. 124)

[18] Hodges(1983, p. 145) 콜모고로프와 차이틴의 복잡성 연구에 대해 알고 있는 사람들은 폰 노이만이 그런 비슷한 관점에서 이런 게임을 만들어 냈다고 생각할 수 있겠다.

[19] Hodges(1983, p. 545)

[20] 튜링의 조국 경비대에 관련된 흥미로운 이야기는 블레츨리 파크 시절 튜링의 동료였던 수학자 피터 힐튼이 회고했다(Hodges, 1983, p. 232).

[21] 이 작업은 분명 혼자서 하는 일이 아니었다. 아마도 가장 큰 공헌을 한 사람은 윌리엄 토머스 텃일 것이다. 텃 교수가 해결한 문제들과 튜링의 역할에 대한 설명은 다음 웹사이트에 설명되어 있다. *https://cryptocellar.org/tutte/tutte.html*

8장

---

[1]   M. Davis and V. Davis(2005)를 또한 참고하기 바란다.

[2]   이 인용은 Goldstine(1972, p. 22)을 참고하면 된다. 에이다 러브레이스
       에 관한 흥미로운 전기(Stein, 1987)에서는 그녀에 대한 일화들이 사실
       이 아니라 근거 없는 이야기라고 적기도 했다. 또한 M. Davis and
       V. Davis(2005) 역시 살펴보기 바란다.

[3]   Goldstine(1972, p. 120)

[4]   아타나소프의 계산 기계는 연립 선형 방정식을 푸는 데 쓰였다. 그러한
       문제의 예는 다음과 같다.

$$2x + 3y - 4z = 5$$
$$3x - 4y + 2z = 2$$
$$x - 3y - 5z = 4$$

그의 계산 기계는 최대 30개의 방정식에 30개의 서로 다른 변수를 풀
수 있었다.

[5]   Lee(1995, p. 44) 8장에서 소개한 사람들의 일대기는 이 책에서 많이 참
       고했다.

[6]   A. Burks and A. Burks(1981)

[7]   미분 해석기는 적분의 근삿값을 계산하는 모듈을 많이 포함하고 있었
       다. 에니악 역시 같은 계산을 하는 모듈을 포함했지만 에니악의 모듈은
       알려진 알고리즘을 사용해 더 정확히 계산할 수 있었다.

[8]   Goldstine(1972, p. 186, p. 188)

[9]   폰 노이만이 쓴 에드박의 보고서 최초 초안은 널리 읽혔고 큰 영향력을
       미쳤지만, 1981년에 와서야 그것도 폰 노이만의 업적에 대해 의심을 제
       기하는 한 책의 부록에 실려서 출간되었다(Stern (1981, pp. 177-246)).

Dyson(2012)을 참고해도 좋다.

[10] McCulloch and Pitts(1945/1965); Von Neumann(1963, p. 319)

[11] Goldstine(1972, p. 191)

[12] Randell(1982, p. 384)

[13] Goldstine(1972, p. 209); Knuth (1970)

[14] Von Neumann(1963, pp. 1-32)

[15] Von Neumann(1963, pp. 34-79)

[16] 폰 노이만의 업적을 축소시키고 튜링을 완전히 무시하는 연구들에 관해서는 Metropolis and Worlton(1980) 그리고 Stern(1981)을 참고하기 바란다. 에커트의 메모에 관한 (공학자의 '폭로'라고 표시된) 발췌는 Stern(1981, p. 28)에 나와 있다.

[17] Stern(1981)은 에커트-모클리가 상업화를 하며 겪은 우여곡절에 대해 논하고 있다.

[18] 인용한 에이스 보고서의 분석은 훌륭한 논문 〈Carpenter and Doran〉 (1977)에서 참고했다. 보고서 전체는 Turing(1992, pp. 1-86)에서 찾아볼 수 있다. 여러 해 동안 그 보고서는 등사판 인쇄물의 형태로 보급되어서 쉽게 읽을 수가 없었다.

[19] 튜링이 제안한 내용은 현대의 용어로는 스택을 사용해 서브 루틴을 관리하는 기능이다. 스택은 데이터를 LIFO(Last-in, First-out) 구조로 정렬한다. 이미 프로그램 되어 있는 서브루틴을 사용하려면 그 서브루틴을 사용한 후 어디로 다시 돌아가야 할지를 저장해야 한다. 그 서브루틴은 다른 서브루틴을 호출할 수 있기 때문에 이렇게 돌아가야 할 주소는 스택에 저장되어 있어야 한다. 튜링은 그림 그리듯 생생한 단어 '묻다(bury)'를 써서 돌아갈 주소를 스택에 넣는 것을 표현했고 '파내다(unbury)'는 스택의 맨 위에서 주소를 다시 꺼내는 것을 표현했다. (현대에는 PUSH와 POP이 사용된다.)

[20] Hodges(1983, p. 352)

[21]   Turing(1992, pp. 87-88); Copeland(2004, pp. 378-379)

[22]   Hodges(1983, p. 361). 튜링의 말은 Turing(1992, pp. 102-105)을 참고;
       Copeland(2004, pp. 392-394)

[23]   Metropolis and Worlton(1980); Stern(1981)

[24]   Goldstine(1972, pp. 191-192)

[25]   Turing(1992, p. 25)

[26]   Davis(1988)

[27]   Whitemore(1988)

[28]   Marcus(1974, pp. 183-184) 인용된 책은 엥겔스의 1844년 유명한 저서
       《영국 노동 계급의 상황》(라티오, 2014)이다.

[29]   Lavington(1980, pp. 31-47)

[30]   Goldstine(1972, p. 218)

[31]   Hodges(1983, p. 149)

9장

[1]   Turing(1992, p. 103); Copeland(2004, p. 392)

[2]   AAAS 회의에 참여한 컴퓨터 과학자들과 그들의 발표 제목은 아래와 같다.

　　　조셉 하펀Joseph Y. Halpern, 멀티 에이전트 시스템의 인식 논리
　　　포키온 콜라이티스Phokion G. Kolaitis, 컴퓨터 과학에서의 논리 개요
　　　크리스토스 파파디미트리우Christos Papadimitriou, 비유로서의 복잡도
　　　모쉐 바르디Moshe Y. Vardi, 불에서 펜티엄까지
　　　빅터 비아누Victor D. Vianu, 쿼리 언어로서의 논리

[3]   Lee(1995, p. 724)

[4]   Turing(1950). 개정판: Turing(1992, pp. 133-160); Copeland(2004, pp. 433-464) 튜링이 정확히 어떤 시험을 생각하고 있었는지에 대해서 그리고 기계가 이 시험을 '통과'하는 것의 중요성에 대해서 많은 논의가 있어 왔다. 나는 이 논의에 대해 의견을 내진 않겠다.

[5]   Turing(1950, p. 442) Reprinted: Turing(1992, p. 142); Copeland(2004, p. 449)

잭 코플랜드가 내게 지적한 대로 나는 이 책 이전 판 그리고 여타 다른 글들에서 튜링은 2000년까지 자신의 예견보다 더 높은 비율로 테스트를 통과할 거라고 예견했다고 조심스럽게 서술했다. 오늘날 기술로 목표 70%가 달성되었는지에 대해서는 언급하지 않겠다. '평범한 시험관'이라는 표현이 애매모호하기 때문이다. 그러나 나는 초등학교 아이 수준의 영어 회화 능력을 갖춘 컴퓨터 프로그램을 만드는 게 얼마나 어려운 일인지 튜링이 예견하지 못했다는 점은 지적하고 싶다. 내 생각에 컴퓨터는 아직 그 단계에 도달하지 못했고 분명 이 언어 능력이 있어야만 70%의 성공률을 의미 있게 도달할 수 있다. 그러나 이런 지적 때문에 나를 코플랜드가 Copeland et al(2017, p. 272)에서 말한 '튜링의 비판자'로 취급하면 안 된다. 내가 튜링과 그의 업적에 대해 써 왔던 글들에 비추어 이런 나의 언급을 비판으로 받아들이는 건 맞지 않다. 튜링 시대의 조악한 기술 수준을 고려하면 컴퓨터가 생각한다는 상상은 그와 같은 담대한 비전이 있는 사람만이 가능한 것이었다. 실제로 나는 컴퓨터 과학자와 컴퓨터 역사학자 사이에서 아직 무시되고 있던 튜링 아이디어의 중요성에 대해 강조했었다(Davis, 1988).

[6]   이 글 Searle(1999)에는 관련된 주제로 그가 쓴 다른 글에 대한 참고 문헌이 들어 있다. 여기에서 참고한 내용은 실제로는 레이 커즈와일이 쓴 유명한 책에 대한 리뷰였다. 나는 설에게 악평을 들었던 커즈와일의 생각을 변호하려는 게 아니다. 다만 그 글을 통해 설이 보여 준 관점을 이

책에서 요긴하게 참고했을 뿐이다. 커즈와일은 컴퓨터의 능력과 역할이 이루어질 미래가 대부분의 사람들이 과장이라고 여길 만큼 빨리 다가온다고 예언했다. 그는 컴퓨터와 사람 간의 공생 관계가 생겨서 사람이 불멸의 존재가 되는 시기가 다가올 것이고 2040년 안에 가능하리라고 예견했다.

[7]   McCulloch and Pitts(1945/1965)

[8]   뉴런으로 들어오는 각각의 입력 채널 값들을 전체 입력값으로 치환하는 함수는 선형적linear이다. 마찬가지로 영상 한 부분의 데이터를 다른 부분으로 치환하는 함수 역시 선형적이다. 그래서 이러한 수리 연산은 행렬 곱셈과 같이 학생들이 선형 대수 시간에 배우게 된다. GPU는 이런 연산을 빠르게 수행하도록 특화되었다.

[9]   튜링, 처치 그리고 그 외의 인물들이 알고리즘의 개념을 설파한 이후에야 괴델의 증명은 이런 식으로 재해석될 수 있었다.

[10] 펜로즈는 이와 같은 주장을, 일반인을 대상으로 해 흥미롭게 집필한 그의 책(Penrose, 1989)에서 처음으로 펼쳤다. 많은 논리학자가 그를 바꿔 보려 했지만 그는 잘못된 생각을 고치지 않았다. 이 주제에 관련해 내가 쓴 에세이는 Davis(1990)를 참고하기 바란다. Penrose(1990)에는 내 비평에 대한 그의 답이 담겨 있고 Davis(1993)에는 그의 답에 대한 나의 답변이 담겨 있다.

[11] 이 주제에 대한 더 많은 정보는 Gödel(1986/1990, vol. II, p. 297)을 참고하기 바란다.

[a]

Aiton, E. J., *Leibniz: a Biography*, Adam Hilger Ltd., Bristol and Boston, 1985.

[b]

Baker, G. P., and P. M. S. Hacker, *Frege: Logical Excavations*, Oxford University Press, New York; Basil Blackwell, Oxford, 1984.

Barret-Ducrocq, Francoise, *Love in the Time of Victoria*, Penguin Books, 1992. Translation by John Howe of *L'Amour sous Victoria*, Plon, Paris, 1989.

Bell, E. T., *Men of Mathematics*, Victor Gallancz London, 1937.

Bell, E. T., *Men of Mathematics*, Touchstone, Simon & Schuster, 1986.

Benacerraf, Paul and Hilary Putnam, (eds.) *Philosophy of Mathematics: Selected Readings*, 2nd Edition, Cambridge University Press, Cambridge, 1984.

Boole, George, *The Mathematical Analysis of Logic, Being an Essay towards a Calculus of eductive Reasoning*, Macmillan, Barclay and Macmillan, Cambridge, 1847.

Boole, George, *An Investigation of the Laws of Thought on which Are Founded the Mathematical Theories of Logic and Probabilities*, Walton and Maberly, London 1854; reprinted Dover, New York, 1958.

Boole, George, *A Treatise on Differential Equations*, 5th Edition, Macmillan, London, 1865.

Boolos, George, "Frege's Theorem and the Peano Postulates," *The Bulletin of Symbolic Logic*, vol. 1 (1995), pp. 317-326.

Bourbaki, Nicholas, Eléments d'Histoire des Mathématiques, Deuxième édition, Hermann, Paris 1969.

Britanica, *The Encyclopedia Britanica*, 11th Edition, Cambridge, 1910, 1911.

Brouwer, L. E. J., *Collected Works*, vol. I, edited by A. Heyting. North-Holland, Amsterdam 1975.

Brouwer, L. E. J., "Life, Art, and Mysticism," translated by Walter P. van Stigt, *Notre Dame Journal of Formal Logic*, vol. 37 (1996), pp. 389-429. Introduction by the translator, *ibid*, pp. 381-387.

Browder, Felix (ed.), "Mathematical Developments Arising from Hilbert's Problems," *Proceedings of Symposia on Pure Mathematics*, vol. XXVIII, American Mathematical Society, Providence, 1976.

Burks, Arthur W. and Alice R. Burks, "The ENIAC: First General-Purpose Electronic Computer," *Annals of the History of Computing*, vol. 3 (1981), pp. 310-399.

Bynum, Terrell Ward (ed. and trans.), *Conceptual Notation and Related Articles* by Gottlob Frege (with a biography, introduction, and bibliography by the editor), Oxford University Press, London, 1972.

[c]

Cantor, Georg, *Gesammelte Abhandlungen*, Ernst Zermelo, (ed.), Julius Springer, Berlin, 1932.

Cantor, Georg, Contributions to the Founding of the Theory of Transfinite Numbers, translated from the German with an introduction and notes by Philip E. B. Jourdain, Open Court, La Salle, IL, 1941.

Carpenter, B. E. and R. W. Doran, "The Other Turing Machine," *Computer Journal*, vol. 20 (1977), pp. 269-279.

Carroll, Lewis (pseud.), *Sylvie and Bruno*, MacMillan and Co., London 1890. Reprinted with an introduction by Martin Gardner, Dover Publications, New York, 1988.

Ceruzzi, Paul E., *Reckoners, the Prehistory of the Digital Computer, from Relays to the Stored Program Concept, 1933-1945*, Greenwood Press, Westport, CT, 1983.

Church, Alonzo, "An Unsovable Problem of Elementary Number Theory," *American Journal of Mathematics*, vol. 58, pp. 345-363. Reprinted: Davis (1965) pp. 89-107.

Constable, Robert L. et al., *Implementing Mathematics with the Nuprl Proof Development System*, Prentice-Hall, Englewood Cliffs, NJ, 1986.

Copeland, B. Jack (ed.), *The Essential Turing*, Oxford University Press, New York, 2004.

Copeland, B. Jack et al, *The Turing Guide*, Oxford, 2017.

Couturat, Louis, *La Logique de Leibniz d'Après des Documents Inédits*, F. Alcan, Paris, 1901. Reprinted: Georg Olms, Hildesheim, 1961.

Craig, Gordon A., *Germany 1866-1945*, Oxford University Press, Oxford, 1978.

[d]

Daly, Douglas C., "The Leaf that Launched a Thousand Ships," *Natural History*, vol. 105 no. 1 (January 1996), pp. 24-32.

Dauben, Joseph Warren, *Georg Cantor: His Mathematics and Philosophy of the Infinite*, Princeton University Press, Princeton, NJ, 1979.

Dauben, Joseph Warren, *Abraham Robinson: The Creation of Nonstandard Analysis, a Personal and Mathematical Odyssey*, Princeton University Press, Princeton, NJ, 1995.

Dauben, Joseph Warren, "The Battle for Cantorian Set Theory," in G. Van Brummelen and M. Kinyon, eds., *Mathematics and the Historian's Craft*, pp. 221-241, Springer, New York, 2005.

Davis, Martin (ed.), *The Undecidable*, Raven Press, New York, 1965. Reprinted: Dover, New York, 2004.

Davis, Martin, "Why Gödel Didn't Have Church's Thesis," *Information and Control* vol. 54 (1982), pp. 3-24.

Davis, Martin, "Mathematical Logic and the Origin of Modern Computers," in *Studies in the History of Mathematics*, pp. 137-165, Mathematical Association of America, Washington, DC, 1987. Reprinted in *The Universal Turing Machine - A Half-Century Survey*, Rolf Herken (ed.), pp. 149-174, Verlag Kemmerer & Unverzagt, Hamburg, 1988; Oxford University Press, New York, 1988.

Davis, Martin, "Is Mathematical Insight Algorithmic?" *Behavioral and Brain Sciences*, vol. 13 (1990), pp. 659-660.

Davis, Martin, "How Subtle is Gödel's Theorem? More on Roger Penrose," *Behavioral and Brain Sciences*, vol. 16 (1993), pp. 611-612.

Davis, Martin and Virginia Davis, "Mistaken Ancestry: The Jacquard and the Computer," *Textile*, vol. 3 (2005), pp. 76-87.

Davis, Martin and Reuben Hersh, "Nonstandard Analysis," *Scientific American*, vol. 226 (1972), pp. 78-86.

Davis, Martin and Reuben Hersh, "Hilbert's 10th Problem," *Scientific American*, vol. 229 (1973), pp. 84-91.

Davis, Martin, Ron Sigal, and Elaine Weyuker, *Computability, Complexity, and Languages*, 2nd Edition, Academic Press, New York, 1994.

Dawson, John W., Jr., *Logical Dilemmas: The Life and Work of Kurt Gödel*, A K Peters, Wellesley, MA, 1997.

Dummett, Michael, Frege: *Philosophy of Language*, 2nd Edition, Harvard University Press, Cambridge, MA, 1981.

Dyson, George, *Turing's Cathedral: The Origins of the Digital Universe*, Pantheon, New York, 2012.

[e]

Edwards, Charles Henry, Jr., *The Historical Development of the Calculus*, Springer, New York, 1979.

Edwards, Harold, *Kronecker's Place in History*, in: "History and Philosophy of Modern Mathematics," W. Aspray and P. Kitcher, eds., *Minnesota Studies in the Philosophy of Science*, vol. 11, University of Minnesota Press, Minneapolis, 1988.

Edwards, Harold, "Kronecker's Algorithmic Mathematics," *Mathematical Intelligencer*, vol. 31 (2009), pp. 11-14.

[f]

Feferman, Solomon, "Does Mathematics Need New Axioms?" *American Mathematical Monthly*, vol. 106 (1999), pp. 99-111.

Fisher, Joseph A., Paolo Faraboschi, and Cliff Young, *Embedded Computing: A VLIW Approach to Architecture, Compilers and Tools*, Morgan Kaufmann, San Francisco, 2005.

Frege, Gottlob, *Wissenschaftlicher Briefwechsel*, G. Gabriel, H. Hermes, F. Kambartel, C. Thiel, A. Veraart, Felix Meiner, (eds.) Felix Meiner,

Hamburg, 1976.

Frege, Gottlob, "Diary for 1924" from a typescript by Alfred Frege, edited
with an introduction by Gottfried Gabriel and Wolfgang Kienzler and
translated by Richard L. Mendelsohn, *Inquiry* vol. 39 (1996),
pp. 303-342.

Frege, Gottlob, "Über Sinn und Bedeutung," *Zeitschrift für Philosophie und
philosophische Kritik*, vol. 100 (1892), pp. 25-50. English translation in
Geach, Peter and Max Black (eds.), Blackwell, Oxford, 1952, 2nd
Edition, 1960.

Frege, Gottlob, "Rezension von: Georg Cantor. Zum Lehre vom
Transfiniten," *Zeitschrift fr Philosophie und philosophische Kritik*, new
series, vol. 100 (1892), pp. 269-272.

[g]

Geiss, Imanuel (ed.), *July 1914: The Outbreak of the First World War, Selected
Documents*, Charles Scribner, New York, 1967.

Gerhardt, C. I. (ed.), *Die Philosophischen Schriften von G. W. Leibniz*, 7 volumes,
photographic reprint of the original 1875-90 edition, Georg Olms,
Hildesheim, 1978.

Gödel, Kurt, *Collected Works*, Solomon Feferman et al. (eds.), Oxford
University Press, Oxford, vol. I, 1986, vol. II, 1990, vol. III, 1995.

Goldstine, Herman H., *The Computer from Pascal to von Neumann*, Princeton
University Press, Princeton, NJ, 1972.

Grattan-Guinness, I., "Towards a Biography of Georg Cantor," *Annals of
Science*, vol. 27(1971), pp. 345-391.

Grattan-Guinness, I., *The Search for Mathematical Roots, 1870–1940*, Princeton
University Press, 2000.

[h]

Heath, Sir Thomas L. (trans.), *Euclid's Elements with introduction and commentary*, vol. I. Dover Publications, New York, 1956.

van Heijenoort, Jean, *From Frege to Gödel*, Harvard University Press, Cambridge, MA, 1967.

Hilbert, D., and W. Ackermann, *Grundzüge der Theoretischen Logik*, Julius Springer, Berlin, 1928.

Hilbert, David, *Gesammelte Abhandlungen, Band III*, Springer, Berlin, 1935, 1970.

Hinsley, Francis H. and Alan Stripp (eds.), *Codebreakers: The Inside Story of Bletchley Park*, Oxford University Press, Oxford, 1993.

Hodges, Andrew, *Alan Turing: The Enigma*, Simon and Schuster, New York, 1983.

Hofmann, J. E., *Leibniz in Paris 1672 – 1676*, Cambridge University Press, London, 1974.

Huber, Kurt, *Leibniz*, Verlag von R. Oldenbourg, Munich, 1951.

Huskey, V. R. and H. D. Huskey, "Lady Lovelace and Charles Babbage," *Annals of the History of Computing*, vol. 2 (1980), pp. 299-329.

[k]

Kagan, Donald, *On the Origins of War and the Preservation of Peace*, Doubleday, New York, 1995.

Kinealy, Christine, "How Politics Fed the Famine," *Natural History*, vol. 105, no. 1 (January 1996), pp. 33-35.

Kluge, Eike HennerW. "Frege, Leibniz, et alia" *Studia Leibnitiana* vol. IX (1977), pp. 266-274.

Knuth, D. E., "Von Neumann's First Computer Program," *Computer Surveys*, vol. 2 (1970), pp. 247-260.

Kreisel, Georg, "Kurt Gödel: 1906-1978," *Biographical Memoirs of Fellows of the Royal Society*, vol. 26 (1980), pp. 149-224; corrigenda, vol. 27 (1981), p. 697.

Kreiser, Lothar, *Gottlob Frege: Leben–Werk–Zeit*, Felix Meiner, Hamburg 2001.

[l]

Lavington, Simon, Early British Computers, Digital Press, Bedford, MA, 1980.

Leavitt, David, *The Man Who Knew Too Much: Alan Turing and the Invention of the Computer*, Norton, New York, 2006.

Lee, J. A. N., *Computer Pioneers*, IEEE Computer Society Press, Los Alamitos, CA, 1995.

Leibniz, Gottfried W., "Dissertatio de Arte Combinatoria," in G. W. *Leibniz: Mathematische Schriften, Band* V, C. I. Gerhardt (ed.), pp. 8-79; photographic reprint of the original 1858 edition, Georg Olms, Hildesheim, 1962.

Leibniz, Gottfried W., "Letter from Leibniz to Galloys, December 1678," in G. W. *Leibniz: Mathematische Schriften, Band I*, C. I. Gerhardt (ed.), pp. 182-188; photographic reprint of the original 1849 edition, Georg Olms Verlagsbuchhandlung, Hildesheim, 1962.

Leibniz, Gottfried W., "Machina arithmetica in qua non additio tantum et subtraction set et multiplicato nullo, divisio vero pæne nullo animi labore peragantur," 1685. English translation by Mark Kormes in David Eugene Smith, *A Source Book in Mathematics*, pp. 173-181, McGraw-Hill, New York, 1929.

Lewis, C. I., *A Survey of Symbolic Logic*, Dover, New York, 1960. (Corrected version of Chapters I-IV of the original edition, University of California Press, Berkeley, CA, 1918.)

[m]

MacHale, Desmond, *George Boole: His Life and Work*, Boole Press, Dublin, 1985.

Mancosu, Paolo, *From Brouwer to Hilbert*, Oxford University Press, New York, 1998.

Mates, Benson, *The Philosophy of Leibniz: Metaphysics & Language*, Oxford University Press, New York, 1986.

McCulloch, W. S. and W. Pitts, "A Logical Calculus of the Ideas Immanent in Nervous Activity," *Bulletin of Mathematical Biophysics*, 5(1943), 115-133. Reprinted in McCulloch, W. S., *Embodiments of Mind*, pp. 19-39, MIT Press, Cambridge, MA, 1965.

Marcus, Steven, *Engels, Manchester, and the Working Class*W. W. Norton, New York, 1974.

Meschkowski, Herbert, *Probleme des Unendlichen*, Vierweg, Braunschweig 1967.

Meschkowski, Herbert, *Georg Cantor: Leben, Werk und Wirkung*, Bibliographisches Institut, Mannheim, 1983.

Metropolis, N. and J. Worlton, "A Trilogy of Errors in the History of Computing," *Annals of the History of Computing*, vol. 2 (1980), pp. 49-59.

[n]

von Neumann, John, *First Draft of a Report on the EDVAC*, Moore School of Electrical Engineering, University of Pennsylvania, Philadelphia, 1945. First printed in Stern (1981), pp. 177-246.

von Neumann, John, *Collected Works*, vol. 5, A. H. Taub (ed.), Pergamon Press, New York, 1963.

[p]

Parkinson, G. H. R., *Leibniz-Logical Papers*, Oxford University Press, New York, 1966.

Penrose, Roger, *The Emperor's New Mind*, Oxford University Press, London, 1989.

Penrose, Roger, "The Nonalgorithmic Mind," *Behavioral and Brain Sciences*, vol. 13 (1990), pp. 692-705.

Petzold,Charles, *The Annotated Turing: A Guided Tour through Alan Turing's Historic Paper on Computability and the Turing Machine*, Wiley, New York, 2008.

Poincaré, Henri, "L'avenir des Mathématiques," *Atti del IV Congresso Internazionale dei Matematici*, Rome 1909. pp. 168-182. Reprinted: Kraus, Nendeln, Liechtenstein.

Poincaré, Henri, *Science and Method*, Dover, New York, 1952.

Purkert, Walter, and Hans Joachim Ilgauds, in *Georg Cantor: 1845-1918, Vita mathematica*, vol. 1, Birkhauser, Stuttgart, 1987.

[r]

Randell, Brian (ed.), *The Origins of Digital Computers, Selected Papers*, 3rd Edition, Springer, New York, 1982.

Reid, Constance, *Hilbert-Courant*, Springer, New York, 1986. (Originally published by Springer as two works: *Hilbert*, 1970 and *Courant in Göttingen and New York: The Story of an Improbable Mathematician*, 1976.)

Rucker, Rudy, *Infinity and the Mind: The Science and Philosophy of the Infinite*, Birkhauser, Boston, 1982.

[s]

Schönflies, Arthur, "Die Krisis in Cantor's mathematischen Schaffen," *Acta Mathematica*, vol. 50, pp. 1-23.

Searle, John R., "I Married a Computer," *The New York Review of Books*, April 8, 1999, pp. 34-38.

Sieg, Wilfried, "Hilbert's Programs: 1917-1922" *Bulletin of the Association for Symbolic Logic*, vol. 5 (1999), pp. 1-44.

Siekmann, Jörg and Graham Wrightson (eds.), *Automation of Reasoning*, vol. 1, Springer, New York 1983.

Sluga, Hans, *Heidegger's Crisis: Philosophy and Politics in Nazi Germany*, Harvard University Press, Cambridge, 1993.

Stein, Doris, *Ada: A Life and a Legacy*, MIT Press, Cambridge, 1987.

Stern, Nancy, *From Eniac to Univac: An Appraisal of the Eckert–Mauchly Machines*, Digital Press, Bedford, MA, 1981.

van Stigt, Walter P., *Brouwer's Intuitionism*, North-Holland, Amsterdam, 1990.

Swoyer, Chris, "Leibniz's Calculus of Real Addition," *Studia Leibnitiana*, vol. XXVI (1994), pp. 1-30.

[t]

Tuchman, Barbara W., *The Guns of August, Macmillan*, New York, 1962, 1988.

Turing, Alan, "On Computable Numbers with an Application to the Entscheidungsproblem," in *Proceedings of the London Mathematical Society*, Ser. 2, 42 (1936), pp. 230-267. Correction: ibid, 43 (1937), pp. 544-546. Reprinted in Davis (1965) pp. 116-154. Reprinted in Turing (2001) pp. 18-56. Reprinted in Copeland (2004) pp. 58-90; 94-96. Reprinted in Petzold (2008) (the original text interspersed with commentary).

Turing, Alan, "Computing Machinery and Intelligence," *Mind*, vol. LIX, (1950), pp. 433-460. Reprinted in Turing (1992) pp. 133-160. Reprinted in Copeland (2004) pp. 433-464.

Turing, Alan *Collected Works: Mechanical Intelligence*, D. C. Ince (ed.), North-Holland, Amsterdam, 1992.

Turing, Alan *Collected Works: Mathematical Logic*, R. O Gandy and C. E. M. Yates (eds.), North-Holland, Amsterdam, 2001.

[w]

Weingartner, Paul and Leopold Schmetterer (eds.), *Gödel Remembered*, Bibliopolis, Naples, 1983.

Welchman, Gordon, *The Hut Six Story*, McGraw-Hill, New York, 1982.

Weyl, Hermann, "David Hilbert and His Mathematical Work," *Bulletin of the American Mathematical Society*, vol. 50 (1944). pp. 612-654.

Whitehead, Alfred North and Bertrand Russell, *Principia Mathematica*, vol. I, 2nd Edition, Cambridge University Press, Cambridge, 1925.

Whitemore, Hugh, *Breaking the Code*, Samuel French Ltd., London, 1988.

[z]

Zach, Richard, "Completeness before Post: Bernays, Hilbert, and the Development of Propositional Logic," *Bulletin of Symbolic Logic*, vol. 5 (1999), pp. 331-366.